김정은 대해부

김정은 대해부 그가 꿈꾸는 권력과 미래에 대한 심층 고찰

초판 1쇄 발행   2019년 4월 5일
    2쇄 발행   2019년 5월 15일
개정증보판 1쇄 발행 2020년 11월 20일
개정증보판 2쇄 발행 2021년 4월 10일

지은이 ㅣ 곽길섭
발행인 ㅣ 윤관백
발행처 ㅣ 돌선출판 선인

등록 ㅣ 제5-77호(1998.11.4)
주소 ㅣ 서울시 마포구 마포대로 4다길 4 곳마루 B/D 1층
전화 ㅣ 02)718-6252 / 6257   팩스 ㅣ 02)718-6253
E-mail ㅣ sunin72@chol.com

정가 20,000원

ISBN 979-11-6068-408-7 93300

김정은 대해부

그가 꿈꾸는 권력과 미래에 대한 심층 고찰

곽 길 섭 지음

 도서출판 선인

영원한 분석관
정진동·오복현님의 영전에
이 졸저를 올립니다

저자 서문

세기적인 대변혁기, 한반도의 북쪽 지도자 김정은은 과연 누구이며, 권력은 안정적인가? 그리고 핵문제와 북한체제의 미래는?

이 시대를 살아가는 우리 국민과 글로벌 세계의 지식인이라면 한번쯤은 생각해 보았을 물음(話頭)이다. 그렇지만 이에 대한 답은 저마다 다를 수 있다. 어떤 사람은 김정은을 폭군·핵전쟁광으로 묘사하며 미래가 불투명하다고 전망한다. 또 다른 일각에서는 전략적 분식(粉飾)이든, 실제로 확신하든 김정은을 찬양하며 북한사회의 변화를 부각한다.

이번 글은 이 같은 관점이 혼재하는 현실하에서 객관적 사실(fact)과 정반합적 추론을 통해 보다 합리적인 평가와 전망을 도출하기 위해 기획되었다.

· · · · ·

2011년 12월 17일 김정일의 갑작스러운 사망으로 인해 27살이라는 젊은 나이에 최고지도자로 등극한 김정은은 어느덧 〈장기집권 지도자의 반열〉에 올라섰다. 돌이켜 보면, 김정은이 청년 김일성이 환생한 듯한 모습을 하고 공식석상에 처음 나타났을 때, 북한주민과 국내외 전문가들은 스위스에서 유학을 한 젊은 지도자에 대해 기대 반 걱정 반의 눈길을 보냈다.

그러나 기대를 접는 데는 그리 오랜 시간이 걸리지 않았다.

전 세계인들은 고모부 장성택을 잔인하게 공개처형하고, 장남이자 이복형인 김정남을 백주대낮에 공항에서 암살하는 그를 보고 경악을 금치 못하였다. 특히 4차례의 핵실험과 100여 회의 미사일 발사 시험을 하며, 트럼프와 막말전쟁을 벌이는 새파란 지도자에 대해 우려의 목소리가 고조되었다. 이에 따라 참수·코피전략(bloody nose strike) 등의 군사작전까지 논의되면서 한반도 상공에는 전쟁의 먹구름이 짙게 드리워졌었다.

그런데 2018년부터 놀라운 반전(反轉)이 시작되었다.

김정은이 비핵화 의지를 밝히며 보여준 깜짝 행보와 매력 공세는 전혀 다른 인물이 아닐까 하는 착각을 불러일으킬 정도의 커다란 신드롬(syndrome)을 불러 일으켰다. "10년이면 강산도 변한다"는 우리 속담은 정치경력 10여 년의 김정은에게 딱 들어맞는 말이 되었다.

그렇지만 이러한 모습도 아주 잠시였다. 2018년 4월 27일 남북정상회담을 비롯 트럼프, 시진핑 등과의 정상회담을 통해 보여준 파격적인 언행들은 채 1년을 가지 못했다. 2019년 2월 하노이 미북정상회담에서 외교대참사를 겪은 이후 다시 은둔의 지도자로 돌아가 말폭탄을 쏟아내며 핵·미사일 개발에 더욱 열을 올리고 있다. 이런 가운데 미국에서는 김정은이 3번이나 만나 관계를 돈독히 다졌던 트럼프가 낙선하고, 김정은을 '폭력배(thug)'라고 혹평한 정통 외교안보통 조 바이든의 시대가 새롭게 개막되었다. 김정은의 행동이 언제 또 어떻게 변할지 아무도 모른다.

· · · · · ·

김정은의 진정한 모습은 과연 무엇일까?

젊은 지도자로서 정치경험이 많지 않음에도 불구하고, 권력을 장악하고 공세적인 정책을 추진해 나가고 있는 비결은 무엇일까?

한 개인을 정확히 평가한다는 것은 대단히 어려운 일이다. 인간은 겉으로 보이는 외면과 보이지 않는 내면의 세계를 함께 가지고 있기 때문이다. 복잡한 이해관계가 얽혀있는 국내외 이슈를 처리하는 국가 최고지도자의 심리를 분석한다는 것은 더욱 어려운 문제이다. 지도자는 한 개인의 차원을 넘어 안보와 국익을 위해 자신을 숨기거나, 버려야 할 운명을 가지고 사는 사람이기 때문이다.

특히 북한은 지구상에서 가장 폐쇄된 사회중의 한 곳이어서, 김정은과 권력층의 의중과 행보는 민주사회와 달리 그야말로 오리무중(五里霧中)에 있다. 이런 가운데 김일성·김정일에 이어 등장한 김정은도 민주사회와 달리 주민들의 조직적 반대나 선거를 통한 정권교체가 없는 북한체제의 특수성을 최대한 활용하여 "시간은 북한편이다"라는 기조하에 대외정책을 구사하고 있어 우리와 주변국들을 애태우고 있다.

한편, 세계는 패권쟁탈과 국익경쟁이 더욱 치열해지고 있다. 트럼프의 〈America first, 인도태평양전략〉과 시진핑의 〈중국몽, 일대일로〉 노선이 부딪친데 이어, 바이든 신행정부도 실추된 미국의 국제리더십 복구와 국익 창출을 위해 자유시장경제 국가들 간의 동맹체제 강화를 기반으로 한 대중국 압박을 강화해 나가고 있다. 그들은 우리에게 양자택일적 선택을 강요하고 있다. 이런 와중에 한반도는 북핵문제와 역사·무역 갈등 등으로 인해 백척간두의 위기에 서 있다. 남북미중 간에 다양한 수준의 갈등·협상과 합의가 도출되고 있지만, 가야할 길은 그야말로 첩첩산중이다.

美 시카고대학 한스 모겐소 교수가 국제정치의 민낯을 적나라하게

지적한 명언, "국제관계는 영원한 적도, 영원한 우방도 없다. 오로지 영
원한 이해관계만 있을 뿐이다"는 말이 다시금 뇌리에 강하게 다가온다.

> *세계는 규칙도, 심판도 없으며, 착한 아이들에게 상도 주지 않는 국제적*
> *인 정글이다. 이같은 세상에서 허약함, 우유부단함은 치명적인 일이다. 실*
> *수에 대한 자연의 판결은 죽음이다. 국가안보는 (정글의 힘에) 대처할 수*
> *있는 더 큰 힘으로 유지될 수 있다.*

> The world was an international jungle with no rules, no umpire, no
> prize for good boys. In such a world weakness, indecision were fatal.
> The judgement of nature upon error was death. Security could be
> preserved only by meeting power with Greater power.
>
> (https://aquazen21.blog.me/221376576522에서 재인용)

남북한 문제도 예외가 될 수 없다. 한반도 문제는 민족내부의 문제
인 동시에 국제적인 핫이슈라는 이중성(二重性)을 가지고 있다. 지난
70여 년 동안의 반목과 6.25 동족상잔의 깊은 상처가 아직 아물지 않은
상태이다. 특히 당면현안인 핵문제는 1994년 제네바 기본합의서, 2005년
9·19공동성명서 합의-파기에서 보았듯이 악순환을 반복해 왔다. 최근
김정은이 비핵화 협상과정에서 국제사회의 〈신속하고 완전한 비핵화〉
요구에 아랑곳하지 않고 강경 전술을 구사해오고 있는데, 우리는 이것
이 〈사실상의 핵보유국-핵군축 협상〉을 위한 전략전술이 아닌지에 대
해 끊임없이 의문을 던져보아야 한다. 의심과 대결(對決)의 관점으로
회귀하자는 것이 아니라, 안보와 국익을 위해서는 철두철미하게 검
증·대비(對備)해 나가야 한다는 의미이다. 안보와 평화는 선의·소망
이 아닌 힘과 현실에 기초하여 이루어진다는 것은 역사의 진리이다.

· · · · ·

국가 최고지도자에 대한 객관적인 평가는 아무리 강조해도 지나치지 않다. 특히 유일지배체제의 북한에서는 더욱 그렇다.

이 글은 필자의 30여 년간의 북한 실무경험과 학문적 탐구를 기초로 작성하였다. 고정관념이나 소망에 매몰되지 않고, 사실과 학문(theory)에 기초하여 김정은의 인간적인 면모와 정치지도자로서의 행태를 분석하려고 노력하였다. 정확한 시술을 위해서는, 먼저 정확한 진단이 필요하기 때문이다.

이번 글의 핵심 포인트를 한 문구로 표현하면, 김정은은 〈야망의 승부사〉라는 점이다. 김정은은 어린 시절부터 가슴속 깊은 곳에 야망(野望)을 벼르어 왔으며, 갑작스러운 김정일의 사망으로 인해 침몰해 가는 북한호의 키를 잡았다. 최고지도자로 등극한 이후에는 인간이기를 거부하면서 폭정(暴政)도 서슴없이 자행하고 있으며, 핵질주와 비핵화를 둘러싼 판갈이 싸움을 통해 헬 게이트(hell gate)를 넘나드는 것도 두려워하지 않는 〈결단형의 정치가, 독재자〉로 자리매김하였다. 그리하여 북한체제는 과거와는 전혀 다른 새로운 궤도에 진입해 있다.

특히 이번 연구에서는 북한의 비핵화 노선에 대해서도 핵개발에 이은 김정은의 또 다른 승부수라는 점에 주목하였다. △ 단순한 정책적 관점을 넘어 김정은 권력체계의 완성, 즉 영구 집권기반 환경 구축의 시각에서 접근하였으며 △ 대북제재의 파생물이 아니라, 북한의 사전계획+대북제재 강화의 융합물임을 논증하였다. △ 특히 비핵화 협상의 미래와 관련, '할 것이다', '절대 안한다(쇼다)'라는 이분법-확정론적 틀이 아니라, 〈변수형 비핵화 전략〉, 즉 "비핵화 한다. 그러나 방법과 속도는 북한식으로 한다. 도중에 북한이 설정한 단기-중기-최종의 다양한 변수가 충족되지 않으면, 보다 나아진 경제외교적 여건을 가진 상태에서 파키스탄식 핵보유국 노선으로 회귀(return)한다"는 다목적 포석이 깔려있다고 추론하였다.

따라서 우리는 북한이 말하는 비핵화가 아이러니컬하게도 주비핵화(군축협상)를 위한 고도의 전략전술일 가능성을 예의 주시하면서 종합적으로 대응해나가야 하는 점을 강조하였다.

· · · · ·

물론 이러한 평가에 이르기까지 가용한 정보에 한계가 있고, 모든 일은 관점에 따라 다르게 판단할 수 있기 때문에 지속적인 추적분석이 필요하다. 그렇지만 대한민국 북한분석관으로서의 이성과 경험을 기초로 대적(對敵) 또는 선의(善意)의 감정을 빼고 현실을 있는 그대로 직시하려고 최대한 노력하였다.

아무쪼록 필자는 다양한 경계선에서 북한과 직접 상대하고 있는 민관군 관계자와 대학에서 정치를 전공하고 있는 학생, 그리고 지적 호기심을 가지고 있는 사회 각 분야의 오피니언 리더들이 김정은과 북한에 대해 큰 그림(big picture)을 그리는데 도움이 되었으면 한다. 쉽게 서술하려고 노력했지만, 공부와 시간의 부족으로 미흡한 점이 많다. 그렇지만 분명히 말할 수 있는 것은 통독(通讀)을 하든, 속독(skip reading)을 하든, 북한을 바르게 이해하는데 도움이 될 것이라는 점이다.

추천의 글

대북 현장에서의 30여 년 실무경험과 이론적 사고가 어우러진
김정은 관련 종합연구서이다

주형민(고려대 정치외교학과 교수)

김정은에 대한 연구는 어린 시절 같이 생활했던 일본인 요리사 후지모토 겐지를 시작으로 국내외 기자, 학자들이 주도해왔다. 기존 연구는 장막에 가려있던 김정은의 베일을 벗겨준 효과는 있지만, 숨겨진 일화나 권력장악 과정과 같은 일부 주제에 치중해온 한계가 있다.

이 책은 필자의 2019년 박사학위 논문(『김정은 권력장악 과정에 관한 연구』)을 발전시킨 것으로서, 김정은의 심리구조와 리더십, 핵협상 전략 등 김정은과 북한체제 전반을 조망할 수 있는 차별화된 이론적 틀을 제공했다는 점에서 큰 의의가 있다. 특히 학술논문에서 다룰 수 없었던 전망과 우리의 대응책도 함께 제시하고 있다는 점에서 의미가 깊다.

· · · · ·

대북정보관의 냉철한 눈과 애국심을 실감할 수 있는 책이다

이철우(前 국회 정보위원장, 現 경상북도 도지사)

필자는 '무명의 헌신'을 실천하며 북한연구 외길 인생을 살아온 진정한 정보관이었다. 김정일 생존 시 그의 후계자로 많은 사람들이 장남 김정남이나 차남 김정철, 심지어 집단지도체제를 전망할 때 삼남인 김정은이 후계자가 될 것이라고 예측했던 일은 지금도 뇌리에 생생하다.

이번 글은 저자가 공직 생활을 마치고 넓은 세상으로 나온 후 국민 모두를 보고 쓴 리포트이다. 먼저 그동안 각고의 노력이 결실을 맺은 데 대해 축하와 격려를 보낸다.

이번에도 필자는 김정은에 대해 폭군 또는 합리적 지도자라는 우리 사회의 이분법적 논리를 넘어 콤플렉스를 가진 〈승부사적 기질을 지닌 독재자〉로 규정하였다. 특히 당면한 북한의 비핵화 노선에 대해서도 아이러니하게도 〈不비핵화를 위한 전략전술〉이라고 분석하면서 '당당하고 원칙 있는 대북정책 수립과 이행'을 주문하였다.

정부는 평생을 국가안보에 헌신한 대북전문가의 분석과 제언을 흘려보내지 말고 곰곰이 되새겨 봐야 할 것이다.

· · · · ·

이념과 진영을 넘어 꼭 읽어봐야 할 책이다

손길승(前 전경련 회장, 현 SK텔레콤 명예회장)

이번 〈김정은 대해부〉 책자는 북한 정보 필드(field)엥서 30여 년간 활동한 저자가 현장경험을 바탕으로 학문적 어프로우치를 가미하여

저술한 수작(秀作)이다.

저자는 김정은의 생애와 권력장악 과정, 심리구조 및 리더십, 핵정책 등을 망라한 후 정반합적 추론을 통해 객관적(objective)인 결론을 도출하였다.

태산불양토양(泰山不讓土壤), 지피지기 백전불태(知彼知己 百戰不殆)라고 했다. 여야와 좌우의 구분 없이 모두가 읽어봐야 할 필독서이다. 북한을 주업무로 하는 사람들은 물론이고 언론·경제계를 비롯 각 분야 오피니언 리더들과 상아탑에서 공부하고 있는 대학생들에게 적극 추천한다.

· · · · ·

북한을 정확히 바라볼 수 있게 해주는 지침서이다

(정보관·신문방송기자 등 북한업무 종사자)

김정은정권 출범 이전 이후의 중요 상황과 평가, 우리의 대북정책 방향 등이 일목요연하게 정리되어 있어 실무적으로 매우 유용하다. 특히 김정은의 콤플렉스 분석평가, 북한의 〈변수형 비핵화 전략〉 개념은 다른 연구자들과 차별화될 뿐만 아니라 실제적으로도 입증이 되고 있다.

저자가 '글의 틀과 읽는 방법'까지 친절히 소개해주고, 본문에 이해를 돕는 소제목들이 많아 전문서이지만 읽기가 편하다. 가능한 많은 사람들이 읽어보길 권한다.

글의 틀과 읽는 방법

이 글은 북한 전문가와 관련분야 종사자는 물론이고 일반 독자들도 읽을 수 있는 책으로 기획하였다.

따라서 필자의 박사논문『김정은 권력 공고화 과정에 관한 연구』(2019.2)의 기본 틀은 유지하였으나, 선행연구 검토·이론과 방법론·연구 한계 등의 학술적인 파트와 불요불급한 내용은 삭제하거나 축약하였다. 또한 글의 흐름을 잘 파악할 수 있도록 하기 위해 본문을 〈스토리텔링형 소제목〉 체계로 세밀하게 편성하였으며, 중요내용을 일목요연하게 요약한 〈표〉 15건은 본문이 아닌 첨부에 위치시켜 참고토록 하였다.

한편 개정증보판(2020.11)부터는 △ 초판1·2쇄를 읽어본 학계·안보·경제계 등 유수인사들의 〈추천의 글〉과 본문과 첨부에 있는 〈그림·표〉의 목록을 추가 작성하여 삽입하였으며 △ 본문 편집 체계도 독자들이 읽기 편하게 변경하였다. △ 또한 불요불급한 내용을 상당부분 삭제한 후 중요 사례 및 근거자료 추가를 비롯, 판단과 전망, 우리 정부의 대북정책방향 제언 등을 보다 구체화하였다.

· · · · ·

필자가 학위논문을 일반서(一般書)로 전면 재편집하여 출판하게 된 동기는 최근 북한문제가 우리사회의 정치·경제 등 각 분야에 미치는 파급영향이 엄청나게 커졌기 때문이다. 이에 따라 일반 국민들도 북한 이슈에 대해 관심을 가지지 않을 수 없게 되었다.

이 글의 특징은 먼저, 김정은 정치권력과 전략전술에 대한 큰 그림을 그릴 수 있는 종합적인 어프로치라는 점을 들 수 있으며, 다음으로, 김정은의 리더십에 대해 객관적·균형적으로 고찰하려고 노력했다는 점이다. 셋째로, 대다수의 권력연구가 인사·조직 등의 제도적 기반과 상징조작에 치중한 것과 달리, 정책노선을 중요한 수단의 하나로 상정한 점도 큰 차별성이다. 필자는 김정은의 핵개발과 비핵화 협상 등의 행보를 새로운 정책 이니셔티브를 통한 〈카리스마의 생성〉과 〈김씨일가 영구 집권〉을 위한 중요한 과정으로 인식하고 있다.

· · · · ·

구성은 김정은과 북한을 보는 총체적인 시각과 세부지식을 함께 제공하기 위해 〈5부 9개 장〉으로 편성하였다. 제1부는 문제의 제기(들어가면서), 제2부는 김정은 권력의 제도적 기반(1-3장), 제3부는 김정은에 대한 상징조작(4-6장), 제4부는 김정은의 정책노선(7-9장), 제5부는 결론과 전망(맺음말) 순이다.

전체 내용을 처음부터 끝까지 읽는 게 가장 좋지만, 전문적인 정보가 필요치 않거나 시간이 여의치 않은 분들은 〈저자서문〉과 〈차례〉, 〈제1부 들어가면서〉, 〈제5부 맺음말〉 파트를 읽으면 개략적 내용을 파악할 수 있을 것이다. 페이지를 넘기며 대-중-소 목차와 표-그림 등을 죽 훑어보는 것도 좋은 방법이다. 책 앞부분의 〈차례〉에 담지 못한 스토리텔링형 소목차들을 보면 이해하는데 많은 도움이 될 것이다. 그리고 김정은의 콤플렉스와 긍정적 성격 등 심리구조를 분석한 5장의 〈차별화된 지도자 이미지 메이킹〉, 북핵문제의 과거-현재-미래를 평가 전망한 8장의 〈변수형 비핵화 전략(VDS: Variable Denuclearization Strategy)〉은 가능한 읽어보기를 권한다.

한편 중요내용은 다소 중복이 되더라도 반복 서술하였다. 이 같은 방법이 현안에 대한 정확한 이해 증진은 물론이고 특정부분만을 읽는 독자들에게 유용할 것이라고 생각해서이다.

차 례

제1부

들어가면서

사느냐, 죽느냐, 이것이 문제로다.
참혹한 운명의 화살을 맞고
마음속으로 참아야 하느냐, 아니면 성난 파도처럼 밀려오는
고난과 맞서 용감히 싸워 그것을 물리쳐야 하느냐,
어느 쪽이 더 고귀한 일일까.
(셰익스피어의 『햄릿』 中에서)

김정은은 1984년생[1]이다. 2011년 12월 17일 김정일이 갑작스럽게 사망함에 따라 채 3년도 안되는 후계수업을 끝내고 군 최고사령관을 시작으로 당 제1비서·국방위원회 제1위원장 등 당정군 최고직책에 초스피드로 취임[2] 함으로써 불과 27세의 젊은 나이에 북한을 이끄는 새로운 최고지도자(supreme leader)로 등극하였다. 이로써 북한에서는 김일성 → 김정일 → 김정은으로 이어지는 '3대 부자세습'체제가 출범하였다.

공산주의 체제는 프롤레타리아 독재를 지향한다. 당연히 세습은 생각할 수 없는 체제이다. 따라서 북한도 김정일이 후계자로 등장하기 이전까지는 세습에 대해 비판적이었다. 북한의 1970년판 「정치용어사전」을 보면 세습이란 "일정한 지위와 부를 합법적으로 상속할 수 있는 착취사회의 반동적인 관습"이라고 정의하고 있다. 그러나 북한은 1973년 12월에 출판한 1972년판에서 이 같은 정의를 슬그머니 삭제(최성, 2009:

---

1) 김정은 출생일과 관련해서는 1982년설(김일성-김정일-김정은의 출생년도 끝자리 숫자 2를 동일하게 하려는 의도), 1983년설(김정일 요리사 '후지모토 겐지' 증언), 1984년설(정부기관 표기) 등 다양하나, 여기서는 정부의 1984년 1월 8일 기록(통일부 북한정보포털. http://nkinfo.unikorea.go.kr/nkp/theme/viewPeople.do)을 기준으로 한다.
2) 김정일은 김일성과 20년간의 공동통치 기간이 있었음에도 불구하고, 1994년 김일성 사후에 곧바로 권력을 승계하지 않았으며, 3년여의 유훈통치 기간을 거친 후 〈국방위원장〉이라는 새직함을 만들어 취임하였다.

116)한 이후 사회주의 체제에서 전례가 없는 '2대, 3대 부자세습'이라는 미증유의 길을 가고 있다.

　김정은은 젊은 나이에다가 후계수업도 충분히 받지 못한 채 절대권력을 물려받았다. 따라서 상당수 대북전문가와 언론들은 김정은정권이 안착할 가능성에 대해 의문을 표시하였다. 우리 정부도 북한과 주변국들과의 관계를 의식하여 공식화하지는 못하였지만, 내밀적으로는 북한의 붕괴 가능성에 대비하는 모습도 보였다.3)

　그러나 일반의 예상과는 달리 김정은은 김일성・김정일의 후광을 바탕으로 한손에는 숙청의 칼, 또 다른 한손에는 핵・미사일을 잡고 권력을 장악해 나갔다. 고모부 장성택 공개처형, 36년 만의 7차 당대회 개최, 이복형 김정남 공개암살, 집권 이후 4차례의 핵실험4)과 100여 회에 달하는 미사일 발사시험, 핵개발 완료 선언(2017.11.29), 평창동계올림픽 참가 및 특사단 상호 교환, 북중-남북-미북 정상회담(2018.3-), 비핵화 방법을 둘러싼 미국과의 기싸움 등 의표를 찌르는 공격적 국정수행과 외교를 통해 리더십을 과시하면서 유일지배체제를 공고화 해오고 있다.

　이에 따라, 국제사회는 김정은정권의 반인륜과 호전성에 주목하면서 북한 내 운명공동체 의식 약화・대북제재로 인한 생활난 심화 등으로 인해 정권의 미래는 암울할 수밖에 없다는 평가를 주로 내놓았다. 그

---

3) 박근혜 前대통령은 "2016년 광복절 경축사에서 처음으로 북한주민에게 직접 '통일시대를 열어가는데 동참해 달라'고 호소했다. 2개월 후 국군의 날 기념사에선 더 구체적으로 '언제든 한국의 자유로운 터전으로 오라'고 밝혔다"(『국민일보』, 2016.10.3).
4) 김정일시대(2회): 2006.10.9(1차), 2009.5.25(2차)/김정은시대(4회): 2013.2.12(3차), 2016.1.6.(4차), 2016.9.9(5차), 2017.9.3(6차).

렇지만 2018년부터는 분위기가 급변하였다. 즉 김정은이 평창동계올림 픽·남북 및 미북 정상회담 등을 계기로 국제사회를 향해 대대적인 매력 공세를 펼침에 따라 김정은의 인간적 면모와 전략적 마인드에 대해 주목하기 시작하였다.

그동안 우리사회는 북한이슈를 다루면서 소망성 사고(wishful thinking), 집단 사고, 장님 코끼리 만지기식 등의 일방적·단편적인 분석을 해왔음을 부정할 수 없다. 예를 들어 1994년 김일성사망과 2011년 김정일사망 직후에는 북한 붕괴론이 대세를 형성하기도 하였다. 그러나 남북한 간에 유화국면이 조성되는 시기에는 전혀 다른 양상이 전개되었다. 즉 이른바 '극장국가'[5]의 지도자 김정일에 대해 독재자라는 부정적인(negative) 이미지보다는 긍정적 측면[6]이 부각되곤 했다. 이러한 분위기는 김정은시대에 들어와서도 예외가 아니다.

일례로 2018년 4월 27일 문재인-김정은과의 정상회담 이후 KBS가 실시한 여론조사(4.30)에서 "김정은에 대한 인식이 변하였느냐"는 질문에 80%가 "그렇다"고 답변하였다. 이는 민주평통이 2014년 12월 4일 발표한 여론조사에서 국민 10명 중 9명(91%)이 김정은을 "신뢰하지 않는다"고 답변한 것과 비교해보면 코페르니쿠스적인 변화라고 아니할 수 없다. 물론, 김정은이 비핵화 협상을 거부하고 도발을 거듭하자 또 다시 지지율이 급락했다.

5) 문화인류학자 클리포트 기어츠(Clifford Geertz)가 주창한 이론이며, 권력자-피지배자 관계를 '연출자-관람자' 간의 관계로 상정한다(정교진, 2017: 7).
6) "김정일 위원장은 합리적인 대화자였다"(미국 前국무장관 울브라이트/『조선일보』, 2001.3.12), "만약 김정일 위원장의 건강에 어려움이 있다면 위기이다. 북한 내에서 김 위원장이 가장 개혁·개방주의자이고 확실하게 권력을 장악하고 있기 때문에 김 위원장이 건재해야 북핵문제나 남북문제가 해결될 수 있다"(박지원 의원/『경향신문』, 2008.9.10).

김정은의 운명

김정은은 혈통세습에 의해 절대권력을 물려받았다. 그렇지만 그가 통치해 나가야 할 북한은 경제난 심화·외교적 고립 등 난제가 산적해 있다.

이런 가운데, 김정은은 아버지가 마련해놓은 평탄한 길을 마다하고 험난한 길을 선택하여 국정을 운영해 오고 있다. 즉 김정일이 생전에 선정하였던 후견인(예를 들어 소위 '운구차 7인방')들과 공동통치를 해나가는 것이 비교적 쉬운 길이었지만, 집권 후 채 1년도 안되는 시기부터 피의 숙청을 단행하며 과감하게 홀로서는 길을 선택했다. 그리고 핵·미사일 개발에 총력을 경주하면서 미국과의 전쟁도 불사하였으며, 핵개발 완료 선언(2017.11.29) 이후에는 '비핵화'협상으로 급격하게 선회하였다. 2019년 2월 하노이 미북정상회담이 결렬된 이후에는 자력갱생·정면돌파전의 대결적 자세로 회귀한 후 권력기반 공고화와 전략무기체계 고도화에 총력을 경주하고 있다.

어느 하나도 쉽지 않은 길, 선택이었다. 김정은은 왜 순탄한 길을 마다했을까? 특별한 복안을 가지고 있어서 일까? 태생적으로 강단 있는 성격이여서일까?

김정은의 운명을 생각해 보지 않을 수 없다. 만일 그가 김정일의 후계자로 간택되지 않았거나, 최소한 김정일이 조금만 더 오래 살았더라면 전혀 다른 길을 갈수도 있었을 것이다. 그러나 김정은은 갑작스럽게 북한의 최고지도자로 살아가게 되었으며, 이후 그의 삶은 곧 권력과 등식이 되어 버렸다.

한마디로, 김정은은 김일성-김정일의 유산을 계승 발전시키기 위해 스스로 권력의 화신이 될 수밖에 없었다. 권력의 길에 들어선 김정은은 ① 확고한 권력장악이 급선무다. 이제부터는 악마가 되는 것도 감수해야 한다. ② 나는 경험이 많지 않다. 그러나 주변에 휘둘려서는 안된다. 아버지 시대의 인물들은 노회하다. 북한이 이런 지경에 이르게 된데 대해 책임을 져야 할 사람들이다. ③ 선대 정책의 계승만이 최선이 아니다. 계승과 창조의 배합이 해답이다. ④ 나는 아버지 김정일과는 다르다. 나의 꿈('김정은의 북한몽')을 실현해 보자고 다짐하였을 가능성을 상정해 볼 수 있다.[7]

핵심질문과 7가지 가설

이번 글은 이러한 문제의식을 기초로 김정은의 정치권력, 즉 젊은 지도자 김정은이 어떤 과정을 거쳐 후계자로 선정되고 권력을 어떻게 공고화 해나가고 있는지를 이론과 사례를 통해 종합적으로 고찰해 나갈 것이다. 이 과정에서 그의 지도자 자질, 비핵화 전략의 진의 등에 대해서도 고찰해 볼 것이다. 즉 김정은이 언제, 어떻게, 무엇을 승계 받았는지를 개괄하면서, 그만의 차별화된 권력 장악 및 공고화 과정을 논증할 것이다.

이 같은 핵심질문에 대한 해답은 크게 3가지 파트로 나눠 찾아갈 것이다.

첫 번째 파트는 권력장악 및 공고화의 ABC라고 할 수 있는 "법·조직·인사 차원의 권력 포석은 어떻게 해왔는지?"(1-3장)이다. 이러한 제

---

7) 필자의 잠정적 추론이며, 본문에서 다양한 사례를 기초로 정밀하게 분석한다.

도적 기반은 김정은 정권의 안정성 여부를 판가름 할 수 있는 기본적인 척도가 된다.

두 번째 파트는 "김정은에 대한 지도자 상징조작은 어떻게 이루어지고 있나?"(4-6장)이다. 전통으로부터 무엇을 계승하고 차별화하고 있는지, 그리고 파급효과에 대해 살펴봄으로써 김정은의 현재 및 미래 지도자 상을 평가·전망해 본다.

세 번째 파트는 "김정은의 핵개발과 비핵화로의 정책전환이 갖는 함의는 무엇일까?"(7-9장)이다. 국제정치의 관심분산이론(diversionary theory)은 독재자들은 자신의 권력이 흔들리는 것을 방지하기 위해 외부에 적을 만들어 관심을 그쪽으로 관심을 돌리게 한다고 주장한다. 미국의 전쟁이론가 잭 레비(Jack Levy)는 "어떤 나라가 국제사회에서 자국의 지위를 심각하게 위협받거나 영토를 상실한 위협에 당면해 있다면, 그 나라는 위기조성 전략을 채택할 가능성이 높다"(Jack Levy, 1992: 285; 문순보, 2013: 60)고 말했다. 북한의 경우에도 자신들이 봉착한 내외의 위기를 타개하기 위해 외부에 위기를 만들어 왔다. 결국 북한이 대외적 위기를 조성하는 궁극적인 목적은 체제생존과 정권안보를 위한 것이라고 할 수 있다(문순보, 2013: 60). 김정은의 핵·미사일 개발 정책은 이러한 이론의 연장선에 있다. 그렇지만 비핵화 노선으로의 전환은 차원이 조금 다르다. 김정은의 임기응변적 전술일까? 아니면 국제정치 이론을 넘어서는 대전략가로의 면모일까?

일본의 심리정치학자 이리타니 도시오는 『권력은 어떻게 만들어지는가』 제하 저서(1996년)를 통해 권력장악 유형으로 '군주형'(도쿠가와 이에야스), '독재형'(스탈린, 후세인), '혁신형'(바웬사, 고르바초프)의 3가지 타입을 제시하였다. 김정은은 과연 어느 유형일까? 김정은이 김일성·김정일을 넘어서는 철권통치를 하고 있어 '독재형'을 쉽게 떠올릴 것이다. 그렇지만 김정은의 권력장악 과정은 어느 한 가지 유형만으로 설명할 수는 없다. 보다 종합적인 접근이 필요하다. 김정은은 스탈린·히틀러·연산군 등과 같은 '폭군형 리더십'은 물론이고, 내치의 성공을 바탕으로 '공격적인 리더십'을 보인 백제의 근초고왕, 7년간의 침묵 후 힘으로 밀어붙인 '개혁적 리더십'의 고려 광종(박기현, 2011: 107~192), 피와 눈물과 비난까지 감당한 '역동적인 리더십'의 조선 태종 등과 유사한 리더십도 가지고 있지 않은지에 대해서도 세심하게 분석해 보아야 한다.

그리고 자신이 학창시절 거주했던 스위스는 언제나 동경의 대상(model)[8]으로 남아있을 개연성이 크며, 과감한 개혁개방을 통해 경제를 단번에 도약시킨 박정희·이광요·등소평·도이모이식 개발의 북한식 변형모델에 관심을 가지고 있을 가능성도 배제할 수 없다.

이번 글에서 필자가 주장하는 가설[9]은 다음과 같은 7가지로 대별할 수 있다.

첫째, 김정은이 장남·차남과 장성택 등 권력층 인물들을 제치고 후계자로 지명된 것은 단순한 혈통승계를 넘어 김정은의 타고난 정치적 자질과 정치환경 등이 복합적으로 작용된 결과이다. 즉 외형상 혈통세습이지만, 내면적으로 보면 쟁취의 성격도 강했다.

둘째, 김정은 권력 공고화는 수령론·유일사상체계 등 북한의 권력

---

8) "김정은은 스위스 유학시절의 추억에 잠겨 어설픈 모방 정책을 실시하고 있다. 그래서 온 나라를 푸른 잔디밭으로 덮을 것을 지시한 바도 있고, 스위스의 유명한 워터파크인 알파마레를 본따 평양에 물놀이장을 건설하라고 지시하기도 하였다"(고영환, 『김정은 집권2년 평가와 전망』, 국가안보전략연구소 학술회의 발표자료, 2013: 16).
9) 문제를 제기(話頭) 하는 수준에서만 언급하고, 구체적인 내용은 본문에서 다룰 것이다.

이론과 제도, 상징, 정책의 3대 핵심요인들이 상호간 또는 권력을 매개로 하여 유기적·복합적으로 작용하는 과정에서 이루어졌다. 특정 시기 또는 부문만이 강화되어 나타난 결과가 아니다.

셋째, 구체적으로 살펴보면 제도적 측면에서는 군부역할 축소·당 우위체계 복원과 함께 조직지도부, 국가안전보위부[10] 등 체제보위 기관들의 역할을 보다 제고시켜 나가고 있는 점이 주목된다. 이는 정치경험이 짧고 카리스마가 상대적으로 부족한 김정은이 공포통치를 통해 권력이양의 과도기에 있을 수 있는 불안요인을 예방하는 가운데, 시스템지향적 국정운영을 해나가려는 저의로 보인다.

넷째, 상징조작 분야는 과거 김정일 시대의 방법을 계승하는 것과 함께 차별화를 병행하여 시도하고 있다. 가장 두드러진 차별화는 親김일성·脫김정일 경향이다. 김일성 환생 신드롬 유도는 김정은의 용모가 청년기 김일성을 닮은 점이 기본적인 요인이 되었겠지만, 소·동구권 붕괴이후 경제사회적으로 많은 어려움을 겪은 김정일시대와 달리 모든 것이 풍족했던 김일성시대의 향수를 자극함으로써 3대 세습정권의 정통성을 보전하려는 저의가 깔려 있다고 본다. 한편 김정은이 집권하자마자 아버지와는 다른 통치형태, 예를 들어 부인을 공식행사에 대동한다든지, 공개연설을 수시로 한다든지, 고모부 장성택 등 아버지가 정해준 후견인들을 조기 제거하는 등의 차별화된 국정운영을 하고 있는 것은 김정은의 내면세계에 잠재해 있는 탈부(脫父: out of Kim Jeong-il) 심리를 시사해주는 것이라고 할 수 있다.

다섯째, 정책노선은 김정은식 권력 공고화의 정수(精髓)이다. 김정

---

10) 국가안전보위부는 국가안전보위성(2016.6), 인민무력성은 국방성(2020.11)으로의 명칭 변경이 각각 확인되었다. 그러나 이번 책에서는 시기와 무관하게 국가안전보위부, 인민무력성이라는 조직명을 사용한다.

은이 집권 이후 시행하고 있는 핵개발과 비핵화, 경제건설 총력집중 노선 등은 일반적인 정책 그 이상의 의미가 있다고 평가한다. 즉, 김정은은 막스 베버가 권력지배 형태로 분류한 전통적, 합법적, 카리스마적 지배 가운데 앞의 2가지 지배는 선대로부터의 전통적인 방법의 계승과 차별화, 그리고 법·제도·인사 등 제도적 기반의 구축으로 어느 정도 달성했다고 볼 수 있다. 그렇지만 최고지도자로서 필수불가결한 요소인 카리스마(charisma)는 김정은으로서는 젊은 나이, 출생비밀, 정치경험 부족 등으로 인해 단기간 내에 넘기 어려운 높은 벽이 아닐 수 없다.

이러한 한계를 일거에 넘어서는 방법은 자신이 직접 능력을 보여주는 수밖에 없다. 과감하고 혁신적인 정책노선은 ① 대전략가로서의 풍모를 각인시키고 ② 변화를 기피하는 수구세력들의 입지를 어렵게 만들고(자연스러운 물갈이의 명분이 되고) ③ 주민들에게는 새로운 기대감을 심어준다. 북한의 표현대로 하면, 이른바 '만능의 보검' 역할을 하게 될 것으로 판단한다.

여섯째, 정책노선에 대해 좀 더 구체적으로 들어가면, 김정은의 핵개발 가속화는 "독재자들은 권력이 흔들리는 것을 방지하기 위해 외부에 적을 만들어 관심을 그쪽으로 돌리게 한다"는 국제정치학의 관심전환 이론(diversionary theory of war)의 설명처럼 권력 공고화와 북한체제의 안정을 담보받기 위한 정책이라는데 이론의 여지가 없을 것이다. 그렇지만 정반대의 위기완화 전술인 비핵화 정책까지도 권력 공고화와 연관 짓는 것에 대해 의문을 가질 수도 있다.

그러나 이번 글은 김정은의 '비핵화' 정책도 또 다른 차원에서 외부에 적(big counterpart)을 만들어 놓고 권력을 지속적으로 공고화해 나가기 위한 고도의 전략전술이라고 평가한다. 향후 북한은 비핵화 협상 과정에서 핵개발 시의 '미국과의 판갈이 싸움'과 같은 수준으로 당정군 간부와 주민들에게 그 의의와 과정의 어려움을 강조해 나갈 것이다. 즉 북한은 미국(적)에 대해 핵개발 국면에서는 과거에 침략을 하였으며 현재 위협을 하고 있는 「과거·현재의 적(past-present enemy)」으로, 비핵화 국면에서는 무장해제·개방·인권 공세 등의 유무형적 위협을 하는 「현재·미래의 적(present-future enemy)」으로 규정할 것이다.

한마디로 북한의 과거·현재·미래의 외부 적은 변하지 않고 그대로 존재해 있다. 앞으로 북한은 '적과의 동침론' 설파를 통해 위기의식을 끊임없이 조성하면서 자력갱생 정신과 지도자를 중심으로 뭉칠 것을 더욱 강조해 나갈 것이다. 그리고 또 한편으로는 주민들에게 보다 나은 생활에 대한 기대감도 계속 고양해 나갈 것이다. 필자는 이 같은 김정은의 비핵화 행보를 단기적으로는 사실상의 핵보유국 인정과 실리획득·위기관리, 그리고 장기적으로는 핵보유국·정상국가화를 통한 〈권력 영구장악 메커니즘〉으로 이해하고 있다.

일곱째, 지난 10여 년간의 김정은의 개인적 취향과 정치행위를 볼 때 그의 리더십은 한마디로 '결단·변화추구형'이라고 평가한다. 심리분석 기법인 『융의 성격유형』(첨부의 〈표 2〉 참조)에 적용해 보면 '외향적 직관형'이라고 할 수 있다. 이러한 '외향적 직관형'인물은 "일종의 영감과 같은 능력을 가지고 있는 날카로운 사람"(오오무라 마사오, 박선무·고윤선 옮김, 2003: 98)이다. 일본에서는 '울지않는 새를 어떻게 처리할 것인가'를 둘러싼 지도자들의 성격에 대한 유명한 풍자일화가 있다. 일본 춘추전국시대의 세 지도자 오다 노부나가, 도요토미 히데요시, 도쿠가와 이에야스 이야기다. "울지않는 두견새는 죽여버려라"(노부나가) "울지않는 새는 어떻게 해서라도 울게해야 한다"(히데요시) "울지 않으면 울때까지 기다려라"(이에야스)로 대별되는 이 풍자에서, 김정은은 외향적 직관형과 유사한 '노부나가'형의 성격을 가지고 있다고 평가된다. 즉 노부나가는 군사에 중점을 둔 정치로 백성들을 다스렸으며, 언제나 호기심이 넘쳐 새로운 일에 관심을 가졌다. 당시로서는 보기 드물게 해외로부터 문물을 도입하고 국제무역을 장려하였다. 그런 반면에 성격이 거칠고 반대자를 잡으면 모조리 죽여버리는 만행을 서슴없이 감행하는 성격의 소유자이기도 했다(이리타니 도시오, 임홍빈 옮김, 1996: 63)

〈이 글의 7가지 가설〉

- 김정은의 권력승계는 외형상 혈통세습이지만, 내면적으로는 쟁취의 성격도 강했다
- 김정은의 권력 공고화는 수령론 · 후계자론 · 유일사상체계 등 북한 특유의 권력이론과 제도, 상징조작, 정책노선의 3대 핵심요인들이 유기적으로 작용하면서 이루어졌다
- 김정은은 정권안정과 영구집권기반 구축을 위해 김정일시대에 비대해진 군부의 역할을 축소하고 당우위체계를 복원하였다
- 지도자 상징조작은 親김일성 · 脫김정일을 특징으로 한다
- 정책노선은 김정은식 권력 공고화의 정수(精髓)이다.
  즉 선대로부터 전통적 · 합법적 지배는 물려받았으나, 부족한 카리스마 보완 · 생성을 위해 핵정책 등을 추진하고 있다
- 비핵화는 핵개발과 일맥상통하는 〈권력 영구장악 메커니즘〉이다.
  사실상의 핵보유국 인정과 경제개발 환경을 조성하면서 필요시 파키스탄식 핵보유국으로도 유턴할 수 있는 다목적 전술이다
- 김정은의 리더십은 결단 · 변화추구형의 승부사이다

분석틀

이 같은 핵심질문과 가설을 논증하기 위해, 이번 글은 김정은의 정치활동 전 과정을 연구대상으로 삼았다.

그 이유는 ① 국내외적으로 김정은의 통치행태와 북한체제의 미래에 대한 판단이 엇갈리고 있는 상황하에서 ② 김정은 정치권력 공고화과정에 대한 평가는 권력투쟁·정책변화 등을 한눈에 고찰해 볼 수 있기 때문이다. ③ 또한, 그의 정치 10여 년을 총결산해 봄으로써 향후 김정은 정권의 진로를 가늠해 볼 수 있다는 점도 중요한 고려요소였다. ④ 특히, 북핵문제의 해결이 초미의 관심사인 상황에서 김정은 리더십과 정권의 안정도를 추적 분석하는 것은 북핵문제는 물론 다양한 분야의 대북정책 수립에 도움이 될 수 있기 때문이다. 김정은이 과거 김정일처럼 합의를 쉽게 번복할 것인지, 아니면 합의를 준수하면서 점진적인 개혁·개방의 길로 나아갈 지에 대한 판단의 필요성은 아무리 강조해도 지나치지 않다.

이 같은 고려를 하면서, 분석대상의 시기는 2008년 8월 이후부터 현재까지로 설정했다. 2008년 8월을 시작점으로 한 것은 김정일이 갑작스럽게 뇌졸중으로 쓰러짐에 따라 후계논의가 본격적으로 시작되었던 출발점이었기 때문이다. 그 이전 시기는 자식들이 아직 어린 상황에서 김정일이 건강에 자신이 있는데다가, 권력누수를 우려하여 후계문제를 거론하지 않았다. 이에 따라 김정은도 정치활동을 수행하기보다는 김일성군사종합대학 등에서 기본적인 학습을 하고 있었다. 물론, 후계자 선정 배경 등을 설명하기 위해 그의 성장기도 일부 포함하였다.

그리고 논리적 접근을 위해 『막스 베버의 권력 정통성』이론과 『찰스 메리엄의 정치적 상징조작』이론, 그리고 후계자론(첨부의 〈표 3: 후계자론의 주요 구성체계〉참조)·수령론·유일사상체계 등『북한특유의 권력이론』에 기초하여 연구틀을 만든 후 접근하였다.[11] 김정은이 권력을 장악하고 공고화해 나가는 과정은 베버가 규정한 3가지 지배형태(전통적, 합법적, 카리스마적 지배)와 메리암의 정치지도자 상징조작 활동 2가지(miranda: 찬미를 통한 공감대 형성/credenda: 이성과 제도에 호소하여 신뢰 획득)를 어떻게 획득하고 실행해 나가느냐, 그리고 효율성을 어떤 방식을 통해 높여 나가느냐의 프로세스(process)로 정의한다.

한편 북한은 1945년 해방 이후 소비에트형 인민민주주의공화국으로 출범했으나, 주체사상·수령론 등에 의해 변형되어 지금은 1인 전제정치가 운영되고 있으며, 종교국가(전현준, 김병로),[12] 신정체제(이상우), 왕조국가(임은), 유격대국가(와다 하루끼), 가족국가(이문웅), 극장국가(기어츠) 등으로 불리고 있다.[13] 따라서 북한 특유의 정치문화와 권력이론에 대한 이해가 반드시 접목이 되어야 한다.

이러한 이론적 기초하에서 김정은의 권력 공고화 과정은 단순한 제도적·물리적 차원의 권력구조 헤게모니 장악을 넘어 다차원적으로 진행되는 종합적 메커니즘으로 규정한다. 즉 권력을 완전하게 공고화하였는지의 여부는 상징조작, 사상해석, 조직운영, 국내외 정책수립·수

---

11) 막스 베버, 찰스 메리암, 북한의 권력이론에 대한 상세 내용은 필자가 작성한『김정은 권력공고화 과정에 관한 연구』(2019.2 건국대학교 정책학박사)의 이론 및 분석틀 파트를 참조.
12) 상세내용은『북한체제의 정치적 특성과 변화 전망』(전현준, 2000),『북한사회의 종교성-주체사상과 기독교의 종교양식 비교』(김병로, 2000)를 참조.
13) 유격대국가, 가족국가, 신유교국가, 극장국가 등에 대한 상세내용은『극장국가 북한』(권헌익·정병호, 2013: 17~92) 참조.

정 등 전반적인 국정운영을 얼마나 자신의 의지대로 실행할 수 있느냐가 중요한 척도가 된다는 것이다.

먼저 '제도적 기반'(크레덴다 I) 측면에서는 신정체제인 북한사회는 최고지도자가 후계자를 지명하는 교시를 하달하는 행위만으로도 이미 〈전통적 지배〉는 확보된 것이고, 이후 군 최고사령관 등 당정군 핵심 포스트 취임, 권력구조 재편, 숙청·세대교체 등이 〈합법적 지배〉의 영역에 영향을 미친다.

다음으로 '상징조작'(미란다)은 〈카리스마적 지배〉를 강화시키는 주요한 수단으로서, 일단 전임자의 지명으로 확보된 〈전통적 지배〉를 더욱 보강해 주는 기능을 수행한다.

또한 '정책노선'(크레덴다 II)은 정책 제시·실현을 통한 지도자의 새로운 능력 과시, 즉 〈카리스마적 지배〉를 강화시키는 것은 물론이고 〈합법적 지배〉에도 영향을 미친다고 평가한다.

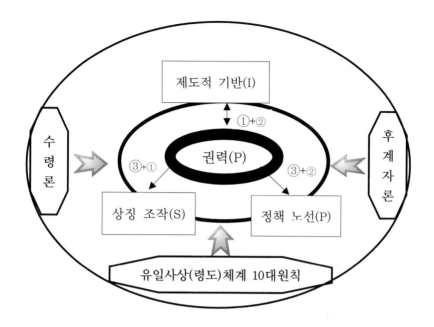

구 분	방 식	주요 내용	유 형
제도적 기반 (Institutional foundation)	법적차원	김씨일가 교시, 당규약 · 헌법수정 등	① + ②
	조직차원	초스피드 권력포스트 취임 등	
	인사차원	숙청, 군부길들이기, 세대교체 등	
상징 조작 (Symbol manipulation)	전통계승	정치적 언어 확산 및 상징물 조성	③ + ①
	차별화	김일성신드롬 유도, 김정일과 차별화	
정책 노선 (Policy line)	체제목표	정권 안정, 김씨일가 한반도 영구통치	③ + ②
	계승발전	핵개발	
	비판창조	정상국가 전략으로 전환	

※ 권력(Power)
- 정통성 유형: 전통적 지배(①), 합법적 지배(②), 카리스마적 지배(③)
- 목 표: 김정은권력 공고화(단기)/김씨일가 영구집권 기반 구축(장기)

〈그림 1〉 김정은 권력공고화 분석틀(ISPP)

제2부

김정은 권력의 제도적 기반

무릇 호랑이가 개를 복종시킬 수 있는 까닭은
발톱과 이빨을 가졌기 때문이다.
만일 호랑이에게서 발톱과 이빨을 떼어 개에게 붙여 사용하게
한다면 호랑이가 도리어 개에게 복종할 것이다. (韓非子)

1장

후계자 선정 과정

　김정은 권력 장악 및 공고화의 기본적 토대는 무엇보다도 법·조직·인사 차원의 실질적인 조치라고 할 수 있다. 그러나 북한은 수령유일지배체제의 특성으로 인해 최고지도자의 교시가 무엇보다 우선시[1]되는 사회이므로 후계논의 단계에서는 김정일의 복심이 어떻게 작용하였는지? 그리고 김정일 사후에는 김정은이 어떤 정치구상을 가지고 권력 인프라를 장악·조치해 나갔는지에 대한 고찰이 이루어져야 한다.

　김정은의 권력승계는 김일성에서 김정일로의 세습과는 준비기간·방식 등에서 상당히 다른 차원에서 진행되었다. 김일성은 김정일이 1964년 김일성대학을 졸업하자 핵심부서인 당조직지도부에서 근무토록 배려하였다. 자신이 61세가 되던 1973년에 김정일을 조직·선전담당 비서에 임명하고 사실상의 공동통치를 하였다. 노년기에 접어들자, 군분야부터 주요 직책을 이양하였다. 1990년 5월 국방위원회를 확대하고 김정일을 부위원장에 임명하였으며, 1991년 12월에는 군 최고사령관, 1993년 4월에는 국방위원장 직책을 넘겨주었다.

---

1) 위대한 수령님과 장군님의 유훈, 당의 로선과 방침, 지시를 곧 법으로 지상의 명령으로 여기고 사소한 리유와 구실도 없이 무한한 헌신성과 희생성을 발휘하여 무조건 철저히 관철하여야 한다('유일령도체계 확립 10대원칙' 5조 1항).

이 시기 김일성은 외빈접견 등의 활동만 수행하며 이선으로 후퇴해 있었으며, 1994년 7월 8일 82세로 사망했다. 노년기의 김일성에 대해 황장엽 전 당비서는 "김일성은 이미 예전의 그가 아니었다. 원기도 사라지고 어떡하면 아들에게 권력을 성공적으로 넘겨줄까만 생각하는 노인으로 변해가고 있었다. 게다가 아들에게 노골적으로 아첨하였는데, 일례로 김정일 50회 생일에는 자식을 칭송하는 송시까지 직접 지어서 바쳤다"고 증언하였다(황장엽, 1999: 244). 이처럼 김일성은 오랜 시간을 두고 주도면밀하게 후계자를 육성하였다.

그러나 김정일에서 김정은으로의 권력이양 문제는 전혀 예기치 않게 다가왔다. 즉 김정은은 2000년대 초 스위스 유학 생활2)을 마치고 귀국하여 김일성군사종합대학(2002년-2007년) 및 군·보위계통에서 비공개리에 후계수업을 받으며 김정일을 보좌하다가, 2008년 8월 김정일의 건강에 적신호가 켜진 이후 내부논의를 거쳐 2009년 1월 후계자로 갑자기 내정(후지모토·탈북민 진술 종합)되었다.

김정일의 후계 복안

자식에 대한 지극한 사랑

김정일은 아버지로부터 권력을 승계받기 위해 김일성 유일지배체제를 확립하는데 총력을 경주하였다. 김정일의 권력승계는 형식상으로는 혈통승계였지만, 또 다른 측면에서는 치열한 권력투쟁과 지도자로

2) 『북한의 후계자 왜 김정은인가』(후지모토 겐지, 2010: 34) 등을 종합해 보면, "1996년부터 2001년까지 스위스에 체류한 것"으로 평가된다.

서의 자질을 김일성과 주변에 각인시킴으로써 쟁취한 것이었다고 말할 수 있다.

이러한 김정일이 후계체제를 구상함에 있어 자신이 만든 후계자론에 충실할지, 재해석할지, 아니면 새로운 모델을 만들지[3]에 대해서는 그 누구도 장담할 수 없는 일이었다. 그렇지만 자신의 피를 이어받은 자녀들은 늘 가시권 내에 있었다고 해야 할 것이다. 김정일이 자식들의 유년시절에 그들을 보는 관점은 정치적이라기보다는 아버지로서의 사랑과 막연한 기대감 정도였다. 김정일이 장남 김정남[4]뿐 아니라, 김정은에게도 많은 정을 주었다는 것은 부자(父子) 간의 생활을 가까이에서 지켜본 후지모토 겐지의 증언을 통해 확인된다.

1990년 1월 중순, 김정일과 측근간부 약 30명, 그리고 나는 황해남도의 신천초대소에서 머물고 있었다. (중략) "지금부터 우리 아이들을 여러분에게 소개하도록 하겠다. 복도로 나가자"라는 김정일 말을 들은 간부들 사이에서 가벼운 동요가 있었다. (중략) 군복을 입은 어린 남자 아이 두명, 정철과 정은이 서있었다(후지모토 겐지, 2010: 20~21).

1992년 1월 8일, 아침부터 원산초대소는 정은 대장의 생일잔치 준비로 분주했다. 서기실 담당 부부장 이명제가 준비를 진두지휘하고 있었다. (중

3) 국정원 1차장을 지낸 라종일 교수는 북한전문가 40여 명을 인터뷰해 쓴 저서 '장성택의 길'에서 탈북민 K씨의 증언 "어느날 김정일은 측근 열명을 소집하고, 또 한 번의 권력세습은 없다. 김씨가문은 앞으로 국가의 정통성과 정체성을 담보하는 상징이고 인민들의 충성의 대상으로 남도록 할 것이다"를 소개하면서, 김정일이 말한 권력방식은 일본의 천황가와 유사한 것이었다고 분석했다(라종일, 2016: 50).
4) 김정일의 처조카이자 김정남의 사촌형으로 한국에 귀순한 뒤 피살당한 이한영 씨는 자신의 저서 '김정일 로열 패밀리'에서 김정일이 김정남의 생일 때마다 일본과 홍콩, 싱가포르, 독일 등지에서 구매해온 100만 달러치의 선물을 안겨주곤 했다고 증언했다. 김정남이 서너살 때 소변을 보고 싶다고 칭얼대자 김정일이 내의바람으로 우유병을 든 채 아들의 오줌을 직접 받아냈다고 소개했다(『헤럴드경제』, 2017.2.16).

략) 꽃다발 증정과 축하인사가 끝나자 정은 대장은 "고맙습니다"라며 김용순 등 간부일동에게 말을 건넸습니다. 이어 연회장에 도착하니 테이블에 메뉴표와 '발걸음'이라는 가사가 쓰인 종이가 놓여 있었고, 무대 막이 오르자 보천보 전자악단의 연주와 노래가 시작되었다. 이 노래는 김정일이 정은 대장에게 보내는 이른바 생일 선물이었다. 당시 가사는 2009년 대대적으로 다시 보급된 「발걸음」5) 노래에서는 '작은대장'이 '김대장'으로 되어 있었다(후지모토 겐지, 2010: 122~126). 김정일은 두 왕자들의 성격 차이를 이미 꿰뚫어 보고 있었다. 평소 정은 대장에 대해 "나를 닮았다"라고 만족스럽게 이야기를 했으며 당군 간부들 앞에서도 똑같이 말해왔다. 한편 정철 대장에 대해서는 "그 녀석은 안돼, 계집애 같아서"라고 말했다(후지모토 겐지, 2010: 144).

이처럼 김정일은 장남 김정남과 함께 삼남 김정은에 많은 관심을 보였다. 그렇지만 김정남은 김일성이 자신의 어머니를 며느리로 인정하지 않고6) 김정일을 김영숙과 결혼시키는 상황 속에서 방황하다가 자유분방한 세계로 빠지게 되었고, 따라서 김정일도 김정남에 대한 기대를 접고 고용희 소생들에 더 많은 관심을 가지게 되었다.7)

2001년 러시아 방문 길에 복심을 처음으로 언급

북한에서 후계문제는 유일지배체제 특성상 김정일의 사전 승인이 없이 거론하기 힘든 이슈이다. 김정일이 자신의 후계 복안, 정확히 말

---

5) '발걸음'의 가사는 4장의 '찬양노래' 파트 참조.
6) 김정일의 결혼으로 인해 상처를 받은 성혜림은 1974년경 러시아로 나가 외롭게 생활하였으며, 신경쇠약·우울증 등 지병이 악화되어 2002년 5월 모스크바에서 사망하였다.
7) 관련내용은 이어지는 '후계 변수와 경과'에서 구체적으로 논의한다.

해 김정은에 대한 관심을 외부로 드러낸 것은 2001년 7월 러시아를 방문할 때가 처음이다. 24일간의 방러일정을 밀착 수행한 러시아 극동지구 전권대표 콘스탄틴 폴리코프스키는 2012년 일본TV와의 인터뷰를 통해 '김정일과 시베리아 횡단열차 안에서 나눈 후계문제 관련 대화'를 최초로 증언한 바 있다. 폴리코프스키의 육성증언은 "김정일이 2000년대 초부터 김정은을 후계자로 고려하고 있었다"는 사실을 시사해주는 중요한 사료이다.[8]

> (콘스탄틴 폴리코프스키) 김정일 국방위원장에게 후계자에 대해 물어봤죠. 그랬더니 후보가 2명이라고 하더군요. 사진을 한 장 보여주며 이렇게 얘기했어요. 자식이 4명 있는데 그중 밑의 둘이 정치에 관심이 많다고요. 아들과 딸이라고 했습니다. 정남과 정철은 사업에만 열을 올리고 있다. 밑의 둘을 한 10년 정도 교육시켜서 둘 중 하나를 후계자로 삼겠다고 말했다 (KBS, 특집프로그램 긴급입수 '김정은 북한권력의 내막', 2012.6.12).[9]

이렇게 김정일이 2000년대 들어 후계문제를 생각하기 시작했다는 것을 방증해주는 또 다른 증언은 후지모토가 '2000년 8월 원산-평양 간 열차 속에서 나눈 김정은과의 대화'이다.

> (정은대장은 스위스에 유학중이었고 여름방학을 이용해서 잠시 귀국해 있었다. 뭔가 심각한 표정을 짓고 대화를 하자고 해서 술을 주문한 뒤 밤

---

8) 한편 김정일이 언급한 딸은 김여정 또는 김영숙 소생 김설송 설(說)로 나뉘어 있으나, △ 김정일이 "밑의 둘"이라고 말한 점 △ 최근 확인된 김여정의 정치에 대한 관심과 역할 △ 김설송의 신원사항(장녀/74년생)과 「곁가지」라는 태생적 한계 등을 고려해 볼 때 김여정 가능성이 높다. 관련 내용은 『원코리아센터』 홈피 내 '곽길섭정론: 김여정과 김설송'(2018.4.14) 참조.
9) 동 KBS 특집물은 일본 NHK방송이 2012년 5월 13일 제작·방영한 프로그램이다.

11시부터 새벽 5시까지 대화를 나눴다).

"우리나라는 다른 나라에 비해 공업기술이 한참 뒤떨어져 내세울 것이라곤 지하자원인 우라늄광석 정도일거야. 초대소에서도 자주 정전되고 전력부족이 심각해 보여" (중략) "일본이 미국에 졌지. 하지만 멋지게 부활한 거 아냐. 상점에 가봐도 물품들이 얼마나 넘쳐 나던지. 우리나라는 어떨까. (중략) "위(김정일)에서 들은 이야기이지만 지금 중국은 여러가지 면에서 성공하고 있는 것 같아. 공업이나 상업, 호텔, 농업 등 모든 것이 잘나가고 있다고 얘기하더군" (중략) "우리나라 인구는 2천3백만 명인데 중국은 13억이라는 인구를 가졌는데도 통제가 잘되고 있다는게 대단한거 같아. 전력보급, 농업, 식량수출도 성공적이라고 하더군. 여러 면에서 우리가 본보기로 삼아야 (중략)"

당시 정은대장은 유학중이었고 정부나 당의 기관에서 일을 맡고 있지 않았다. 현실을 생각하다 보니 여러 문제에 부딪혀 고민을 털어 놓고 싶었기 때문이라고 생각할 수도 있겠지만, 지금 생각해 보면 정은대장은 원산초대소에 머물면서 김정일로부터 중대한 이야기를 들은게 아니었을까 하는 생각이 든다. "후계자는 바로 너다" 식으로 분명하게 말하지는 않았다 하더라도 그것을 암시하는 듯한 말을 장군으로부터 들은 것이 아니었을까 (후지모토 겐지, 2010: 139~144).

2002년 들어 후계문제 논의 중지 지시

그러나 김정일은 군부대를 중심으로 전개되기 시작했던 '평양의 어머니(고용희) 따라배우기 운동'[10]의 전국적 확산계획을 2002년에 중지

---

10) 북한군 2군단 6사단에서 근무하다가 2002년 2월 귀순한 주성일은 "1998년 최전방의 민사행정경찰 부대들을 대상으로 고용희에 대한 우상화가 전개되었다. 고용희를 '사모님' '우리의 어머님'으로 불렀고 '사모님 따라 배우기 운동'을 군총정치국의 주도로 활발하게 벌였다. 1999년 봄 김정일이 전방부대를 방문하였을 때 고용희도 함께 와서 부식을 챙겨주고 사진을 같이 찍기도 했다"고 진술했다(이영종, 2010: 75).

시킨데 이어, 2005년 말경에는 김기남 당비서 등 측근들과 함께한 자리에서 "3대 세습이 국제사회의 웃음거리가 되고 있다"며 후계논의를 일체 금지시켰다.

이러한 김정일의 움직임은 ① 봉건사회에서나 있을 수 있는 3대 부자세습에 대한 국제사회의 부정적인 시선 의식 ② 자신의 물리적인 나이가 많지 않은 상태에서 혹시 있을 수 있는 권력 누수 예방 ③ 후계구도(방식·인물)가 아직 확정되지 않은 점 ④ 부인 고용희의 건강 악화[11] 등을 종합적으로 고려한 조치로 평가된다.

후계 변수와 경과

김정일의 '후계문제 논의 금지' 지시로 수면 아래로 내려갔던 후계논의는 2008년 김정일의 갑작스런 뇌졸중 발병으로 인해 새로운 국면을 맞게 되었다.

2008년 8월 김정일의 와병으로 후계논의 재점화

2008년 9월 9일 북한에서는 특이한 상황이 발생하였다. 북한정권 수립(1948.9.9) 60돌 기념 열병식장에 김정일이 참석하지 않은 가운데 정규군의 열병없이 노농적위대 등 비정규군 중심으로 행사가 축소되어 진행되었다.

AP통신은 익명의 미국 정보당국자의 말을 인용하여 "북한의 김정일

---

11) 고용희는 1990년대 말 유선암이 발병되어 프랑스에서 수차례 항암치료를 받아 왔으며, 2004년 5월 프랑스 현지에서 수술·치료를 하다가 사망하였다.

이 행사장에 모습을 보이지 않은 것은 뇌졸중 때문일 가능성이 있다"고 보도하였고, 국가정보원은 9월 10일 소집된 국회 정보위원회에서 "김정일이 8월 14일 이후 뇌졸중 또는 뇌일혈 등 순환기 계통에 이상이 생겨 쓰러졌으며, 이 때문에 외국 의료진으로부터 수술을 받았다. 그러나 현재 회복중이며 거동에는 문제가 없다"(『한겨레』, 2008. 9.10)고 보고하였다.

북한이 김정일의 건강이상 논란을 잠재우기 위해 51일만에 공개한 활동사진을 보면 과거와 달리 얼굴이 수척하고 병색이 완연한 모습이었다.

한마디로 2008년 8월 김정일의 와병은 그의 심리적 시계와 물리적인 건강 상태가 그 이전과는 확연하게 달라지게 하는 결정적 요인이 되었다. 이에 따라 북한은 급격하게 후계자 선정 국면으로 돌입하게 되었다.

〈후계자론〉이 혈통승계의 이론적 토대

김정일이 선택할 수 있는 후계방안은 1970년대 자신이 직접 관여하여 만들었던 후계자론을 다시 한 번 적용하여 자녀 중 한 명을 선택할지, 집단지도체제를 도입할지, 아니면 제3의 인물을 간택할지로 대별될 수 있다.

첫째, 김정은은 후계자론의 혁명계승론, 혈통계승론, 세대교체론적인 측면에서 그 누구보다 적합한 인물이며 기타 준비단계론, 김일성(수령)화신론 차원에서도 충분히 경쟁성을 가지고 있었다. 혈통승계는 공산주의정권 승계 역사의 교훈에서 나타난 '전임자에 대한 비판'을 원천적으로 차단할 수 있는 최선의 방안이다. 문제는 젊고 정치경험이 부족한 김정은에게 권력을 물려줄 경우, 그가 권력층을 확고히 장악하고 김일성-김정일의 유업을 계승 발전시켜 나갈 수 있을지에 대한 확신 여부이다. 이런 우려에 대한 보완책만 미리 세운다면, 혈통승계는 김정일이 직접 경험하고, 정당성을 확인했던 가장 안전한 카드였다.

둘째, 그러나 김정일은 평소 파격도 즐겨하는 스타일이다. 김일성의 후계자 시절에는 수령론·후계자론·유일사상 10대원칙 등을 만들어 김씨권력을 강화하였으며, 김일성 사후에도 일반의 예측과는 달리 곧바로 주석에 취임하지 않고 3년상을 거쳐 국방위원장-최고인민회의 상임위원장-내각 총리 간의 절묘한 권력분산체계(통치는 하되, 책임을지지 않는)를 고안했던 지도자이다. 3대세습은 김부자 유일지배체제의 영구 완성을 상징하는 긍정적 측면과 함께 자칫하면 시대착오적인 봉건왕조 정치라는 비난을 감수해야 하는 부담이 공존한다. 30여 년간 김일성을 보좌하다 최고지도자가 된 자신과 김정은이 처한 환경은 분명히 다르다. 그래서 혈통세습은 자신의 대에서 끝내고, 일본의 천황제, 중국식 집단지도체제, 제3의 인물과의 공동통치 등의 다양한 방안을 고려해 보았을 개연성이 있다.

그러나 갑작스러운 와병으로 시간적 여유가 많지 않았던 김정일의 최종 결론은 새로운 실험 또는 국제공산주의운동사에서 실패를 목도한 과거로의 회귀보다는 다소 비난을 받더라도, 자신이 직접 경험한 안전한 길을 선택하였다.

김정남·김정철의 후보군 조기탈락으로 대안 부재

김정남은 2001년 5월 가족과 함께 위조여권을 가지고 일본에 밀입국하다 적발되어 추방되면서 세간의 주목을 받은 김정일의 장남이다. 1971년생으로 스위스와 러시아에 유학을 하였으며 영어, 불어, 러시아어 등을 비교적 자유롭게 구사할 정도로 국제감각이 있었다.

그러나 그는 평생 공직생활을 한 경험이 없다.[12] 후계자가 될 사람은 당이나 군에서 조용히 제왕학 수업을 받아야 되는데, 김정남은 해외 곳곳에 고급주택을 소유하고 '김철' 등의 가명을 쓰면서 술, 여자, 도박 등에 탐닉하며 유유자적하는 낭인(浪人) 생활을 하였다. 따라서 이런 김정남이 김정일의 후계자로 점지되는 것은 원초적으로 불가능하였으며, 2001년 일본 밀입국사건이 김정일의 눈 밖에 나는데 결정적인 작용을 했다.

일본을 비롯한 국내외의 상당수 전문가들이 김정남을 후계자로 점 쳤던 것은 이런 여건을 고려하지 않고 '장남'이라는 신분에 과도하게 집착한데 기인한 것으로 평가된다. 단지 황장엽 전 당비서가 "김정남이 후계자가 될 가능성이 있다. 중국정부가 김정남을 지속 관리해 왔고, 김정일의 매제인 장성택의 후원을 받고 있기 때문"(『중앙일보』, 2008. 9.17)이라고 전망한 것은 정상적인 상황이 아니라 '김정일사망·쿠데타 등의 급변사태 발생 시 상정할 수 있는 시나리오'였다.

다음으로 김정철은 김정일의 세 번째 여인인 고용희의 첫째아들이다. 고용희는 성혜림이나 본부인 김영숙과는 달리, 1976년경부터 김정일과 동거를 시작한 이후 2004년 사망할 때까지 평생을 김정일의 그림자처럼 김정일을 보좌하여 김정일에게는 없어선 안 될 존재였다. 이런 과정에서 자연스럽게 국정의 대소사에 관여하였고, 그녀가 김정일의 전폭적 신뢰를 받으며 자연스럽게 파워를 키워 나가자 당정군 실세들

---

12) 일부 언론에서 그를 당조직지도부 과장, 조선컴퓨터위원회 위원장, 보위부 해외반 탐국 총책, 군보위사령부에서 핵심요직을 맡고 있다는 설(說)을 보도한 바 있으나, 그는 평양에 거의 체류하지 않고 마카오, 중국, 동남아, 유럽 등에서 주로 생활하다 가 김정일 생일(2.16) 등의 계기에 잠시 평양에 들어가고 있었을 뿐이다.

이 그녀 주변으로 점차 몰려들었다.(후지모토 겐지, 한유희 옮김, 2010: 67~69). 2002년 8월경부터는 군 내부학습제강13)에 '존경하는 어머님', '항일의 여성영웅 김정숙 동지와 똑같으신 분'으로 표현하는 개인우상화도 시작되었다. 이는 김정일의 생모인 김정숙을 '조선의 어머니'로 우상화하고 있는 것을 흉내낸 것이었다.

고용희가 2004년에 사망하지 않고 지금까지 살아 있었다면 후계구도는 지금과 다르게 진행되었을지도 모른다. 왜냐하면, 고용희 입장에서는 김정철이 장남인데다 성격도 온화했기 때문에 지도자로서 적합하다고 생각했을 가능성이 있다. 그러나 고용희는 불치병인 유방암에 걸리고 2004년 프랑스에서 치료를 받던 중 사망하게 된다. 그녀의 죽음은 김정철과 김정은이 홀로서기를 해야 한다는 것을 의미하는 것이었다.

국내외 언론들이 김정철에 대해 "중앙당에서 선군노선을 체계화하는 일을 맡고 있다", "중앙당 조직지도부 부부장으로 활동하고 있다" "조직지도부 사무실벽에 '김정철 동지의 사업체계를 세우자'는 표어가 붙어있다"는 등의 보도를 했었지만, 엘리트 탈북민들의 증언14)과 그의 성격 등을 볼 때 설득력을 갖기에는 여러모로 부족한 점이 많았다. 김정철은 고용희의 장남이라는 점과 이제강 당조직지도부 제1 부부장 등 당정군 실세들이 고용희를 직간접적으로 지원하는 장점에도 불구하고 △ 유약한 성격 △ 정치보다 음악을 좋아하는 성향 △ 건강문제 등이 복합 작용하여 후계자 경쟁에서 탈락하였다는 게 정설이다. 그의 성격과 관련, 후지모토 겐지는 "김정일이 그 녀석(정철)은 안돼. 계집애 같

---

13) 동 학습제강은 주체 91년(2002년) 8월 조선인민군출판사가 발간한 16페이지 분량의 강연 자료로서 월간조선이 일본의 정보채널을 통해 입수, 2003년 3월호에 게재하였다.

14) "김정철이 조직지도부에서 일했다면 아마 소문이 났을텐데, 재북시 그러한 이야기를 들어본 적이 없다"(탈북민 김일규·이자춘(가명), 청취일: 2018.3.29).

애"라고 말한 점을 전하면서 "후계자는 정철보다는 정은일 것이다"라고 자신감있게 전망하기도 하였다.

김정철은 후계자로서 제왕학 수업에 한참 주력해야 할 시기인 2006년 6월 초 유럽에서 열린 영국의 유명 팝아티스트 에릭 클랩튼의 해외공연을 보러 나갔다가 일본 후지TV의 카메라에 잡혀 전 세계 방송의 전파를 타기도 했다. 김정남의 2001년 일본 밀입국사건과 똑같은 차원에서 볼 수는 없지만, 김정일의 심기를 건드렸을 가능성이 크다. 게다가 건강에도 문제가 있어 '여성 호르몬 과다분비증'[15]이라는 희귀병을 앓고 있었다.

김정철의 신상과 정치에 대한 무관심은 2015년 5월 김정철의 에릭 클랩턴 런던공연 관람[16]의 현지준비와 수행을 전담했던 태영호 전 영국주재 북한공사의 증언을 통해 생생하게 밝혀졌다. 태공사는 자신의 저서 『태영호 증언, 3층 서기실의 암호』를 통해 공항도착부터 떠날 때까지 61시간 동안 김정철을 밀착 수행했던 당시를 설명하면서 "김정철은 아침부터 술을 찾고, 시도 때도 없이 담배피우며, 오직 음악만 생각하는, 실제 공연에서는 주먹을 쳐들고 열광하는, 기타연주 실력이 매우 좋은 전형적인 아티스트이자 최고지도자 김정은의 형일 뿐"(태영호, 2018: 375~400)이라고 평가절하 하였다.

---

15) "통일부 관계자는 13일 김정철이 여성호르몬 분비과다증이라는 병에 걸렸다고 들었으며, 이것이 사실이라면 후계자로서 결정적인 결격사유가 된다고 말했다"(『세계일보』, 2006.2.13).

16) 김정철 영국 현지공연 관람사업은 3월말 서기실 이메일 암호전문으로 시작되어, 4월말 선발대 3명 런던 도착 → 5월 19일 김정철일행 4명 런던 도착 → 5월 20일과 21일 공연관람 및 쇼핑 → 5월 22일 귀환으로 진행되었다(태영호, 2018: 375~400).

김정은의 정치적 자질: 김정일을 적극적으로 보좌

김정은이 3남이자 경험 부족의 한계를 넘어 김정일의 선택을 받은 것은 그의 정치적 자질을 일찍이 알아본 김정일의 남다른 신임이라고 할수 있다. 북한에서 수령(김정일)의 말은 곧 법이며, 지상명령이다. 특히, 수령론·후계자론·유일사상체계 10대원칙이 지배하고 보위부를 비롯한 이중삼중의 감시망이 작동하는 현실에서 누구도 다른 생각을 가질 수 없다. 한마디로 김정일의 결심이 후계자 문제의 시작이요, 끝이라고 할 수 있다.

김정일은 장남 김정남을 포기한 상황에서 차남 정철마저 결정적인 결함이 있다고 결론내림으로써 선택의 폭은 그다지 크지 않았으며, 김정은에게 기대를 걸 수밖에 없었다. 이렇게 김정일의 선택 폭이 제한되었다는 것은 2001년 방러중 폴리코프스키에게 "후계자는 자식 4명 중, 밑에 둘(아들과 딸)을 한 10년 동안 훈련시킨 후 그중에서 고르겠다"고 언급한 것이 잘 설명해 준다. 한편 강력한 리더십이 요구되는 선군노선의 시대적 상황도 중요한 고려요소였다. 군부장악, 북핵문제, 남한정부와 기싸움, 경제개혁 등 어느 한 가지도 쉬운 일은 없었다. 강단 있는 지도자가 필요한 시기였다.

이런 시대적 상황하에서 김정은은 △ 어린 시절 김정일의 관심을 끌었던 '적극적인 성격'의 차원을 넘어 △ 스위스 유학생활 종료 후 시작한 후계 수업, 즉 5년제 김일성군사종합대학시절(2002년-2007년)[17]과 졸업 후 군계통에서의 김정일 현지지도 수행과 전술 개발 등을 통해 자신의 능력을 김정일과 주변에 각인시킴으로써 후계자의 지위를 획

---

17) 실제로는 정기적으로 등·하교하지 않고, 교수들이 집으로 드나들며 교육했다고 한다.

득했다고 평가된다. 주요 사례를 몇 가지 보면 다음과 같다.

첫째, 국회 외교통상위원회 윤상현 의원은 2009년 10월 통일부의 비공개 보고서를 인용하여 "김정은이 조직관련 부서의 부국장으로 근무 중이며 지난 4월부터 친애하는 김대장 동지, 영명하신 김정은대장 동지로 칭해지고 있다"고 밝혔다(『문화일보』, 2009.10.6).

둘째, 일본의 마이니치신문이 보도(2009.10.5)한 북한 내부강연자료 '존경하는 김정은 동지의 위대성 교양자료'에는 "김정은은 현대군사과학과 기술에 정통한 천재이다. 인민군대의 전술단위인 작전전투에서 조직과 지휘를 매우 유리하게 전개하고 포병부문에서 정확한 지점에 타격을 보증하는데 큰 역할을 하고 있다. 김일성군사종합대학에서 공부할 때 작전지도에 반영한 포병 이용계획을 보면 백전노장도 고개를 숙였다"고 강조하였다(이영종, 2010: 200~201).

셋째, 김정일 사후 생산된 소설 등을 통해 사후적으로 밝힌 내용도 "김정은이 2005년 또는 그 이전부터 현지지도나 서한을 통해 구체적인 업무지시를 내리는 등 실질적인 지도자로서의 행동을 했다"는 점을 확인시켜 주고 있다.[18] 일례로 2012년 1월 5일 조선중앙TV는 김정은이 2009년 9월 4일에 썼다는 친필서한 내용이 포함된 영화를 방영하였는데, 김정은이 후계자로 지명된 이후 "군에서의 김정일 우상화 작업을 직접 지휘했다"고 다음과 같이 밝히고 있다.

    초상화 방향을 위대한 수령님 태양상 방향과 통일시켜야 합니다. 앞으로 장군님초상화를 닫긴복(사복)을 하는 것보다 늘 입으시는 인민복상으

---

18) 북한의 소설 등 창작물은 북한이 선전차원에서 만들기 때문에 과장·왜곡의 가능성을 경계해야 하지만, 북한 권력층 내부동향을 추론해 볼 수 있는 창구로서의 의의는 충분히 있다.

로 하는 것이 더 좋은 것 같습니다. 우리 군대와 인민의 마음속에는 장군님께서 늘 입으시는 야전복이 언제나 더 친근할 것입니다(『조선중앙TV』, 2012.1.5; 김현경, 2016: 91).

또한 2015년도에는 김정은이 2004년 7월에 군부대가 관할하는 신창양어장 등을 시찰했다는 내용을 기록한 현지지도 기념비를 소개하기도 했다(『조선중앙TV』, 2015.6.7).

권력층 내 신민적 정치문화: 혈통승계 당연시, 줄서기 급급

북한 권력층들은 김일성-김정일 유일지배체제를 구축하는 과정에서 수많은 숙청을 목도했다. 따라서 충언이나 경쟁이 아닌 충성만이 살길이라는 것을 뼛속 깊게 체득한 인물들이다. 후계문제도 예외가 될 수 없다. 자신의 목소리를 내기보다는 김정일의 복심을 파악한 후 거기에 맞춰 행동하는 것을 최고의 '합리적 선택'으로 여긴다.[19] 김정일 시대에는 피를 같이 나눈 유일한 혈육, 여동생 김경희 정도만이 김정일에게 바른 이야기를 할 수 있었을 뿐이다.

한편 '집단지도체제'는 최고권력자 1인의 독재를 부정하는 이론으로서 수령의 영도를 절대화한 북한의 '수령론'과 공존할 수 없다. 이런 측면에서 볼 때, 장성택 등 제3의 인물 부상 가능성은 북한의 권력이론에 전혀 부응하지 않는다. 그들은 후계자가 되기보다는, 후계자를 측면에서 지원하는 조력자(supporter)의 역할이 제격이기 때문이다.

---

19) 황장엽 전 당비서는 KBS와 인터뷰에서 "핏줄에 의한 3대세습은 시대에 뒤떨어진 것이지만 세뇌교육으로 내부 반발은 없을 것"이라고 언급하였다(『KBS』, 2010.8.7).

주요 조치

2008년 하반기 가족회의에서 후계자 지명

결론적으로 김정일은 건강악화로 시간이 촉박했던 상황에서 부자세습 이외의 대안을 찾기가 어려웠다. 김정일은 이른바 2008년 하반기 이른바 병상통치 기간 중 김경희 · 장성택 · 김정은 등이 참가한 가족회의를 열어 김정은을 후계자로 결정[20]하였다. 그리고 2009년 1월에는 당 조직지도부를 통해 김정은의 후계자 내정 사실을 당정군에 내밀적으로 통보[21]하였으며, 생일선물로 만들어 주었던 '발걸음'이라는 노래를 일부 개사하여 전국으로 확산시켰다. 2008년 8월 김정일이 쓰러진 이후 약 4개월여라는 짧은 기간만에 김정일은 자신의 후계구상을 최종 정리한 것이다. 이 기간 동안 김정일의 최대 고심은 어떻게 · 누구를 선택하는 것이 아니라, 김정은체제를 어떻게 하면 안전하게 보장해 나갈

---

20) 동 가족회의에서는 김경희가 "아직 어린애가 어떻게 통치를 할 수 있겠느냐"고 의문을 제기하자, 김정은이 "식사테이블을 탁치고 나가버렸다"고 증언하였다(오스트리아 망명 고위급 탈북민/『KBS대기획 김정은』, 2012.12.24). 동 증언은 북한에서 김정은이 후계자로 결정되는 과정을 공식문건이나 소설 등을 통해 직간접적으로 밝히지 않고 있는 가운데 나온 것이어서 의미가 있다. 후계문제는 김정일이 당정군 측근들과 상의하였거나 측근들이 김정일에게 건의한 것이 아니라, 김정일이 흉금을 터놓을 수 있는 가족인 김경희 · 장성택에게 사실상의 통보를 하고, 후일을 당부한 것으로 추정된다. 한편 라종일은 저서 '장성택의 길'에서 "김정일은 자신의 병상곁을 지켰던 김옥, 황순희, 정철, 정은, 여정까지 내보내고 김경희부부만 남게한 후 후계자로 누가 좋은지 묻자, 평소 마음을 읽고 있던 장성택이 '막내아드님이 어떻겠습니까?'라고 대답하자 만족스러운 표정을 지으며 '그래, 막내를 세웁시다. 그러나 내가 공개하라고 할 때까지 비밀로 하십시오'라고 했다"고 지명 과정을 증언했다(라종일, 2016: 231~233).
21) 2009년 1월 15일 연합뉴스는 "김정일이 1월 8일 당조직지도부에 3남 김정은을 후계자로 결정한다는 교시를 하달했으며, 이제강 조직지도부 제1부부장이 조직지도부의 과장급 이상 간부들을 긴급 소집해 김정일의 결정사항을 전달했으며 각도당으로까지 후계관련 지시가 하달되고 있다"고 보도했다(이영종, 2010: 110).

것인가에 집중되었다고 판단한다.

후계자 내정 사실을 비밀로 하고 후계수업 및 중국과 조율

북한은 김정은을 후계자로 내정한 이후에도 2010년 9월 28일 3차 당대표자회에서 김정은을 당중앙군사위원회 부위원장으로 추대하는 결정을 발표하기 전까지는 철저히 비밀에 붙이면서 내부정리 작업에 주력한 점이 이를 뒷받침해 준다.

즉 2009년 2월 19일 클린턴 미국무장관이 "미국은 북한이 곧 후계 문제를 둘러싼 위기에 직면하는 것에 대해 우려하고 있다. 비록 권력교체가 평화적으로 이루어진다고 해도 이는 불확실성을 증대시킬 뿐이다"(『연합뉴스』, 2009.2.19)는 자극적인 발언을 했음에도 불구하고 일체 대응을 하지 않는 특이동향을 보였다. 게다가 2009년 9월 10일 김영남 최고인민회의 상임위원장은 평양 만수대의사당에서 진행된 일본 교도통신과의 인터뷰를 통해 "김정은 국방위원장 후계문제는 현시점에서는 논의되지 않고 있다. 일부 외국언론이 북한의 부상과 번영을 무력화하려는 것이다. 지금 북한인민은 공화국과 사회주의를 수호하기위해 김정일 위원장을 중심으로 강하게 단결하고 있다"(『YTN』, 2009.9.10)고 연막을 치기도 하였다.

2010년 8월 말 중국의 추인을 거쳐, 9월 28일 3차 당대표자회를 계기로 공식 데뷔

그러나 김정일은 국내의 정지작업이 끝나자 2010년 5월에 이어 8월에 중국을 비밀리에 방문(8.26-30)하여 동북 3성 내 김일성의 항일혁명전적지 순례를 통해 북중협력 역사와 백두혈통의 정통성을 다시 한 번 부각시킨 후, 중국 수뇌부들과의 연쇄회동을 통해 김정은을 후계자로 추인받았다.

〈8.27 북중정상회담 만찬시 김정일 만찬사〉 전통적인 조중친선의 바통을 후대들에게 잘 넘겨주고 그것을 대를 이어 발전시켜 나가도록 하는 것은 우리들이 지닌 중대한 역사적 사명입니다.
〈후진타오 만찬사〉 중국공산당 중앙위원회를 대표해 조선노동당 대표자회가 원만한 성과를 거둘 것을 축원합니다(『SBS』, 2010.8.31).

이로써 북한은 2010년 9월 28일 3차 당대표자회에서의 후계자 공식 발표를 앞두고 모든 준비를 마쳤다.

함 의

김정일, 세습에 대한 부정적 시선 다소 의식

김정일이 장남·차남을 탈락시키고 셋째 아들을 후계자로 선택한 것은 고심어린 결정이었다. 상당수의 전문가들이 예측했던 과도기적 집단지도체제는 김정일이 일찍이 공산주의운동사의 전임자 비판이라는 역사적 전철을 겪지 않기 위해 수령론과 후계자론을 만들고 권력문화를 송두리째 바꾸었던 장본인이었기 때문에 내적인 고려는 가능할지 몰라도, 채택은 근원적으로 어려웠던 방안이었다.

다만, 김정일이 자신에 이어 3대까지 부자세습이 이루어지는 것에 대해 다소 부담감[22]을 느끼는 징후도 가끔 나타냈고, 반전을 즐겨하는 극화적인 성격 등을 고려해 볼 때, 일본의 천황제나 태국의 국왕제와 같은 「수령론의 또 다른 제도화」를 모색했었을 가능성은 배제할 수 없다. 김일성은 '영원한 주석', '김일성민족의 시조'라는 상징적 위치로 올려놓았지만, 자신은 어디로 가야하나? 대내외의 어려운 여건 속에서 자신의 후계자가 수령의 역할을 제대로 할 수 있을까? 노회한 관료들에 휘둘리지는 않을까? 등의 다양한 고심을 했을 가능성이 있다.

가장먼저, 전술한 바와 같이 북한이 "1990년대에 일본의 천황제를 연구했다"는 탈북민 증언처럼 유사 천황제의 도입, 즉 '수령론의 또다른 차원의 제도화'를 위한 기반은 이미 상당한 정도로 갖춰져 있었다. 무엇보다도 '수령론'이 전주민의 인식 속에 확고히 자리잡혀있어 천황·왕정에 대한 거부감이 전혀 없었다. 김일성-김정일이 신적인 존재로 인식되고 있고, 특히 조선(왕정) → 일제 식민시대(천황) → 김부자 유일독재기(수령)로 이어지면서 민주사회를 전혀 경험하지 못해 비교의식이 없다. 게다가 사회정치적생명체론, 조선민족제일주의, 김일성민족론, 김일성헌법 등 다른 나라와 달리 이론적인 기반이 이미 완벽하게 구비되어 있다. 단지 지금까지의 관념을 '정치 제도화'하기만 하면 되는 문제였다.

다음으로, 국제사회의 3대세습에 대한 부정적 인식을 일거에 불식시킬 수 있으며, 후계자를 사전에 선정할 필요가 없다. 통상적으로 천황(국왕)은 종신제이며, 사망 이후에는 승계서열에 기초하여 장자우선의 원칙이 적용되어 왕위를 승계한다. 따라서 김정일은 후계문제에 대한 부담을 덜고 통치를 할 수 있다.

---

22) "정세현 전 통일부 장관, 김정일이 2004년쯤 '내대에서 이런 세습이 되겠는가'라는 이야기를 했다고 중국의 대북 소식통으로부터 들었다"(『dong A.com』, 2008.6.24).

셋째, 당시 운용하던 북한 권력구조와도 부응한다. 즉 김일성 사후 권력구조는 국방위원장(김정일, 실질적 국가원수), 최고인민회의 상임위원장(김영남, 의전적 국가원수), 내각 총리(홍성남, 경제 책임자)로 3분[23]된 가운데 김정일이 '수령'으로서 실질적인 통치를 했다. 따라서 김정일이 경제문제 등 복잡한 국사를 다른 인물에게 맡기고 정치·군사·외교에 관여하는 방식, 즉 정치권한이 강화된 일본의 천황제와 같은 '정치제도화된 수령'의 직함으로 통치하다가 혈통세습을 하더라도 전혀 문제가 없었다. 이러한 아이디어는 김정일이 1998년에 고안한 〈3분 권력구조〉의 특징인 '통치는 하되 책임은 지지 않는 권력체계'의 완결판이 될 수도 있었던 것이었다.

김정일, 갑작스런 와병으로 가장 안전한 길을 선택

그렇지만 이 모든 옵션은 김정일 자신이 예기치 않게 쓰러지면서 물거품이 될 수밖에 없었다. 자신의 수명 즉 물리적인 시간이 얼마 남지 않을 수 있다는 초조함으로 인해 새로운 실험을 할 여유가 없었기 때문에 '그래도 핏줄뿐'이라는 인식하에서 자식들 중에서 가장 정치적인 자질이 뛰어났던 김정은을 선택하였다.

이로 인해 북한은 25세의 청년을 후계자로 내정하고「3대 부자세습」이라는 미증유의 실험을 시작하게 되었다.

---

23) 김정일은 김일성 사후의 3년상을 끝내고 1998년 9월 5일 최고인민회의 10기 1차 회의를 개최하고 김일성을 '영원한 주석'으로 추대한 이후 국방위원장 중심의 변형된 권력구조를 출범시켰다.

2장

권력 장악과
공고화 관련 핵심조치

　북한은 김정은을 후계자로 내정한 이후 내밀적으로 후계기반 구축에 주력해오다가 2010년 9월 28일 3차 당대표자회를 소집하고 공식 무대에 데뷔시켰다.

　김정은의 첫 공식 직함은 노동당 중앙군사위원회 부위원장이었다. 2011년 12월 17일 김정일 사망 이후에는 군 최고사령관 취임(12.30)을 신호탄으로 당 제1비서, 국방위 제1위원장에 추대(2012.4) 됨으로써 권력승계를 신속하게 완료하였다.

권력 핵심포스트 조기 취임

권력승계 이전: 군사칭호 수여/당중앙군사위원회 부위원장 직함으로
　　　　　　　공식 데뷔/국가안전보위부 막후 지휘
권력승계 이후: 군 최고사령관 취임(2011.12.30)/당 제1비서 · 국방위
　　　　　　　제1위원장 추대(2012.4)/당위원장 · 국무위원장 취임(2016.5)

군사칭호 수여

① 「대장」 칭호(2010.9.27)

북한은 2010년 9월 28일 3차 당대표자회 개최에 앞서, 김정은에게 인민군 대장칭호를 수여하는 최고사령관 명령 0051호(9.27자)를 발표하였다. 동 명령은 군사직위가 없는 김정은에게 칭호를 수여함으로써 군사지도자로서의 위엄을 갖추게 하려는 목적과 함께 3차 당대표자회에서 당중앙군사위원회 부위원장으로 선출하기 위한 사전작업의 성격도 띠고 있었다.

김정은과 같이 대장 계급을 단 인물 가운데 군경력이 전혀 없는 김경희와 최룡해가 포함된 점이 주목되는데, 이는 선군노선하에서 김정은체제의 후견인 역할을 수행케 하려는 김정일의 의도를 드러낸 것이었다. 김경희가 백두혈통의 가족을 대표하는 가운데, 최룡해는 당, 현영철은 군, 최부일[24]은 인민보안성(우리의 경찰/2020.5 사회안전성으로 개칭), 김경옥은 당속의 군[25]에서 핵심역할을 수행케 함으로써 김정은 후계체제의 지주 역할을 부여한 것으로 평가된다.

한편 북한은 군총참모장 리영호[26] 대장을 같은 날 국방위원회 결정 제07호를 통해 「차수」 칭호를 수여[27]한데 이어, 3차 당대표자회에 김

---

24) 탈북민 김하경(가명)은 "어린 시절부터 김정은과 농구를 같이할 정도로 가까웠던 인물이라며, 언젠가 보위부장 등 요직을 맡을만한 인물이다"며 그의 비중 있는 위상을 강조하였다(청취일: 2015.11.17). 최부일은 2019년 12월 인민보안상에서 물러나 당군사부장, 당군정지도부장에 임명되었다.

25) 김경옥은 당 조직지도부에서 군을 관할하는 제1부부장이었다.

26) 리영호는 1942년생으로 2007년 4월 군창설 75돌 열병식 제병지휘관, 2009년 2월 군총모장으로 발탁되면서 핵심인물로 등장한 인물이다.

27) 북한이 리영호의 차수 칭호 수여를 별도로 발표한 것은 북한의 칭호수여 원칙 때문이다. 통상적으로 원수급(대원수, 원수, 차수)은 당중앙군사위원회·국방위원회 등이 결정하고, 장령급(대장, 상장, 중장, 소장)은 군최고사령관 명령으로 하달된다.

정은과 같은 당 중앙군사위원회 부위원장으로 선출하고 정치국 상무위원으로도 발탁함으로써 군을 대표하는 최고인물로 만들었다. 이같이 리영호가 전격 발탁된 것은 그가 김정은의 김일성군사종합대학 재학 시 스승이었던 인연과 순수 야전군(포병) 지휘관이라는 점이 높이 평가된 것으로 보인다.

②「공화국 원수」칭호(2012.7.18)

북한은 2012년 7월 18일 당중앙위원회·당중앙군사위원회, 국방위원회, 최고인민회의 상임위원회 공동명의 결정을 통해 김정은에게「공화국 원수」칭호를 수여하였다.

이로써 김정은은 대장(2009.9) 칭호를 받은 이후 3년도 채 안지나, 그리고 군최고사령관(2011.12) 취임 이후 6개월여 만에 차수를 뛰어 넘어 현존인물 중 최고의 계급에 오름으로써 군최고사령관-국방위 제1위원장 직위에 걸맞은 군사계급을 보유하게 되었다. 김정일과 김일성이 「공화국 원수」칭호를 받은 것을 보면, 김정일은 군최고사령관 취임(1991.12) 이후 3개월여 만인 1992년 4월에, 김일성은 취임(1950.7) 이후 2년 7개월여 만인 1953년 2월에 각각 칭호를 받았다. 따라서「공화국 원수」칭호 수여는 군최고사령관 취임 이후 예정된 수순이었지만, 김정은의 군권 장악에 마침표를 찍었다는데 의미가 있다.

당중앙군사위원회 부위원장 직함으로 공식 데뷔

북한은 2010년 9월 28일 3차 당대표자회[28]를 개최하였다. 1966년 2차

---

28) 당표자회는 당중앙위원회가 당대회와 당대회 사이에 소집(1980년 당규약 30조)할

당대표자회 이후 무려 44년 만에 개최된 회의였지만 당규약 수정, 지도기관 선거, 당중앙군사위원회 부위원장 직제 신설과 김정은의 부위원장 선출 등의 일정을 마치고 지난 1·2차 대회[29]와 달리 하루 만에 폐막되었다. 이 같은 일정은 동대회가 철저히 김정은 후계체제의 법적·제도적 기반 구축과 김정은의 공식데뷔를 목적으로 기획되었음을 알 수 있다. 이로써 그간 베일에 쌓여있던 김정은이 후계자로서의 활동을 본격적으로 시작하게 되었다.

한편 당중앙군사위원회는 김정일의 선군노선하에서 국방위원회로 군권의 축이 옮겨감에 따라 거의 유명무실한 존재로 존재해 왔으나, 당규약 개정 후 김정은을 부위원장으로 선출하고 권한을 대폭 강화함에 따라 중대한 변화를 맞게 되었다. 김정은의 첫 공식 직함으로 당·정부직이 아닌 군관련 직위, 그것도 직책을 신설하여 제2인자의 직위를 맡긴 것은 △ 김정일의 건강이상으로 후계자를 조기에 부각시킬 필요성 △ 권한이 커진 군부에 대한 당의 통제가 향후 후계체제 안착에 있어 무엇보다도 중요한 점 △ 당과 군을 동시에 경험할 수 있다는 점 △ 권력의 핵인 기존의 국방위원회와 다른 차원에서 군사(軍事)와 국사(國事)를 다룰 수 있고, 다른 인물과 직책과 역할이 중복되지 않을 수 있는 유일한 자리[30]라는 등이 고려된 다목적 포석이라고 평가된다.

수 있는 당대회급 회의로서 당의 노선과 정책 및 전략전술에 관한 긴급한 문제들을 토의하고 결정하며 조직, 인사 문제도 논의한다.
29) 1차 대회는 1958.3.3-6(4일간), 2차 대회는 1966.10.5-12(8일간)간 개최되면서 김일성 유일체제 확립 및 조직, 인사, 경제·외교 문제 등 전반적인 당면현안을 논의하였다.
30) 국방위원회는 조명록 군총정치국장이 이미 제1부위원장직을 수행(1998.9-2010.11)하고 있는데다, 장성택을 위원(2009.4 최고인민회의 제12기 1차 회의), 부위원장(2010.6 최고인민회의 제12기 3차 회의)에 임명하는 등 권한이 더욱 강화되고 있었다. 김정일은 조명록 사망 이후 제1부위원장직을 공석으로 두었으며, 김정은은 김정일 사후 제1부위원장 직제를 폐지한 후 김정일을 '영원한 국방위원장'으로 명명하고 자신은 '제1위원장'직함(2012.4)을 만들어 최고통치자 역할을 수행하였다.

결론적으로 북한의 군사·국방관련 업무는 김정일시대에는 '국방위원회', 김정은 후계수업 및 집권 초기(2010.9-2016.5)에는 '국방위원회와 당중앙군사위원회'의 상호 보완, 김정은 권력구조(2016.5-)하에서는 '당중앙군사위원회'가 주도권을 가지고 수행하고 있다.

군권부터 장악: 김정일 사망 후 13일 만에 군 최고사령관 취임 (2011.12.30)

북한은 김정일 사망 사실을 즉시 공개하지 않았다. 사망 경위에 대한 발표내용, 향후 장례식·권력승계 절차 등에 대한 내부논의에 시간이 필요했기 때문이라고 추정된다. 북한은 이틀간의 침묵을 깨고 12월 19일 정오 조선중앙TV와 조선중앙통신을 통해 당중앙위원회·당중앙군사위원회, 국방위원회, 내각, 최고인민회의 상임위원회 등 5개 기관 공동명의의 김정일 사망 부고(12.17자)를 발표하였다. 북한은 동 부고문에서 김정은의 이름을 5번이나 거명하면서 "김정은을 중심으로 뭉쳐나갈 것"을 촉구함으로써 김정은이 북한을 통치해 나갈 새로운 지도자임을 내외에 천명하였다.

> 오늘 혁명의 진두에는 주체혁명 위업의 위대한 계승자이시며 우리당과 군대와 인민의 탁월한 령도자이신 김정은동지께서 서 계신다. (중략) 김정은 동지의 령도따라 슬픔을 힘과 용기로 바꾸어 오늘의 난국을 이겨내며 주체혁명의 위대한 새 승리를 위하여 투쟁(중략)(『로동신문』, 2011.12.20).

또한 동일 발표된 국가장의위원회 232명 명단에도 서열 1위로 이름을 올렸으며, 영결식(12.28)과 추도대회(12.29)를 통해 자신에 대한 충성서약을 받은 후 곧바로 30일에 당 정치국회의를 소집하여 '군 최고사령관'에 취임하였다. 북한은 조선중앙통신 보도를 통해 "김정일의 2011년 10월 8일 유훈[31]에 따라 김정은을 군 최고사령관으로 추대하였다"고만 발표하였다. 군 최고사령관은 김정일 사망이후 승계한 첫 공식 직함이다. 그만큼 군 최고사령관으로서 120만 정규군과 770만 예비병력을 장악하는 것이 단기·장기적으로 상징성과 함께 국정을 확고히 장악해 나가는데 있어 관건적인 요소였기 때문이었다.

김정일 사망 후 4개월여 만에 권력승계 완료
: 당 제1비서·국방위 제1위원장 취임(2012.4)

북한은 김정은을 당의 최고수뇌로 선출하기 위해 2012년 4월 11일 제4차 당대표자회를 개최하였다. 그러나 김정은은 당총비서에 취임하지 않고 김정일을 '영원한 총비서'로 추대한 이후 자신은 '제1비서'직을 신설·취임하였다. 또한 최고인민회의 제12기 5차회의(4.13)를 소집하고, 3차 당대표자회에서처럼 김정일을 '영원한 국방위원장'으로 추대한 이후 자신은 신설된 '국방위원회 제1위원장'직에 취임하였다. 김정은이 김정일을 '영원한 총비서, 영원한 국방위원장'으로 추대한 것은 과거 김정일이 김일성의 후광을 활용하기 위해 김일성을 '영원한 주석'으로 추대하고 유훈통치를 하였던 전례를 벤치마킹한 것이었다.

---

31) 동 보도에서는 유훈의 상세내용은 밝히지 않았다. 이듬해 1월 18일자 로동신문의 '고귀한 유훈, 간곡한 당부'제하 글에서 "장군님께서는 지난해 10월 8일 김정은 동지의 위대성에 대해 말씀하시면서 김정은 부위원장을 진심으로 받들고, 일군들은 당의 두리에 한마음 한뜻으로 굳게 뭉쳐 일을 잘해 나가야 한다고 당부했다 (중략) 몇해전 어느날에는 우리 혁명은 김정은 동지에 의해 주체혁명위업이 빛나게 계승되는 역사적 전환기에 들어섰다는데 대해 말씀하셨다"(『로동신문』, 2012.1.18).

이로써 김정은은 김정일 사망 후 4개월도 안되어 김정일이 보유하고 있던 당정군의 최고직위 모두를 승계하게 되었는데, 이는 김정일이 생전에 설계해놓은 제도적 시스템과 김경희·장성택 등 후견그룹들의 운명공동체 의식 등이 복합적으로 작용한 결과라고 평가된다.

국가안전보위부 역할 제고

후계 수업기에 보위부 막후 지휘[32]

김정은은 후계자로 내정된 이후 김정일 현지지도 수행, 그리고 당중앙군사위원회 부위원장으로서의 활동을 통해 군부내 기반을 구축해 나갔다. 또 한편으로는 체제보위를 책임지고 있는 국가안전보위부를 막후에서 장악·지도함으로써 자신의 국정수행 능력을 배가해 나갔다.

국가안전보위부는 유일지배체제 확립의 제1행동대이므로 김정일·김정은의 지시 침투력이 남다른 부서이다. 특히 1987년 전임 이진수 부장 사망 이후 김정일이 직할 관리하면서 제1부부장·부부장들을 통해 분할 관리해오고 있어 후계수업을 하기에는 안성맞춤인 조직이었다. 김정일은 2009년 1월 김정은을 후계자로 내정하기 이전부터 국가안전보위부에 대한 지도·감독권을 비공개리에 부여하였다.[33] 이는 사실상

---

32) 국가안전보위부는 북한 최고의 정보공안기관이다. 1973년 5월 사회안전성 산하 정치보위국에서 국가정치보위부로 분리 독립되었으며, 창설일은 김일성이 1945년 11월 19일 남포시 소재 보안간부훈련소를 방문한 날로 기념하고 있다(윤대일, 2002: 31). 이하 관련내용은 동 부서출신인 윤대일과 김하경(2015.11.17)의 증언에 상당부분 기초하였다.

33) "2008년 초부터 보위부 청사내 김정은 사무실이 마련되어 있었으며, 김정은은 수시로 출근하여 업무보고를 받고 지시를 하달하였다"(탈북민 김하경).

김정은에게 보위부장 역할을 위임했다는 것을 의미하는 것이었다.

김정은은 2009년 1월 후계자로 내정되자 본보기 케이스로 '대남부문 일군들의 사상성 재검토 사업'에 착수하였다. 동 사업은 2010년 6월까지 1년 6개월간 진행되었는데, 대남사업일군들의 무사안일과 판단착오, 남측과의 유착·부정부패로 북한의 대남정책에 오판을 가져오게 했다는 것이 조사의 핵심 내용이었다. 이 과정에서 보위부내 관련 상무조(T/F)가 조직되어 거의 전수조사에 가까울 정도로 대남일군들에 대한 조사와 증거수집이 이루어졌으며, 최승철 통전부 부부장·권호웅 남북당국간회담 대표를 비롯 고위급 대남간부들이 남한간첩·부정부패 혐의[34] 등으로 공개처형 또는 혁명화 교육, 좌천되었다.

대남사업 일군들에 대한 사상재검토 사업과 무자비한 공개처형으로 인해 남북대화 및 교류협력 사업은 완전히 얼어붙게 되었으며, 대남사업의 중점 방향이 2009년 '7.7 DDos 사이버테러', 2010년 '연평도 포격도발', 2011년 '농협전산망 해킹', 2012년 'NLL 도발과 대선정국 교란책동' 등의 침투나 도발로 방향을 트는 전기가 되었다.

김정일이 25년간 직할해오던 보위부장에 김원홍[35] 임명

한편 김정은은 2011년 말 김정일 사망으로 단독통치를 시작하면서

---

34) 남한과 회담이나 접촉에서의 발언을 회담록, 사진, 동영상, 주변진술 등을 통해 샅샅이 채취한 후 신문하였으며, 가택이나 친지집에 대한 압수수색으로 달러·남한물품 등을 압수하여 증거물로 활용하였다(탈북민 김하경).

35) 김원홍(45년생)은 김정은이 후계자로 내정된 이후 군 대장(2009), 당 중앙군사위원회 위원(2010), 군총정치국 부국장(2011), 국가안전보위부장·당정치국 위원·국방위원회 위원(2012), 국무위원회 위원(2016)으로 초고속 출세코스를 타다가 2017년 보위부장에서 해임되고 2018년 군총정치국으로 잠시 복귀하였다가 재숙청된 김정은시대에 영욕을 겪은 대표적 인물이다.

지난 25년 동안 공석으로 두며 김정일이 직할하던 국가안전보위부장에 김원홍 군총정치국 조직부국장을 정식으로 임명하였다. 김정은이 김원홍을 보위부장으로 발탁한 것은 다음의 세 가지를 시사해 주는 정치적 조치였다.

첫 번째 메시지는 "이제부터 국정운영을 정상화한다"는 것이었다. 과거 김정일은 당정군의 핵심부서를 관리하면서 최고책임자를 임명하지 않고 부부장들과 업무를 협의하는 '분할형 직권통치'를 선호하였다. 그러나 김정은은 막강한 힘을 가진 보위부장에 측근을 임명함으로써 시스템에 기초한 통치를 해나갈 것이라는 점을 암시하였다.

둘째, 김정은의 공포통치가 본격화될 것이라는 시그널이었다. 김정은이 권력 이양의 과도기에 있을 수 있는 숙청에 대비하여 손에 직접 피를 묻히지 않고 권력층을 정비해 나가기 위해서는 자신의 복심을 잘 아는 대리인이 필요했던 것이다.

셋째, 군부에 대한 숙청을 고려한 조치였다. 즉 김원홍은 군총정치국 조직부국장으로 군부를 누구보다도 잘 아는 인물이었다. 이런 김원홍을 보위부장에 임명한 것은 선군노선하에서 권한이 비대해진 군부에 대해 메스를 대려는 김정은의 저의를 간접적으로 보여준 것이었다.

장성택 숙청 등 권력층 정비 주도

국가안전보위부는 반체제 움직임 색출 등 김씨일가의 유일지배체제 보위와 방첩 활동을 주임무로 한다. 이를 위해 모든 유무선 전화를 도청하면서 각 기관·기업소와 리 단위 행정구역까지 보위원을 파견하여 그물망같은 스파이망을 구축하고 있다. 한마디로 북한정권의 지주와 같은 역할을 수행하고 있다.

1998년 귀순하여 북한 국가안전보위부의 실체에 대해 최초로 생생하게 증언했던 윤대일은 보위부의 간부동향 감시와 관련 다음과 같이 증언하였다. "보위부는 간부들 특히 책임간부들의 주변관계, 사업집행정형, 당정책에 대한 충실도 등 사상동향과 움직임을 매일매일 파악 보고한다. 이를 위해 내부인물을 정보원으로 포섭 활용하는 가운데 지역 및 기관보위부와도 협력하여 어디를 가든지 간부들의 모든 동향을 체크한다. 특히 중요한 인물들에 대해서는 미행과 기술공작(도청) 등이 추가된다(윤대일, 2002: 43~45).

김정은의 막후 지휘 아래 보위부가 주도하거나 관여한 대표적인 공작은 ① 2009년 대남사업일군 사상재검토 사업 ② 2010년 당 조직지도부 제1부부장 리제강·리용철 제거 ③ 2010년부터 본격화된 비사회주의 단속활동 ④ 2013년 6월 당조직지도부 간부부부장 김근섭 등 당간부 공개처형 ⑤ 2013년 12월 장성택 숙청 등 5가지를 대표적으로 들 수 있다.

첫째 2009년 초 대남사업일군 사상 재검토 사업은 앞에서 살펴본 바와 같이 김정은의 후계자 내정 이후 첫 작품으로서, 남한의 보수정부 출범에 따른 김정은식 대남 강경전술로의 전환을 위한 '제물(희생양)' 차원에서 기획·시행되었다.

둘째, 당조직지도부 제1부부장 리제강·리용철 사망과 관련해서는 사안의 성격상 직접적인 증거(smoking-gun)를 찾기 어렵지만, 막후 최고실세 2인이 김정은 후계구도 정지기 초기에 연쇄 사망하였다는 점에서 보위부의 비밀공작일 가능성을 배제할 수 없다. 즉 리용철은 2010년 4월 26일 심장마비로 사망(82세)하였으며, 리제강은 2010년 6월 2일 교통사고로 사망(80세)하였다. 특히 리제강의 교통사고사는 그가 80세의 노령에도 불구하고 직접 운전을 하다 사고로 사망했다는 것이 상식적이지 않은데다가, 사망 후 김일성-김정일시대를 거쳐 최고의 충신인 그를 추모하기 위한 장의위원회가 구성되지 않은 점[36]은 이러한 추론을 강하게 뒷받침한다. 리용철과 리제강이 권력투쟁의 희생양이 되었을 가능성은 △ 고용희 생존 시 후계구도를 내밀적으로 논의했던 핵심인물[37]이라는 점 △ 김정일와병 이후 김정은의 후견인으로 급부상한 장성택의 조직지도부에 대한 뿌리 깊은 구원[38]과 △ 실제로 리제강 사망 이후 5일 만에 장성택이 국방위원회 부위원장으로 승진하며 최고실세로 등장한 점 등이 뒷받침하고 있다.

셋째, 김정은의 주도로 전사회적으로 전개한 비사회주의 단속 활동은 국가안전보위부 직속으로 '109연합지휘부'(일명 '109상무')가 맡아 진행했다. 동 조직은 외부세계에서 제작한 불법영상물 단속 등을 목적으로 당, 보위부, 검찰, 보안성, 인민위원회가 합동으로 2010년경 구성된 검열조직으로서 간부들의 자택과 연고지를 대상으로 기습적으로 들이닥치는 등 무차별적인 검열을 벌였다. 특히 한류의 확산을 막기 위해 비사회주의와의 전쟁을 수시로 선포하고 한국산 영화와 노래, 방송 등을 유포하는 행위에 대해 더욱 엄하게 처벌하였으며, 한국드라마와 같은 불순 녹화물을 유포시킨 자들은 부모들까지도 취조를 한 후 공개처형하였다(2018.10.19. 데일리NK).

---

36) 장의위원회는 당정군 고위간부 사망 시 일반적으로 구성된다. 김정은이 후계자로 내정된 이후에는 조명록 군총정치국장, 리을설 원수, 김양건 대남비서, 전병호 군수비서, 강석주 당비서, 김영춘 인민무력부장, 김철만 2경제위원장 등이 사망하였을 때 구성되었다.
37) 고용희는 생존 시 자신의 장남인 김정철을 후계자로 염두에 두고 당시 최고실세인 리제강, 리용철에게 은밀히 부탁하였다는 설이 있다.
38) 장성택은 2004년 2월 고용희의 입김 아래 있는 당 조직지도부의 비밀보고로 '분파행위' 혐의로 혁명화 교육에 처해졌으며, 2년 후 복귀하였다. 당시 장성택은 김정남을 보호해 주고 있었다.

넷째, 당조직지도부 간부부부장 김근섭 처형사건은 이러한 비사회주의 단속 활동의 연장선이자 당속의 당이라고 할 수 있는 조직지도부도 예외가 될 수 없다는 것을 보여주기 위한 본보기식 공개처형이었다. 2013년 6월경 황남도당에 비사회주의 현상이 심각하다는 첩보보고를 받은 김원홍은 동 사실을 김정은에게 보고하였다. 김정은은 특별수사 지시를 하달하고 보위부는 황남도당에 대한 전방위적인 비밀조사를 실시하였으며, 당시 해주시에 3개월 현실체험차 내려와 있던 조직지도부 간부부부장 김근섭과 해주시당 조직비서 등 8명이 상습적으로 남조선 드라마를 보고 외화벌이 사업소 여인과 불륜관계를 맺었다는 죄목으로 공개처형 되었다. 이 사건을 계기로 간부사회에는 김정은과 김원홍의 대한 공포와 불만이 심화되기 시작하였으며, 면종복배적인 보신주의 문화가 확산되는 결정적인 계기가 되었다.

다섯째, 2013년 12월의 장성택 숙청은 북한이 "국가안전보위부 특별군사재판소에서 재판을 한 후 즉시 처형하였다"고 밝힘으로써 보위부가 장성택 숙청에서 핵심적인 역할을 하였음을 공식화한바 있다.

이렇게 김정은체제 구축과정에서 핵심역할을 수행하던 국가안전보위부와 김원홍의 파워도 2016년 5월 7차 당대회 이후 김정은의 당위원장·국무위원장 체제가 출범하면서 안정기로 접어들자 당 조직지도부를 비롯한 주요기관·인물들의 원성의 타깃이 되었고, 마침내 김원홍은 토사구팽되는 운명을 맞게 되었다. 김원홍의 숙청은 김병하, 이진수, 김영룡(부장직대) 등 전임부장들의 비참한 말로를 그대로 답습한 것으로 전통적인 당우위체계하에서 보위부는 '영원한 파워를 가질 수 없다'는 점을 다시 한 번 확인시켜준 사건이었다.

당 우위체계 복원

북한은 김일성·김정일이 당의 영도적 역할을 강조하면서 헌법과 당 규약에 당의 지도를 국가 운영의 기본원리로 명문화한 「당우위 국가」이다. 그러나 김정일은 소동구 사회주의권 붕괴, 경제난 심화, 김일성 사망, 고난의 행군으로 이어지는 국가적 위기를 극복하는 과정에서 충성심과 전문성을 보유한 군을 보다 적극적으로 활용하기 시작하였다. 1996년 12월 7일 김정일의 김일성종합대학 창립 50돌 기념연설은 당시 김정일의 당과 군에 대한 시각을 적나라하게 보여주고 있다.

> 당 조직들이 맥을 추지 못하고 있다. 수령님의 교시와 내가 한말을 학습에다 적어만 놓았지 그대로 일하는 당일군들이 많지않다. (중략) 당중앙위원회 책임일군들이 일을 책임적으로 잘하지 못하면 중앙당이 노인당, 송장당이 될 수 있다. (중략) 지금 당 일군들이 군대 정치일군보다 못합니다. 모든 당조직들과 당일군들은 혁명적 군인정신을 따라 배워 당사업에서 새로운 전환을 일으켜야 하겠습니다(김정일, 〈월간조선 1997년 4월호〉: 308, 316).

김정일의 선군정치

북한에서 '선군정치' 용어가 공식 사용된 것은 1997년 12월 12일 로동신문부터이다.[39] 김정일은 김일성이 사망한 이후 3년상을 치르며 공식 승계를 미루어 오다가 1998년 9월 최고인민회의 제10기 1차 회의(9.5)

---

39) "군대를 중시하고 그를 강화하는데 선차적인 힘을 넣는 정치"라는 의미로 사용되었다(정성장, 2002: 38; 서장원, 2017: 110).

를 개최하고 헌법수정을 통해 국방위원장 중심의 새로운 통치구조를 출범시켰다. 이상우는 김정일의 선군정치 체제에 대해 "국내외의 체제 도전이 심각한 비상시기에 통치권을 임시로 군이 장악하고 행사하는 비상계엄상태를 선포하는 것과 같은 논리"(이상우, 2017: 29)라고 규정하였다.

이후 김정일은 선군정치를 "나의 기본 정치방식이며 우리 혁명을 승리에로 이끌어 나가기 위한 만능의 보검"(『로동신문』, 1999.6.16)이라고 강조하면서 군에 힘을 실어 주었으나 "수령의 군대, 당의 군대"로서의 본연의 역할은 변하지 않았다. 다만 현실적으로 선군정치를 시행을 하는 과정에서 군의 목소리와 역할은 자연스럽게 커질 수밖에 없었다. 따라서 김정일시대에는 당의 공식회의가 거의 열리지 않았으며, 사안의 성격에 따라 핵심기관 또는 상무조(T/F), 측근인물들의 공식·비공식 회의가 이를 대체하였다.

당 기능 정상화 도모

그러나 김정일은 김정은을 후계자로 내정한 이후부터는 당 운영의 정상화를 추진하였다. 2010년 9월 3차 당대표자회를 44년 만에 개최하고 당 규약을 개정한 후 김정은을 당 중앙군사위원회 부위원장으로 선출하였다. 그리고 오랫동안 방치하였던 중앙기구들을 재정비하고 새로운 인물들을 대폭 충원함으로써 당의 지도적 역할이 정상화될 것임을 예고하였다(정창윤, 2015: 119~120).

동 대회에서 가장 큰 변화를 보인 기관은 김정은이 부위원장으로 선출된 당중앙군사위원회였는데, 1980년 6차 당대회시 조직되었을 때는 총원이 19명이었으나, 김정일의 선군노선하에서 국방위원회가 그 기능을 대부분 수행함에 따라 충원이 이루어지지 않아 2010년에는 6명까지 인원이 축소되었다가 다시 19명으로 증원되었다. 특히 국가기관인 국방위원회와 달리 △ 김정은이 부위원장으로 임명된 데다 △ 군총참모부 작전국장 김명국, 해군사령관 정명도, 공군사령관 리병철, 정찰국장 김영철 등 군부 핵심지휘관들이 모두 망라되어 있는 군최고지도기관으로 재탄생하였다. 이러한 위상은 당규약에서도 나타나는데 1980년 당규약에서는 군사분야로 임무가 한정되었으나, 2010년에는 국방사업 전반에 대한 당적 지도로 권한이 확대되었다. 이 같은 조치는 김정은이 당중앙군사위원회에서 입지를 확고하게 구축함으로써 후계 지위를 공고히 해나가려는 포석이었다.

김정일 사후 김정은은 당 기능 정상화에 더욱 박차를 가해 4차 당대표자회, 당중앙위원회 및 당중앙군사위원회 전원회의, 정치국 회의 등의 공식 회의체를 통해 인사와 주요 정책문제를 토의 결정함으로써 전통적인 당우위체계를 복원하였다. 이와 함께 '당속의 당'인 조직지도부[40]의 기능도 정상화하여 국가안전보위부 등 실권을 행사하던 조직을 지도·통제하였다. 김정은 유일령도체계 확립에 있어 핵심 역할을 수행한 조직지도부의 대표적인 업적은 △ 유일사상체계 확립 10대원칙을 '유일령도체계 확립 10대원칙'(2013.6)으로 강화하고 △ 장성택·김원홍 등 실세 행세를 하는 인물들을 숙청함으로써 그 누구도 수령의 권위를 훼손하거나 남용해서는 안된다는 경고를 분명히 한 점이라고 하겠다.[41]

---

40) 당조직지도부는 우리의 청와대 민정수석실, 국정상황실, 감사원, 총리실 인사혁신처 등의 핵심기능을 총망라한 최고의 막후 실세조직으로서 간부선발 및 처벌, 각 기관 및 지역 당위원회 사업총화(일일통보체계 가동), 검열 등을 통해 북한사회 전반을 철저하게 장악하고 있는 부서이다.

41) "김정은이 정통성 등이 취약했음에도 불구하고 권력장악에 성공한 것은 김정일의

선군정치 종식

김정은은 2015년 10월 30일 당중앙위원회 정치국 명의로 "7차 당대회를 2016년 5월 초 평양에서 개최한다"고 전격 발표하였다. 1980년 이후 36년 동안 개최를 미루어 오던[42] 대회를 소집한 것은 김정은의 정상적 국정운영에 대한 의지를 시현한 것이라고 할 수 있다.

동 대회(5.6-9)는 당중앙위원회 사업총화 보고·김정은의 최고수위 추대 등 5가지 의제[43]를 채택, 진행하였다. 북한은 당규약 개정을 통해 '당 위원장'직을 신설하고 김정은을 추대하였으며, 이로써 북한은 과도기적인 '당 제1위원장'시대를 마감하고 김정은을 김일성·김정일과 같은 반열에 올려놓았다. 한편 김정은은 최고인민회의 제13기 4차 회의(6.29)를 개최하고 헌법 개정을 통해 '국무위원회'를 신설한 후 국무위원장[44]에 취임하였다. 이 같은 조치는 김정일의 선군정치노선하에서 최고통치기구로 군림하였던 국방위원회를 폐지하고 새로운 국가기구를 신설하였다는 점이 주목되는데, 이는 김정일 시대의 과도기적인 군부의존 통치행태를 끝내고 사회주의 체제의 기본 원리인 '당국가 체제'

의지와 당조직지도부의 충실한 보좌가 있었기 때문이다. 김정은 유고 등 급변발생 시에 권력승계의 명분을 가지고 있는 제3의 인물이 당조직지도부의 보좌를 받는다면 성공적으로 권력을 장악해 나갈 수 있다"(탈북민 이창일(가명), 청취일: 2018.7.7).

42) 당대회는 5년마다 개최토록 규정되어 있었으나, 경제계획 실패, 소동구 붕괴, 고난의 행군 등 체제위기가 계속됨에 따라 지연되어 왔다. 김정일은 1984년 2월 발표한 『인민생활을 더욱 높일데 대하여』 제하 논문을 통해 "수령님께서는 인민생활을 한 계단 더 높이고 당 7차대회를 하여야 한다고 교시하였습니다"라고 밝힌바 있다.

43) 이밖에 당중앙검사위원회 사업총화보고, 당규약 개정, 당 지도기관 선거 등이 의제로 채택, 토의되었다.

44) 국무위원회 위원장은 조선민주주의인민공화국의 최고령도자이다. 임기는 최고인민회의 임기와 같다. 전반적 무력의 최고사령관으로 되며 일체 무력을 지휘통솔한다. 국가 전반사업을 지도하며 중요간부 임명과 해임, 외국과의 조약 체결 및 폐기, 특사권, 비상사태·전시상태 선포권을 가진다(2016년 북한헌법 제100-102조).

로 돌아가려는 제도적 포석, 선군정치의 사실상 종식을 선언한 것이라고 할 수 있다.

결론적으로 김정은이 당위원회와 국무위원회라는 당·정 최고기구를 새로이 만들어 취임한 것은 이제부터 유훈체제의 한계를 넘어 자신의 정치를 해나가겠다는 의지를 보여주는 것으로서 김정은시대가 명실상부하게 시작되었음을 강력하게 시사해주는 것이었다.

당규약 · 헌법 수정

국방위원장 권한 강화: 국방위원장의 〈최고령도자〉 지위 명문화 (2009.4 헌법 수정)

김정일이 후계구도를 결정한 이후 가장 먼저 취한 공식적인 조치는 최고인민회의 제12기 1차 회의(2009.4.9)를 소집하고 자신의 통치직함인 '국방위원장'의 권한을 보다 강화하는 헌법 수정을 단행한 것이었다. 즉 서문에 북한을 김일성사상을 구현한 국가로 규정하고, 구헌법의 제6장(국가기구)의 '제2절 국방위원회'를 '제2절 국방위원장, 제3절 국방위원회'로 분리 · 명시하였다.

북한은 구헌법에서는 국방위원장의 위상을 구체적으로 규정하지 않고[45] 국방위원회 관련 절에 포괄적으로 표현하였으나, 헌법 개정을 통

---

45) 단지, 김영남의 김정일 국방위원장 추대연설(1998.9.5)을 통해 "국방위원회 위원장의 중임은 나라의 정치, 군사, 경제 력량의 총체를 통솔 지휘하며 사회주의 조국의 국가체제와 인민의 운명을 수호하며 나라의 방위력과 전반적 국력을 강화 발전시키는 사업을 조직 령도하는 국가의 최고직책이며 우리 조국의 영예와 민족의 존엄을 상징하고 대표하는 성스러운 직책이다"(『로동신문』, 1998.9.6)고 밝힌바 있다.

해 '최고령도자'로 명문화함으로써 국가최고통치자임을 법제화하였다. 이는 자신의 권한을 보다 확고히 하는 가운데, 유사시 김정은이 권력을 승계할 경우 최고지도자에 대한 불필요한 논란을 사전에 방지하려는 조치로 평가된다.

> 국방위원회는 국가주권의 최고 군사적 기도기관이며 전반적 국방관리 기관이다(1998년 헌법100조) → 조선민주주의인민공화국 국방위원회 위원장은 조선민주주의인민공화국 최고령도자이다(2009.4.9 개정헌법 제 100조).

후계지위 교두보 확보: 당중앙군사위 부위원장 직함 신설 (2010.9 당규약 수정)

김정일은 2009년 4월 헌법 개정을 통해 자신이 맡고 있는 국방위원장의 권한을 강화하는 조치를 먼저 취한 이후, 2010년 9월 28일 3차 당대표자회를 소집한 후 당규약 개정을 통해 첫 당중앙군사위원회 부위원장 직제를 신설하고 김정은에게 첫 공식직함으로 부여하였다.

이밖에 개정 당규약의 특징은 ① 노동당의 김일성김정일의 사당(私黨) 공식화 ② 김정일 우상화 대거 추가 ③ 당대회 소집 규정(5년마다) 삭제 ④ 당대표자회에 최고기관 선거권 부여 ⑤ 당총비서의 당중앙군사위원장 겸직 조항 신설 ⑥ 군총정치국의 지위와 역할 강화 등이다 (현성일, 2011: 20).

김정일을 '영원한 당총비서'로 추대,
김정은의 당 최고직책으로 '당 제1비서'직제 신설 (2012.4 당규약 수정)

김정은은 2011년 말 김정일 사망 이후 3개월여 만에 4차 당대표자회 (2012.4.11)를 소집하였다. 동 대회는 김정은이 김정일이 보유했던 당의 직함을 승계해야 하는 문제를 다루기 위해 소집되었다.

당규약 개정을 통해 서문에 김정일을 김일성과 같이 "탁월한 령도자 이시며 로동당과 조선인민의 영원한 수령"으로 칭하고 "조선로동당은 위대한 김일성동지와 김정일동지의 당"으로 규정하였으며, 당의 지도적 지침으로 주체사상을 대체하여 '김일성김정일주의'를 표방하였다. 이런 가운데 조직체계를 바꾸어 김정일을 '영원한 당총비서'로 추대한 후 자신은 '당 제1비서'직을 만들어 취임하였는데, 이는 김정일이 김일성을 '영원한 국가주석'으로 추대하여 김일성의 후광을 활용한 것을 그대로 벤치마킹한 것이었다.

김정일을 '영원한 국방위원장'으로 추대, 김정은의 국가최고직책인
'국방위원회 제1위원장'직제 신설 (2012.4 헌법 수정)

김정은은 김정일 사후 최초로 소집한 최고인민회의(2012.4.13: 제12기 5차)에서 김정일을 '영원한 국방위원장'으로 추대하고, 자신은 '국방위원회 제1위원장'으로 통치하는 내용의 헌법 개정을 단행하였다.

이에 따라 구헌법의 '국방위원장'표현이 신헌법에서 '국방위원회 제1위원장'으로 대체되었을 뿐이며, 임무와 역할에는 변화가 없었다. 이 같은 북한의 조치는 김정은이 권력을 공고화해 나가는 과정에서 김일성·김정일의 후광을 지속적으로 활용할 필요성이 있기 때문으로 평가된다.

조선민주주의인민공화국 국방위원회 제1위원장은 조선민주주의인민공화국의 최고령도자이다(2012.4.13 개정 북한헌법 제100조).

당 최고직책인 '당위원장'직제 신설 (2016.5 당규약 수정)

장성택 등 잠재적 정적들을 숙청하고 핵·미사일 개발을 통해 국정운영에 어느 정도 자신감을 가진 김정은은 선군노선을 종식하고 당우위체계에 입각한 국가 운영을 본격화하기 위해 2016년 5월 36년 만에 7차 당대회를 소집(5.6-9)하였다.

2012년 4차 당대표자회에서 수정보완한 당규약 서문에 있는 "조선로동당은 위대한 김일성동지와 김정일동지의 당이다" 부분을 '김일성김정일주의 당'이라고 변경하여 개인이 아닌 김일성김정일사상에 기초한 당임을 강조하였다. 조직체계 개편을 통해서는 당의 최고직책을 '조선로동당 위원장'으로 규정함으로써 기존의 최고직책인 '당 제1비서'의 역할을 대체하였다. 그리고 비서국의 명칭을 '정무국'으로, 지방당위원회 비서처 명칭을 '정무처'로, 당비서직 직제를 부위원장으로, 지방당책임비서·비서를 위원장·부위원장으로 각각 변경하였다.

이 같은 당규약 개정은 김정은의 김정일 사후 과도기 직함인 '당 제1비서' 딱지를 떼고 김일성·김정일의 당총비서 직책과 동격인 '당 위원장'직함의 통치를 보장하고 새로운 조직체계로 혁신함으로써 김정은시대의 본격적인 출범을 알렸다는데 의의가 있다.

국가 최고직책인 '국무위원장'신설 (2016.6 헌법 수정)

김정은은 7차 당대회를 통해 당 조직체계를 전면적으로 재정비한데 이어, 2016년 6월 29일 최고인민회의 제13기 4차 회의를 개최하고 새로운 국가기구인 국무위원회를 출범시켰다. 2016년 6월의 헌법개정은 김정일시대의 선군노선하에서의 과도기적인 '국방위원회'체제를 끝내고 정상국가의 최고지도자라는 점을 부각시키기 위해 자신의 브랜드인 '국무위원회'체제를 출범시키기 위한 조치였다. 이에 따라 국방위원회가 보유하고 있던 군사분야 관련 권한은 자신이 위원장으로 있는 당중앙군사위원회에서 수행토록 조정하였다.

김정은이 2016년 5월 7차 당대회에서 당위원장에 취임한데 이어, 6월 최고인민회의에서 국무위원장에 취임함으로써 김정은식의 새로운 권력구조하에서 명실상부하게 당정군을 장악하는 최고통치자로 등극하였다.

국무위원장을 국가수반으로 명문화 (2019.4 헌법 수정)

북한은 김정은 집권2기 출범을 위해 2019년 4월 11일 최고인민회의 제14기 1차 회의를 소집하고 헌법 개정을 통해 김정은의 국가 최고직책인 국무위원장을 '국가의 대표'로 명문화하였다. 즉 국무위원장의 지위를 규정하는 헌법 제100조에 '국가를 대표하는' 표현을 삽입하여 그동안 최고인민회의 상임위원장이 맡았던 '대외적으로 국가를 대표'하는 역할을 국무위원장이 수행토록 함으로써 헌법과 실재상의 불일치를 정리하였다.

조선민주주의 인민공화국 국무위원회 위원장은 국가를 대표하는 조선민주주의 인민공화국의 최고령도자이다(헌법 제100조).

그렇지만 개정헌법은 최고인민회의 상임위원장의 임무 규정인 "국가를 대표하며 다른 나라 사신의 신임장, 소환장을 접수한다"(제116조)는 구헌법 조항을 그대로 두었는데, 이는 각국 수뇌들과의 정상회담 등 비중있는 역할은 김정은이 수행하고, 외교사절의 신임장 접수 등 형식적이고 번거로운 외교사업은 최룡해 상임위원장이 계속 수행케 하려는 의도이다.

한편, 제102조에 있는 "전반적 무력의 최고사령관"을 "무력 총사령관"으로 변경하였는데, 이는 호칭 간소화와 고유명사화를 통해 김정은만의 차별화된 군통수권을 부각하려는 조치로 평가된다. 이밖에 북한은 선군사상(제3조)·선군혁명노선(제59조)을 삭제하고 김정은시대의 새로운 담론인 김일성김정일주의를 명기한데 이어 청산리정신·청산리방법 → 혁명적 사업방법(제13조). 대안의 사업체계·독립채산제 → 사회주의기업책임관리제(제33조)로 대체함으로써 김일성과 김정일을 역사화하고 김정은시대의 새로운 이념과 사업방법을 전면에 내세웠다.

국무위원장의 권한 추가 보강 (2019.8 헌법 수정)

북한은 2019년 4월 제14기 최고인민호의 출범을 계기로 국무위원장을 국가수반으로 명문화한지 4개월여 만에 국무위원장의 권한을 보다 강화하기 위한 원포인트 최고인민회의(제14기 2차/8.29)를 소집하였다.

동 회의에서는 헌법 개정을 통해 "국무위원장은 최고인민회의에서 선거하며, 최고인민회의 대의원으로 선거하지 않는다"라고 명기함으로써 대의원 겸직 금지조항을 신설하였다. 이는 3권이 분리되어 있는 정상국가로서의 모습을 부각하려는 조치로 평가된다. 한편 김정은은 최룡해 최고인민회의 상임위원장이 보유하고 있던 해외파견 외교사절의 임면권과 중요 정렬과 결정 공포권을 자신에게 이관시킴으로써 김일성시대의 '국가주석'과 같은 신적인 존재(수령)임을 법적·제도적으로 뒷받침하였다.

당 최고직책인 '당위원장' → '당총비서'로 변경(2021.1 당규약 수정)

북한은 2021년 1월 8차 당대회를 개최하고 정무국을 비서국으로 환원시킨 후 김정은을 김일성·김정일의 직함이었던 당총비서로 추대하였다. 이는 김정은을 선대와 같은 반열에 올리려는 조치이다.

유일사상체계 확립 10대원칙 개정

김정은은 헌법과 당규약 개정을 통해 선대 후광의 제도화와 최고통치자 지위를 확보한 이후 김정일이 1970년대 초에 제정한 유일사상체계 확립 10대원칙(1974.4.14)을 시대변화에 맞게 유일령도체계 확립 10대원칙(2013.6.19)으로 수정하였다.[46]

동 문건은 헌법이나 당규약보다 실제적인 규범으로서, 간부와 주민들의 김정은에 대한 무조건적인 충성을 강요하는 잣대라는 점에서 북한사회 전반의 생활에 막대한 영향을 미치는 중요한 문건[47]이다.

---

46) 김갑식은 △ 북한이 수정보충 또는 개정이라고 공식적으로 밝히지 않은 점 △ 공식 문헌에서 유일사상체계, 유일령도체계를 병렬 사용하고 있는 점 △ 후계자가 전임자 버전을 폐기하는 것은 북한 권력승계 원칙상 납득할 수 없는 점 등을 들어 시대에 맞게 '업그레이드'된 것이라고 주장하였다(김갑식 外, 2015: 62~63).

47) 수령절대주의 체제하에서 당규약·헌법은 몰라도 살아갈 수 있지만, 유일사상체계 확립 10대원칙을 모르고서는 정상적인 삶을 보장받을 수 없다(현성일, 2011: 20).

1) 온 사회를 김일성김정일주의화 하기 위하여 몸바쳐 투쟁하여야 한다.

2) 위대한 김일성동지와 김정일동지를 우리 당과 인민의 영원한 수령으로 주체의 태양으로 높이 받들어 모셔야 한다.

3) 위대한 김일성동지와 김정일동지의 권위, 당의 권위를 절대화 하며 결사옹위하여야 한다.

4) 위대한 김일성동지와 김정일동지의 혁명사상과 그 구현인 당의 로선 정책으로 철저히 무장하여야 한다.

5) 위대한 김일성동지와 김정일동지의 유훈, 당의 로선과 방침관철에서 무조건성의 원칙을 철저히 지켜야한다.

6) 령도자를 중심으로 하는 전당의 사상의지적 통일과 혁명적 단결을 백방으로 강화하여야 한다.

7) 위대한 김일성동지와 김정일동지를 따라 배워 고상한 정신 도덕적 풍모와 혁명적 사업방법, 인민적 작품을 지녀야 한다.

8) 당과 수령이 안겨준 정치적 생명을 귀중히 간직하며 당의 신임과 배려에 높은 정치적 자각과 사업실적으로 보답하여야 한다.

9) 당의 유일적 영도 밑에 전당, 전국, 전군이 하나와 같이 움직이는 강한 조직규율을 세워야 한다.

10) 위대한 김일성동지께서 개척하시고 김정일동지와 김정은동지께서 이끌어 오신 주체혁명 위업, 선군혁명 위업을 대를 이어 끝까지 계승 완성하여야 한다.

(김정은의 『혁명 발전의 요구에 맞게 당의 유일적 령도체계를 더욱 철저히 세울데 대하여』, 평양: 조선로동당출판사, 2013; 이상우, 2017: 435~446).

유일령도체계 10대원칙의 변화된 주요 내용은 먼저, 전체 구성을 '전문 10조 65개항'의 74년 버전을 '전문 10조 60개항'으로 축소 통합하였으며, 김정일 사망을 반영하여 김일성을 '김일성김정일'로, 김일성혁명사상을 '김일성김정일주의'로 모두 변경하였다. 이는 김정은시대의 변화된 특성을 반영하면서 선대 후광을 지속적으로 활용해 나가려는 포석이다.

그리고 서문에 "핵무력을 중추로 하는 군사력과 자립경제를 가진 위력" 표현을 적시하여, 2012년 4월 개정한 헌법서문에 '핵보유국'임을 규정한데 이어, 유일령도체계 확립 10대원칙에도 명문화함으로써 핵보유에 대한 강한 의지를 내외에 천명하였다. 또한 3조 4항에 "백두산 절세위인들" 표현을 추가하고 10조 2항에 "당과 혁명의 명맥을 백두의 혈통으로 영원히 이어 나가며"라고 명시해 3대세습뿐만 아니라 4대·5대세습도 가능할 수 있도록 했다.

한편, 유일사상체계 확립 10대원칙의 주체가 수령인 것과 달리 김일성, 김정일, 그리고 당을 주체로 규정하고 있는데, 이는 젊은 지도자 김정은의 지도력이 아직 확고히 정립되지 않은 상황을 고려하여 당이라는 시스템을 보다 적극적으로 활용해 나가기 위한 조치라고 평가된다. 즉 여기에서 말하는 당은 당조직이 아니라 현재의 수령인 김정은을 중심으로 하는 포괄적인 당체계의 의미를 내포하고 있다(김갑식 외, 2015: 64).

형법의 반체제행위 처벌수위 상향 조정

이와 함께 북한은 김정일 유일지배체제 위반사범들을 단속·처벌하는 형법의 처벌 규정을 보완하였다.

김정은은 집권 이후 2012년과 2015년 두 차례에 걸쳐 형법을 개정하였는데, 주목되는 조항은 2012년 5월 14일 개정 형법의 제60조 "반국가적 목적으로 정변, 폭동, 시위, 습격에 참가하였거나 음모에 가담한 자는 5년 이상의 노동교화형에 처한다. 정상이 특히 무거운 경우에는 무기노동교화형 또는 사형 및 재산몰수형에 처한다"이다. 장성택 당행정부장도 이 조항에 근거하여 처벌되었다.

국가안전보위부 특별군사재판 판결문은 흉악한 정치적 야심가, 음모가이며 만고역적인 장성택을 혁명의 이름으로, 인민의 이름으로 준열히 단죄규탄하면서 공화국형법 60조에 따라 사형에 처하기로 판결했다(『조선중앙통신』·『연합뉴스』, 2013.12.13).

또한 2015년에 개정한 형법에서는 김일성-김정일-김정은 지시의 무조건 관철을 독려하기 위해 '명령·결정·지시집행 태만에 관한 죄'(74조) 조항을 강화하였다. 즉 명령의 주체를 사망한 김일성, 김정일의 유훈교시까지 포함시키고 처벌수위도 대폭 상향하였는데, 이는 간부들과 사회저변에서 나타날 수 있는 무사안일주의에 대해 경종을 울리면서 무조건적인 충성을 독려하려는 조치로 평가된다.

본보기식 숙청

참여정부 시 대남라인 시범케이스로 첫 숙청[48]

김정은은 후계자로 내정된 이후 앞에서 살펴본 바와 같이 대남사업 일군 사상 재검토사업을 막후에서 지도하면서 최승철 통전부 부부장·권호웅 남북고위급회담 대표 등 대남사업에 관여한 간부들을 남조선과 내통·허위보고 및 부정부패 혐의로 대거 공개처형함으로써 자신의 존재를 각인시켰다. 탈북민 김하경의 증언에 의하면 이때 처음으로 고

48) 상세내용은 앞쪽의 '국가안전보위부 역할 제고' 파트 참조.

사총이 처형수단으로 등장하여 참관자들을 전율케 하였다고 한다.

군총참모장 리영호 · 고모부 장성택 숙청(high risk, high return)

김정은은 김정일 사후 아버지가 후견인으로 지명한 리영호 군총참모장을 김정은 권위에 도전한 혐의로 전격 숙청함으로써 유일지배체제에 위협이 될 경우 그 누구도 예외가 될 수 없음을 엄중 경고하였다. 리영호는 순수야전군(포병)이라는 점과 김정은의 김일성군사종합대학 스승이라는 인연으로 군부의 제1인자로 발탁되어 후견인으로 선정되었으나, 2012년 4월 4차 당대표자회를 계기로 최룡해가 군총정치국장 · 당중앙군사위원회 부위원장에 임명되면서 다소 주춤하게 되었다.

리영호의 해임(2012.7.15 당정치국 회의 결정) 사유에 대해서는 북한이 공식적으로는 '신병관계'라고 발표했으나 △ 군부의 외화벌이 사업을 내각으로 이관하는 문제와 관련 김정은 앞에서 이의를 제기하다 불경죄에 걸려 해임되었다(정성장, 『월간중앙, 2015, 12월호』)는 설 △ 평양외곽에서의 군부대 야외기동훈련을 최고사령관 김정은의 결재없이 진행하면서 "애숭이한텐 보고하지 않아도 된다"고 언급한 것이 포착되어 유일지도체계 위반 혐의로 숙청되었다는 설(탈북민 이자춘) 등이 있다.

김정은의 군부 후견인 리영호 군총모장의 숙청은 ① 고속출세에 따른 주변의 시기심 ② 자기 방심(말실수) ③ 순수 야전군이라는 태생적 한계 ④ 김정은의 용인술과 조기 홀로서기 복안 등이 복합적으로 작용된 결과로 평가되며, 군부는 물론 권력층 전반에 김정은의 공포통치에 대한 두려움과 복지부동적 분위기를 확산시키는 결과를 초래하였다.

또한 북한이 2013년 12월 8일 고모부 장성택 행정부장을 당정치국 확대회의에서 체포하고 나흘만에 전격적으로 사형을 집행한 것은 북한사회 전반을 뒤흔든 일대 사건이었다. 장성택의 죄목은 권위도전, 분파주의, 정변획책, 내각 무력화, 수도건설 방해, 경제적 혼란초래, 사회기강 해이, 개인비리 등 6,500자에 달했다. 북한이 이같이 장성택의 죄목을 구체적으로 공개한 것은 매우 특이한 바, 로동신문 12월 13일자 헤드라인 "천만군민의 치솟는 분노의 폭발, 만고의 역적 단호히 처단"에서 알 수 있듯이, 장성택을 '국가전복을 시도한 파렴치범'으로 몰아 주민들의 공분을 유도하기 위한 것으로 보인다.

한편 2014년 초 탈북민 김두진(가명)은 "장성택 숙청 과정에서 당 행정부가 완전히 공중분해되고 관련자들이 처형되거나 혁명화 교육, 정치범수용소 등으로 추방되었는데, 당 부서 하나가 전체로 없어진 것은 과거에는 없었다"고 놀라움을 표시하였다. 또한 엘리트 탈북민 상당수는 "북한의 유일지도체계하에서 2인자는 존재할 수 없기 때문에 언젠가는 장성택이 숙청될 걸로 생각했지만, 그 시기가 예상외로 빨리 왔다"고 진술했다.

결론적으로 장성택의 숙청은 김정은에게 큰 위험을 감수한 조치였지만, 위험이 컸던 만큼 소득도 그만큼 컸다(high risk, high return). 김정은은 장성택 숙청을 계기로 권력층에 자신의 존재와 파워를 완전히 각인시켰으며, 홀로서기에도 성공하게 되었다.

김정은의 숙청에서 빼놓을 수 없는 것이 김정남 공개암살(2017.2.13)이다. 북한이 보위부와 외무성의 주도로 외국 여성을 고용하여 사용이 금지된 신경작용제(VX)로 김정남을 말레이시아 공항에서 완전범죄를 노리며 암살한 것은 자신의 권력공고화 과정에 있어 암적인 존재를 제거함으로써 후환을 없애버리려는 목적이었다. 김정남 암살을 계기로 김정은에 대한 잠재적 도전세력은 모두 사라졌다.

그러나 이러한 잔인한 숙청으로 인해 간부들 사이에서는 신변에 대

한 불안감이 증폭되었으며, 공동운명체 의식도 급속히 약화되었다.[49]

군부통제 강화

군부는 1990년대 후반의 체제위기 상황에서 김정일 선군정치의 선봉대 역할을 충실히 수행하면서 권한이 커졌다. 규범적 · 제도적 차원에서는 당우위 국가의 근간에는 변함이 없었지만, 국방위원회는 당의 정책결정 약화를 배경으로 최고 정책결정기관으로 자리매김하였고, 계속된 군사부문의 공격성 유지 강화를 통해 위기를 상시화함으로써 내부결속을 다지는데 크게 기여하였다(장성욱, 2009: 286~289). 이에 따라 군부의 위상은 지속적으로 상승하였으며, 경제 · 외교 등 국정전반 분야로 행보를 확대하며 각종 이권사업에도 개입하게 되었다.

민간인출신을 군총정치국장에 연속 기용

그러나 김정은은 집권 이후 비대해진 군부의 힘을 빼고 전통적인 당우위체계의 복원을 위해 최룡해 당비서(2012.4), 황병서 당조직지도부 제1부부장(2014.4) 등 당 간부들을 연이어 군의 사상동향을 총감독하는 군총치국장으로 임명하였다. 우리사회로 말하자면 민간인을 군의 최고자리에 임명한 것과 같은 것이었다. 실제로 최룡해가 군총정치국장에 임명된 이후 리영호 군총참모장이 숙청되었다.

---

49) 태영호 공사는 2016년 12월 27일 통일부 출입기자단과의 공개간담회에서 "태양(권력)에 너무 가까이 가면 타서 죽고, 너무 멀어지면 얼어 죽는다는 생각을 한다"는 비유로 북한간부들의 심리상태를 표현하였다(곽길섭, 2017: 2).

롤러코스트식 군인사

그리고 마치 롤러코스트를 타는 것처럼 군총정치국장, 인민무력부장 등 핵심 포스트를 수시로 교체하고, 계급장도 마음대로 뗐다 붙였다 하는 이른바 '견장 정치'를 실시하였다. 그 어느 나라에서도 볼 수 없었던 특이한 군부 장악술이다.

김정은의 공식집권(2012.4)을 기준으로 할 때, 군서열 1위인 총정치국장은 5명, 총참모장 7명, 인민무력상은 8명이나 기용되었다. 2018년 5월 군총정치국장에 임명되었던 김수길의 경우에는 전임자인 김정각을 임명(2018.2)한지 불과 3개월여 만에 전격적으로 교체되기도 하였다. 이 같은 군인사는 김일성·김정일시대와는 확연하게 차이가 난다. 인민무력상의 경우를 보면, 김일성이 집권 46년 기간중 최용건을 비롯하여 단 5명, 김정일이 집권 17년 동안 최광 등 3명[50]을 기용했던 것과 비교해 보면 김정은이 군부를 통제하기 위해 얼마나 부심하고 있는지를 잘 알 수 있다.

한편 김정은은 군부 핵심인물에 대한 강등과 재기용을 마음대로 하고 있는데, 최룡해, 김영철, 김수길, 리영길, 윤정린, 현영철(2015.4 처형) 등 전현직 군 핵심인물들이 강등과 복귀의 수모[51]를 겪고 있어, 오히려 강등 경험이 없는 사람이 이상할 정도였다. 한편 운구차 7인방 중

---

50) 김일성시대는 최용건 → 김광협 → 김창봉→ 최현→ 오진우 등 5명이며, 김정일시대는 최광 → 김일철 → 김영춘 등 3명이었다.

51) 탈북민 장하상(가명)은 연구자와 면담 시 이러한 계급강등과 관련하여 주목되는 발언을 하였다. 즉 "충성심을 확보하기 위한 용인술이다. 남한사회에서 이야기하는 만큼 북한 군부인사들은 크게 수치심을 느끼지 않는다. 아랫사람한테 좀 챙피하긴 하지만 오히려 내가 잘못했는데도 혁명화 교육을 보내지 않고 자리에는 그대로 있게 하면서 계급만 내리는 것은 나에 대한 지도자 동지의 계속되는 신뢰의 표시라고 생각하고 더욱 열심히 충성하려고 한다"(청취일: 2016.11.12).

리영호, 김영춘, 김정각, 우동측 등 군부 4인방 모두를 숙청하거나 철직시켰으며, 집권 이후 직접 발탁한 현영철 인민무력부장과 변인선 작전국장도 공개총살 또는 숙청함으로써 누구도 자신의 앞길에 장애가 되면 제거될 수 있다는 것을 보여주었다(첨부의 〈표 4: 군의 3대요직 변동 현황 및 주요인물 강등·복권 사례〉 참조).

2014년 7월 15일 국정원은 국회 정보위원회 현안보고를 통해 "김정은이 집권 이후 군부인사 40% 이상을 물갈이 하였다"고 보고(『TV조선』, 2015.7.15)하는 등 군부에 대한 숙청과 세대교체는 김정은 권력장악의 필수적인 과정이었다고 평가한다. 이런 가운데 2017년 11월에는 당조직지도부가 집권 초기 군부 사상검열과 통제를 위해 권한을 대폭 강화시켰던 군총정치국에 대한 대대적인 검열을 통해 황병서 총정치국장, 조남진 조직부국장, 염철성 선전부국장, 김원홍 부국장 등 지휘부를 일거에 '부정부패 혐의'로 혁명화교육 또는 정치범수용소로 추방하는 숙청을 단행하고, 군총정치국을 다시 과거처럼 당조직지도부의 통제하에 두도록 하였다.

> 조선인민군 총정치국과 중앙기관 내에 조직된 정치국(정치부)은 당중앙위원회 직속이며 그 지도 하에 사업을 수행하고 담당 사업에 관해 당중앙위원회에 정기적으로 보고한다 (1980년 당규약 52조) → 조선인민군 총정치국은 인민군 당위원회의 핵심부서로 당중앙위원회 부서와 같은 권능을 가지고 사업한다 (2010년 당규약 49조) → 당조직지도부, 총정치국에 대한 대대적 검열후 지휘부 숙청 (2017년 11월).

이런 가운데 2019년 3월 25일 국가안보전략연구원이 발표한 북한 최고인민회의 제14기 대의원선거(3.10)결과 분석보고서를 보면, 군부 대의원의 수가 25% 정도 감소(80여 명 → 60여 명)되었다.

전투태세확립 명분으로 군기잡기

더욱 극적인 것은 김정은이 "지휘관들은 육체적 능력이 따라서지 않으면 안된다", "지휘관들부터 전투준비 태세가 완비되어 있어야 한다"고 하면서 군장성들에게 각개전투 사격과 10km 전투수영을 시키고, 비행기를 직접 조종하게 하는 등의 군기를 잡는 동향(『KBS』, 2014.7.3)도 주목되는 조치였다.

이상에서 살펴본 바와 같이 정통군인이 아닌 민간인출신의 총정치국장 연쇄 기용, 군 수뇌부에 대한 롤러코스트식 잦은 교체 및 고위급 장성들에 대한 강등과 복권, 세대교체, 총정치국 검열과 숙청, 전투준비태세점검 강화 등의 조치는 군부 내 특정 인물·세력에 권한이 집중되는 것을 방지하면서, 오직 자신과 당에만 절대적으로 충성하는 조직을 만들기 위한 것이라고 평가된다(김갑식 외, 2015: 100).

세대교체 가속화

노장청 배합원칙 견지

북한은 전통적으로 노장청 배합의 간부인사를 기본원칙으로 하고 있다. 따라서 김정은도 승계정권의 특성상 이러한 전형을 계승하였다. 따라서 김정은은 정권출범 초기에는 대대적인 변화보다는, 안정에 중점을 두고[52] 일부 과거 실세인물들을 해임 또는 숙청하고 새 측근들을

---

52) 김정은 시대의 새로운 권력구조를 출범시킨 7차 당대회에서조차도 정치국 등 상층 지도부에는 원로들을 그대로 유임시켰다. 2021년 1월 8차 당대회에서는 조용원 당

주요직위에 기용하는 방법을 통해 자신의 친정체제를 구축하였다(김갑식 외, 2015: 5).

세대교체 화두를 자연스럽게 확산

통일연구원이 2015년 10월 말부터 2016년 4월 말까지 5개월 동안 발행된 로동신문을 분석한 결과, 가장 빈번하게 등장한 단어는 청년으로 4,450번이었으며, 그 다음이 김정은 3,582번[53]이었다(『YTN』, 2016.5.1). 이 같이 청년이라는 단어가 김정은보다 더 많이 언급되는 데서도 알 수 있듯이, 김정은 시대는 사회전반에 세대교체가 중요한 화두로 자리매김하고 있다.

> 청년들은 당중앙의 사상과 노선을 맨 앞장에서 받들어 나가는 척후대이다. 최고령도자 동지의 애국 헌신의 강행군에 심장의 박동을 맞추며 혁명의 전진을 가속화하기 위한 투쟁에 모든 것을 다바치는 참된 청년 전위가 되어야 한다(『로동신문』, 2018.8.28).

당정군 및 최고인민회의 물갈이 폭 지속 확대

지금까지 나타난 당정군 세대교체 동향과 특징은 첫째, 북한은 2009년 3차 당대표자회 당규약을 개정하고 '명예당원'제도(제10조)를 도입하여 세대교체를 위한 제도적 기반을 마련하였다. 이에 따라 2011년부터 중

조직지도부 제1부부장을 파격적으로 당 정치국 상무위원(서열 3위) 겸 당조직비서로 발탁하였다.
53) 이밖에 당대회 2,909번, 김정일 1,862번, 김일성 1,844번, 강국 1,477번, 강성국가 1,407번, 선군 1,022번 등이 언급되었다(『YTN』, 2016.5.1).

당당과 지방당을 재정비하면서 연로한 당원들을 퇴출하기 시작하였다. 남성은 60세 이상, 여성은 만 55세 이상의 당원들이 명예당원으로 전환되었으며, 100만 명에 달하는 청년층의 신규입당도 추진되었다(최진욱 외, 2012: 23).

둘째, 당중앙위원회의 경우에는 충성파 인물을 중심으로 과반수 이상(54.9%)을 교체함으로써 상층지도부 세대교체와 김정은 친위세력 구축을 위한 기반을 마련하였다(국가안보전략연구원, 2016: 28). 당에서의 본격적인 세대교체는 2017년 10월 7일 개최된 당 제7기 2차 회의를 계기로 한 상층지도부에 대한 대대적인 새 인물 수혈이라고 할 수 있다. 정성장의 〈세종논평〉 분석에 따르면 "당중앙위원회 전원회의에서는 기존 정치국 구성원의 약 26%, 정무국(과거 비서국) 소속 당부위원장(과거 당비서)의 약 44%, 전문부서 부장들의 약 39%가 교체되었다. 한편 동회의에서는 김정은의 유일한 여동생 김여정이 30세의 나이에도 불구하고 정치국 후보위원으로 발탁되는 등 초고속으로 승진[54]한 점이 주목되었다. 김여정의 부상은 향후 세대교체가 더욱 탄력을 받아 나갈 것임을 상징적으로 보여주는 사건이었다.

이후 김정은은 세대교체를 더욱 가속화하였다. 통일부가 2020년 5월에 발간한 2020년 '북한 주요인물 정보' 책자를 기초로 비교분석한 결과, 당정치국의 위원(14명) 71%(10명), 후보위원(13명) 92%(12명)가 새 인물로 수혈된 것으로 확인되었다. 이 같은 파격적인 인사는 김정은이 국정운영에 대해 자신감이 붙어 "이제부터는 내 사람들과 정치를 하겠

---

54) 김여정은 김정은과 혈육을 넘어 정서적·정치적 동반자이다. 김정은이 사교육을 받을 때나 해외유학 생활을 하는 동안 늘 오빠 곁에 있었다. 어린 시절부터 총명하고 정치에도 관심이 많았다. 그래서 김정일 시대의 김경희를 뛰어 넘고 있다. 29세에 당중앙위원, 30세에 당정치국에 진입하였다. 김경희는 동 직책에 각각 42세, 64세에 기용되었다.

다"는 의지를 보여준 것이라고 평가된다.

셋째, 최고인민회의는 김정은 시대들어 가장 확실하게 세대교체가 이루어진 분야이다. 김정은 정권출범 후 처음 실시된 제13기 최고인민회의대의원 선거(2014.3.9)에서는 "총 687명의 대의원 가운데 376명이 교체되었다. 한편 KBS는 2018년 3월 자체로 13기 대의원 상위 100명의 표본을 추출하여 연령, 출신지역, 출신학교, 이력 등을 분석한 결과, "평균 나이는 5살 젊어졌고, 출신지역과 학교도 다양해 졌으며, 빨치산의 세습비율도 현격하게 줄었다"는 특징을 도출해 냈다(류종훈, 2018: 109~110).[55]

넷째, 정권기관인 국무위원회도 11명 중 9명이 교체되어 매우 높은 변동율을 보이고 있으며, 내각은 노동당과 달리 실무를 총괄하고 있어 젊은피 수혈이 비교적 자연스럽게 이루어지고 있다. 2014년 4월 9일 개최된 최고인민회의에서는 내각 부총리(8명)를 6명으로 축소하면서 고령인 강능수(84세), 강석주(75세), 조병주(72세) 등 5명을 해임하고 리철만(46세/평북 농촌경리위원장), 임철웅(52세/철도성 참모장), 김덕훈(53세/자강도 인민위원장) 등 3명을 임명(『연합뉴스』, 2014.5.29)하는 등 부총리 6명 중 절반을 50대의 신진인물로 물갈이 한 바 있었다.[56] 한편 외교라인도 강석주 제1부상이 사망(2017.5)한 이후 최선희 제1부상, 권정근 국장 등 50대가 대미외교협상의 창구로 나서고 있다. 내각의 세대교체와 관련 탈북민 김민수(가명)은 "김정은이 집권한 이후 중앙기관 간부들은 젊은 층으로 많이 바뀌고 있다. 고위간부들은 그대로지만 부상, 과장들은 많이 바뀌었다. 앞으로 10년 안에 나이 많은 간부들이 다

---

55) 2019년 3월 10일 실시한 제14기 최고인민회의 대의원선거에서도 김여정을 비롯 새로운 인물들이 약 50% 정도 대거 충원되었다.
56) 2016년 5월 리철만은 당에 신설된 농업부장직에 발탁되었다.

교체될 것으로 보인다"(김갑식 외, 2015: 133)고 진술하였다.

마지막으로, 군부는 앞에서 살펴본 바와 같이 김정은 집권 이후 40% 이상이 물갈이된 가운데, 군총참모부와 정찰총국에도 40대들이 소장과 중장에 임명되는 등 젊은 장령층이 두터워지고 있다(『국방일보』, 2015. 9.9). 한편 2018년 5월 전격적으로 단행된 총정치국장(김수길), 총참모장(리영길), 인민무력상(노광철) 등 군서열 1-3위에 대한 일괄 교체도 모두 전임자보다 연하인 60대를 기용하였다. 이후 또다시 총참모장 박정천, 인민무력상 김정관, 총정치국장 권영진 등 신진인물로 모두 교체한데 이어 공작활동을 총괄하는 정찰총국장에 림광일, 호위사령관에 곽창식을 새로이 임명하였다. 한편 2019년 4월 11일 김정은시대 제2기 출범을 계기로 김영남(→ 최룡해/최고인민회의 상임위원장)·최태복(→ 박태성/최고인민회의 의장)·박봉주(→ 김재룡/총리[57]) 등 고령의 입법·행정 수뇌급들이 일선에서 퇴진하였다.

향후 북한의 당정군 간부들에 대한 세대교체는 경제특구 개발 등 체제운영 방식의 변화 추진에 따른 인적 쇄신 필요성, 김정은의 젊은 나이 등을 고려해 볼 때 그 폭과 속도는 가속화될 것으로 전망된다.

---

57) 총리는 2020년 김재룡에서 김덕훈으로 교체(8.13)되었으며, 당으로 자리를 옮겼던 박봉주 전 총리는 8차 당대회에서 완전히 은퇴하였다.

3장

소 결(Ⅰ)

마키아벨리의 군주 전형(model)과 유사

마키아벨리의 『군주론』 제7장 〈타인의 군대나 행운에 의하여 획득한 새로운 통치권에 관하여〉 편은 아버지 알렉산데르 6세 교황의 도움으로 대공의 지위에 올라 온갖 노력을 다했음에도 불구하고 아버지의 단명과 자신의 병약으로 인해 꿈을 이루지 못한 '체사르 보르자' 군주의 교훈을 다루고 있다.

이 글에서 마키아벨리는 보르자에 대해 비록 실패는 했지만, 새롭게 통치권을 장악한 군주의 전형(model)으로 평가하면서 다음과 같이 지도자의 덕목을 강조하였다. ① 적으로부터 자신을 보호할 것 ② 동지를 규합할 것 ③ 폭력을 쓰든, 기만을 하든 승리할 것 ④ 백성들이 자기를 사랑하면서도 두려워하게 만들 것 ⑤ 군대가 자기를 따르고 두려워하도록 할 것 ⑥ 자기를 해칠 수 있는 힘을 가졌거나 그럴만한 이유를 가진 사람들을 숙청할 것 ⑦ 구법과 구습을 새로운 것으로 바꿀 것 ⑧ 가혹하고 인자할 것 ⑨ 관대하고 개방적일 것 ⑩ 불충한 군대를 제거하고 새롭게 바꿀 것 ⑪ 왕이나 군주들이 자기에게 호의를 보이고 감히 해칠 수 없는 사람이라고 생각하도록 그들과 우호관계를 맺을 것 등이다(니콜로 마키아벨리, 신복룡 옮김, 2009: 67).

이번 파트에서 살펴본 김정은 권력 장악과 공고화의 제도적 기반 구축 과정은 마키아벨리가 강조한 지도자가 갖추어야할 덕목과 너무나 일치한다. 김정은은 '21세기 마키아벨리'라고 말할 수 있을 정도이다.

좀 더 구체적으로 서술하면, 첫째, 잠재적 적으로부터 자신을 보호하고 동지를 규합하기 위해 김정은 후계수업과 권력승계는 군·보위계통 등 체제안전 분야에서 시작되었으며, 장기적으로는 '핵을 보유한 지도자'가 되기 위해 총력을 경주하였다. 이에 따라 후계자 내정(2009.1)에 즈음하여 내밀적인 직함은 '사실상의 국가안전보위부장'이었고, 공식석상에 처음 등장(2010.9)하였을 때 직책은 '당중앙군사위원회 부위원장'이였다.

둘째, 공포통치(stick)와 친인민적 정치(carrot)를 복합적으로 활용해 주변인물들이 자신을 두려워하면서도 사랑하지 않을 수 없게 만들었다.

셋째, 특히 군부에 대해서는 공개처형과 혁명화교육, 롤러코스트식 인사, 노장성들에 대한 고강도 육체훈련 등을 통해 자기를 두렵게 여기도록 만들었다.

넷째, 권력에 대한 도전을 원천적으로 봉쇄하고 유일지도체계를 확립하기 위해 후견인이었던 리영호 군총참모장·장성택 당행정부장·현영철 인민무력부장 등 핵심실세들을 전격적으로 숙청하였으며, 자신의 오른팔로 악역을 자임하던 김원홍 국가안전보위부장을 토사구팽(兎死狗烹)하는 것도 서슴지 않았다.

다섯째, 당규약·헌법·유일사상체계·형법 등을 수시로 개정하여 제도적 기반을 튼튼히 하면서 장마당 확대, 핸드폰 사용 허용 등을 통해 민심을 관리하고 있다.

여섯째, 김정일 시대의 선군정치 노선에서 탈피하여 비대칭 전략무기인 핵·미사일을 기반으로 한 '당우위 국가체계'로의 복귀를 추진하였다.

일곱째, 김정은은 이렇게 개발한 대량살상무기를 기초로 지금은 한국, 미국 등과의 협상과 관계개선을 추진하고 있다.

한편 마키아벨리가 강조한 11가지 덕목 외에도 △ 권력승계가 김정일과 달리 압축적으로 진행되었고 △ 아버지가 임명한 후견인들과의 공동통치를 거부하고 조기에 홀로서기를 택하는 모험을 감수하였으며 △ 숙청의 방법은 상상을 초월할 정도로 잔인하였던 점이 주목된다. 따라서 김정은은 서양의 16세기 현실주의 정치이론가 마키아벨리와 기원전 3세기 중국 전국시대 법치주의자 한비(韓非)의 주장을 잘 실천하고 있는 지도자라고 할 수 있다.

현명한 군주가 신하를 통제할 때 사용하는 것은 형벌과 덕의 두 개의 칼자(二柄) 뿐이다. 신하된 자들은 벌을 두려워하지만 한편으로 포상을 바란다. 그런 까닭에 군주가 직접 형벌과 포상을 관장한다면 신하들은 그 권위를 두려워하며 이로운 쪽으로 행동할 것이다. 무릇 호랑이가 개를 복종시킬 수 있는 까닭은 발톱과 이빨을 지녔기 때문이다(한비, 김원중 옮김, 2007: 52)

군주는 사랑도 받고 두려움도 받아야 합니다. 그러나 두 가지를 조화시킨다는 것은 어려운 것이기 때문에 어느 하나를 포기하지 않을 수 없는 경우에는 사랑받는 것 보다 두려움을 받는 것이 훨씬 더 군주를 편하게 해준다는 점을 강조합니다. 왜냐하면 인간이란 은혜를 모르고 변덕스럽고 가식이 많으며 위협을 피하고 싶어하며, 이익이 되는 일에는 걸신이 들려 있기 때문입니다(니콜로 마키아벨리, 신복룡 옮김, 2009: 127~128).

집권초기 다소 불안정, 현재 안정단계에 진입

이러한 그의 권력기반에 대해 집권초기에는 불안정한 것으로 보는 견해가 우세했었다. 그 주된 원인은 △ 승계정권의 한계 △ 국정운영 경험이 미숙해 권력층 장악과 정책추진에 문제가 있을 것이라는 예상 △ 극심한 공포통치로 민심이 더욱 이반될 것이라는 점 등이 거론되었다.

이에 따라 엘리트 탈북민 김하경은 2016년 4월 면담 시 "경제난에다 간부들이 김정은에 대한 기대를 접었기 때문에 김정은은 10년을 버티기 어려울 것이다. 김일성에 대한 지지도를 100이라고 한다면 김정일은 50, 김정은은 10 정도에 불과하다"고 혹평[58]하기까지 했다(곽길섭, 2016: 42). 그러나 동인을 포함한 복수의 탈북민들은 최근 면담 시 "김정은이 비핵화를 천명하고, 평양을 상당기일 동안 비우면서 중국, 싱가폴, 베트남 등으로 나가서 정상회담을 하는 모습을 보고 김정은체제가 이제 안정화 단계[59]에 접어든 느낌을 받았다"면서 조심스럽게 진단을 바꾸었다.

결론적으로, 김정은은 김일성·김정일이 마련해 놓은 수령론·후계

---

[58] 물론, 상당수 탈북민들은 유일독재체제라는 정치시스템의 특성상 지도자에 대한 평가는 무의미('대부분 맹종')하다고 강조한다.

[59] 국가정보원은 2020년 8월 20일 국회 정보위원회 보고를 통해 "김정은의 건강에는 이상이 없으며, 집권 9년차를 맞아 권력장악과 통치경험 축적에 따른 자신감을 바탕으로 위임통치를 하는 식으로 국정수행 체계에 변화를 보이고 있다. 여동생 김여정에게 대남·대미전략, 박봉주 당부위원장과 김덕훈 총리에게 경제문제, 최부일 당군정지도부장에게 군사분야, 리병철 당중앙군사위 부위원장에게 전략무기 개발을 부분적으로 권한을 이양했다. 이는 통치 스트레스 경감과 정책실패 시 책임회피를 위한 것이다"라고 평가하였다. 실제로 북한은 8차 당대회에서 당규약 개정을 통해 "당 정치국 상무위원이 김정은의 위임에 의해 정치국 회의에서 사회를 볼 수 있도록" 제도화했다.

자론·유일사상 10대원칙 등 북한의 권력이론에 입각하여 후계자로 내정(2009.1)된 이후 당규약과 헌법 재정비를 통해 김일성-김정일의 당(국가) 및 유일 지배시스템을 구축(2012.4)한데 이어, 당조직지도부와 5대 체제보위기관[60]들을 활용하여 권력층을 완전히 장악하였다. 특히 36년 만에 7차 당대회를 개최하고 김정은시대의 新권력구조, 즉 당위원장·국무위원장 체제를 출범(2016.5/6)시켰다.[61] 이어 8차 당대회를 소집(2021.1)하고 친정체제를 더욱 공고화하였다. 김일성·김정일의 직함이었던 당총비서 부활과 취임, 당대회 집행부 대거 교체(39명 중 29명), 사정기능 대폭 강화(당중앙검사위원회 권한 확대, 규율조사부와 법무부 신설)는 김정은의 권력장악에 대한 중단없는 의지를 보여주는 것이다. 이런 가운데 2018년부터 한국 및 미국, 중국 등과의 연쇄정상회담을 계기로 최고지도자로서의 위상을 대내외적으로 인정받았다. 따라서 이제 김정은 권력장악을 위한 제도적 기반 구축은 큰 틀에서는 어느 정도 완료되었다고 평가한다(첨부의 〈표 5: 김정은 권력공고화를 위한 제도적 조치 종합〉 참조).

---

60) 국가안전보위부, 군총정치국, 군보위사령부, 호위총국, 사회안전성 등 5개 기관이다.
61) 김정은이 보유하고 있는 공식직함은 당총비서, 당중앙군사위원장, 국무위원회 위원장, 무력 총사령관 이외에 당중앙위원회 위원, 당정치국 상무위원회 위원, 당정치국 위원 등이 있다.

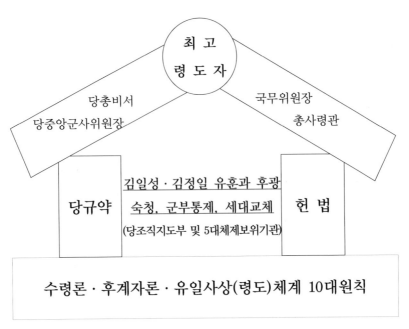

최 고
령 도 자

당총비서
당중앙군사위원장

국무위원장
총사령관

당규약

김일성 · 김정일 유훈과 후광
숙청, 군부통제, 세대교체
(당조직지도부 및 5대체제보위기관)

헌 법

수령론 · 후계자론 · 유일사상(령도)체계 10대원칙

〈그림 2〉 김정은 권력장악 제도적 기반의 하우스 모형

제3부

김정은에 대한
상징조작

과거를 지배하는 자가 미래를 지배하며,
현재를 지배하는 자가 과거를 지배한다. (조지 오웰)

역사는 아버지의 살해와 더불어 시작되었으며,
이 죽은 아버지는 협약의 창립자이다. (자크 라캉)

지도자 이미지 메이킹 ①
- 전통적 수단 -

　전체주의 체제는 상징조작을 매우 중요시하며, 북한정권 70년사는 지도자 이미지 조작의 역사라고 해도 과언이 아니다. 해방 이후 북한에 진주한 구소련 정권은 항일무장투쟁사 과장·왜곡을 통해 김일성을 민족의 영웅으로 만든 후 조선민주주의인민공화국을 별도로 출범시켰다.

　북한은 지속적인 숙청으로 김일성 유일지배체제 구축을 완료한 1960년대 말부터 김일성과 가계에 대한 우상화를 시작하였다. 러시아 하바로프스크에서 태어난 김정일을 백두산 출생으로 조작하고 백두산을 성역화하였으며, 김일성-김정일-김정숙 백두산 3대장군 신화를 만들어 확산하였다. 그리고 모든 기관과 가정에 김일성·김정일 초상화를 모시게 하고, 의복에는 초상배지를 부착토록 하였으며, 학교와 단체에서는 김일성·김정일 노작 학습프로그램을 운영하고, 전국의 각지에 김일성·김정일 혁명사적관과 동상, 현지지도비 등을 세우고 참배토록 하였다.

　김씨일가에 대한 보다 영구적이고 체계화된 상징조작을 위해 수령론·사회정치적 생명체론 등을 고안하여 세뇌하는 가운데, 유일사상(령도)체계 확립을 위한 10대원칙(1974.4/2013.6)을 제정하여 충성과 복종을 강요하고 있다. 전문 10조 60항으로 구성된 10대원칙은 김씨일가 상징조작의 바이블(bible)이자, 주민생활의 가이드라인이라고 할 수 있다.

배경: 3대 부자세습의 극장국가

북한은 클리포드 기어츠(Clifford Geertz)가 개념을 규정한 '극장국가 (Theatre State)'와 같은 체제이다. 기어츠의 극장국가론은 권력자와 피지배 관계를 '연출자(연기자)와 관람자 관계'로 상정하고 상징적인 의례와 구경거리에 상호 동참함으로써 권력을 유지하는 국가를 지칭한다. 정치지도자 이미지연구 전문가인 육영수는 이러한 극장국가는 1970년대 김정일이 총감독을 맡으며 성격이 강하게 나타났으며, 아리랑 공연[1]이 그 결정판이라고 말했다. (정교진, 2017: 7).

김정은정권은 3대 부자세습정권이다. 따라서 과거로부터의 계승은 당연하다. 게다가 젊은 나이에 아버지의 사망으로 갑작스럽게 권력을 승계한 김정은으로서는 과거는 그의 정당성의 모태일 수밖에 없는 게 구조적 현실이다. 김정일도 정치지도자로서의 자질을 보여주고 집권 후 통치의 정당성을 확보하기 위해 김일성 유일지배체제 확립과 개인·가계 우상화에 진력하였다. 그 결과 후계자의 지위를 쟁취하였고, 김일성의 후광을 활용하면서 성공적으로 통치를 수행하였으며, 자식으

---

1) 대집단체조 아리랑공연은 10만 명에 달하는 출연자가 집단체조와 카드섹션을 기반으로 예술공연을 하는 종합공연물로서 북한의 체제선전 및 외화벌이의 주요 수단이다. 김일성생일 90주년을 기념하여 2002년 처음 시작(4.29)되었으며, 2005년 두 번째, 그리고 2007년부터 매년 실시되다가 2014년 중단되었다. 중단이유는 유소년 강제 훈련과 동원 등이 국제사회에서 인권탄압의 사례로 이슈화된 것이 작용한 것으로 추정된다. 북한은 2018년 9월 9일 북한정권 창설 70주년을 계기로 포맷과 연기자를 새로이 하여 공연을 재개하였다(『네이버 지식백과』 및 언론기사 참조, 검색일: 2018.8.22).

로의 3대 혈통세습도 큰 반대 없이 마무리하였다.

김정은은 앞쪽의 '김정은정권의 제도적 기반'에서 살펴본 바와 같이 당위원장, 당중앙군사위원장, 당중앙위원회 위원, 당정치국 상무위원회 위원, 당정치국 위원, 국무위원장, 총사령관 등의 당정군 공식 직함과 공화국 원수 칭호를 가지고 통치권을 행사하고 있다. 앞으로도 유일령도체계 강화와 정상국가화 지향을 위해 헌법·당규약 개정 등을 통해 제도적 기반을 강화해 나갈 것이다. 그러나 이러한 조치만이 통치 정당성의 기반이 될 수는 없으므로 찬양 노래와 담론 확산, 조형물 건설 등과 같은 상징조작 활동의 병행을 통해 그의 권력을 정당화해 나갈 것으로 보인다.

이번 글에서는 찰스 메리엄의 '미란다·크레덴다' 이론을 원용한 상징분류법인 언어(linguistic)·비언어(nonlingustic)[2]적 수단에 기초하여 주요 조치를 살펴보고 그 의미를 평가한다.

찬양노래 보급

음악정치

음악정치, 다소 이질적인 두 단어가 함께 조합되어 있는 생소한 표현

---

2) Jae-Cheon Lim, 『Leader Symbols and Personality Cult in North Korea: The Leader state』 (2015, Routledge)와 정교진의 논문 『북한정권의 '지도자 상징정치'에 관한 연구』(2016: 9)를 참조/임재천은 언어적 수단은 지도자 교시, 전기, 선진화, 호칭 등 4가지로 분류하였으며, 비언어적 수단은 조형 예술물(동상, 배지, 조각품), 그림 상징물(영화, 사진, 초상화, 우표 등), 건축 상징물, 기관 상징물, 국가 기념일(태양절, 광명성절), 국화(김일성화, 김정일화) 등으로 분류하여 설명하였다(정교진, 2017: 9).

이다. 그러나 북한주민들에게는 매우 친숙한 개념이다. 북한이 김정일의 지도자 자질과 친인민적인 통치방식을 선전하기 위해 광폭정치[3] · 인덕정치[4] 등과 함께 중점 강조한 표현이기 때문이다.

음악정치라는 표현이 처음으로 나타난 시점은 1997년 8월 21일이며, 2000년 2월 7일에 개최된 '인민무력성의 김정일 위대성 토론회'를 통해 음악정치가 김정일의 통치행태를 지칭하는 정치용어로 사용되기 시작하였다. 당시 토론자들은 "우리나라에서는 지금 우리식의 특이한 음악정치가 펼쳐지고 있으며, 시련과 난관을 혁명의 노래로 이겨내며 강성대국 건설을 위해 총진격하는 인민의 영웅적 기상은 김정일의 위대한 음악정치가 가져온 결실"이라고 주장하였다(김규현, 2015: 236~237).

한마디로 김정일의 음악정치는 소동구 사회주의권 붕괴, 김일성사망, 고난의 행군 등 연이은 국가적 위기하에서 "지도자 자질 칭송과 함께 주민들의 혁명의식을 재무장 · 고무시키기 위한, 즉 이중효과(dual effect)를 노린 레토릭 · 수단[5]이라고 할 수 있다.

---

3) 김정일이 "모든 사업을 대담하고 통이 크게 지도한다"면서 명명한 김정일의 통치방식을 일컫는 말이다. 광폭정치는 1989년부터 내부적으로 사용해 오다가 공개출판물에는 1992년 8월 10일 로동신문을 통해 최초로 표현이 등장하였다. "인민을 위한 정치는 그릇이 커야 한다"는 선전과 함께 주체사상탑 · 개선문 · 류경호텔 등 대규모 건설물과 여성의 색조있는 의상착용 허용, 보천보전자악단에 의한 경쾌한 경음악 연주 등도 김정일 광폭정책의 산물로 주장하고 있다(『북한용어 400선집』, 1998: 32~33).

4) 1993년 1월 28일 로동신문이 게재한 〈인덕정치가 실현되는 사회주의 만세〉 제하의 사설에서 처음 제시된 표현으로, "김정일이 인민에 대한 숭고한 사랑을 지니시고 가장 훌륭한 인덕정치를 베풀고 있다"고 주장하였다. 북한은 사례로 환갑상 차려주기, 오지환자 특별수송 등을 들고 있다(『북한용어 400선집』, 1998: 77).

5) 김규현은 음악의 기능에 대해 순자의 〈악론(樂論)〉에도 잘 나타나 있다고 분석하였다. 즉 "先王導之以禮樂, 而民和睦", 음악이 민심을 선하게 하고, 사회는 평화롭고 안정적으로 유지될 수 있다. 따라서 성인과 선왕은 음악의 보급을 통해 국가를 안정적으로 유지할 수 있으며, 백성들의 본능인 향락에 대한 욕구도 해소해 줌으로써 백성의 행복과 사회의 조화를 이룰 수 있다고 강조하였다(김규현, 2015: 245, 263).

2009년 초 김정은을 상징하는 노래 〈발걸음〉부터 보급

김정일은 김정은을 후계자로 내정(2009.1)한 이후, 비밀리에 후계수업을 진행하면서 김정은을 암시하는 노래인 〈발걸음〉부터 먼저 보급토록 하였다.

김정일이 음악을 정치에 활용한 대표적 사례인 동 노래는 전술한 바와 같이 김정은의 1992년도 생일 때 만들어 주었던 노래인데, 가사의 전반적인 내용이나 운율, 김정은을 상징하는 호칭('김대장') 등은 선군정치 노선하에서 김정은이 군에서 후계수업을 하고 있어 딱 어울리는 노래였다.

> 발걸음(『조선중앙TV』, 2012.1.1).
> (1절) 척척 척척척 발걸음 우리 김대장 발걸음 2월의 정기를 뿜으며 앞으로 척척척 발걸음 발걸음 힘차게 구르면 온나라 강산이 반기며 척척척
> (2절) 척척 척척척 발걸음 우리 김대장 발걸음 2월의 기상 떨치며 앞으로 척척척 발걸음 발걸음 힘차게 한번 구르면 온나라 인민이 따라서 척척척
> (3절) 척척 척척척 발걸음 우리 김대장 발걸음 2월의 위업 받들어 앞으로 척척척 발걸음 발걸음 더높이 울려 퍼져라 찬란한 미래를 앞당겨 척척척.

그러나 북한은 김정은이 활동을 공개수행(2010.9.28.)하기 전까지는 공식매체를 통해 원곡과 가사를 방송하지는 않았다.[6]

---

6) 단지, 서울의 정보기관 북한정보분석관이 2009년 10월 9일 밤 조선중앙TV 보도를 모니터링하다가 "김정일 국방위원장이 노동당 고위간부들을 대동한 채 지방도시에서

이러한 김정일의 복안은 중국을 비롯 대내외에 김정은 존재와 후계자 내정 사실을 공식화 하지 않은 상황에서 노래를 통해 주민들의 뇌리에 자연스럽게 '김대장'을 각인시키고, 구전(口傳)을 통해 새로운 후계자가 내정되있음을 알리기 위한 셈법[7]이라고 평가된다.

북한의 이 같은 방법은 마치 백제 무왕이 청년시절 신라 선화공주의 마음을 사로잡기 위해 '서동요[8]'라는 민가를 만들어 아이들에게 먹을 것을 주며, 고을마다 서동요를 부르고 돌아다니게 한 것을 연상케 한다. 김정은도 권력을 장악한 이후 모란봉악단을 새로이 조직하고, 레퍼토리를 서구식의 흥미위주로 꾸림으로써 새로운 지도자상을 확립하는데 음악을 적극 이용하고 있다. 특히 장성택 숙청(2013.12)을 전후로 '우리는 당신밖에 모른다', '그이 없인 못살아' 등을 대대적으로 보급함으로써 자신에 대한 절대충성을 독려하기도 하였다.

> 우리는 당신밖에 모른다(『로동신문』, 2013.12.9).
> 1. 이 조선 이끄는 힘 억세다 인민의 운명을 한몸에 안고 우리가 바라
>   는 꿈과 리상 모두다 꽃펴주실 분 (후렴) 위대한 김정은동지 우리는

공연을 관람했다는 소식을 전하는 화면에서 '합창〈발걸음〉'이라는 공연해설 자막이 무대 상단에 글자로 띄워져 있는 것을 확인"함으로써 말로만 떠돌던 김정은 찬양곡 〈발걸음〉의 존재를 북한관영매체를 통해 생생하게 확인하였다(이영종, 2010: 18).

7) 2009년 10월 5일 일본 마이니치신문이 공개한 자료에 의하면, 북한이 '존경하는 김정은 대장동지의 위대성 교양자료'를 이미 내부적으로 배포하였으며, 2009년 7월 방북한 일본의 연구자에 의하면 천리마제강련합기업소 등 일반노동자들과 가라오케 종사직원들이 김정은을 상징하는 노래 '발걸음'을 부르고 있음을 확인했다고 설명했다(박명규 외, 2011: 41). 북한의 공영방송이 발걸음 노래를 방영한 것은 김정일 사망 직후 2012년 1월 1일 조선중앙TV가 화면에 자막을 넣어 방영한 것이 처음이라고 알려져 있다(정교진, 2017: 155).

8) 신라 진평왕때 백제 무왕이 지었다는 향가로 가사는 다음과 같다. "선화공주님은(善花公主主隱) 남몰래 사귀어 두고(他密只嫁良置古) 서동방을(薯童房乙) 밤에 뭘 안고 가다(夜矣 夘卯乙抱遣去如)"(한국민족문화대백과, 네이버검색일: 2018.8.23).

당신밖에 모른다 <u>위대한 김정은동지</u> 당신께 충실하리라

2. 눈부신 그 리상이 우리 목표다 령장의 결심은 우리의 승리 그이가 가리킨 오직 한길로 천만이 폭풍쳐 간다

3. 하늘 땅 바뀐대도 역풍 분대도 우리의 심장엔 당신만 있다 끝까지 생사를 함께 하며 그 령도만 받들어 가리.

<u>그이 없인 못살아</u>(『로동신문』, 2013.12.21).

1. 친근하신 그이의 정 가슴에 흘러 자나깨나 그 숨결로 따뜻한 마음 하늘같은 인덕과 믿음에 끌려 우리모두 따르며 사네 (후렴) <u>그이없인 못살아 김정은동지 그이없인 못살아 우린 못살아 우리의 운명 김정은동지 그이 없인 우리 못살아</u>

2. 우리 마음 그이만이 제일 잘알고 그 언제나 우리행복 지켜 주시네 나래 펴는 희망도 품은 소원도 그 품에서 모두 꽃피네

3. 함께 온길 새겨봐도 앞길을 봐도 태양같은 그 미소로 가득 차있네 그이만을 받들며 세상 끝까지 충정다해 모시고 살리

대장 · 최고령도자로 호칭

청년대장 · 김대장

김정은에 대한 호칭은 청년대장 · 김대장으로 시작되었으며 태양, 어버이, 위대한 령도자, 최고 령도자 등으로 격상되었다. 북한이 김정은의 구체적 신원과 활동, 특히 후계자로 내정된 사실을 비밀에 붙이고 있던 2009년 9월 22일 대만의 사진작가 후앙한밍이 원산 근교의 시범협동농장을 방문하여 "장군복, 대장복 누리는 우리 민족의 영광, 만경대

혈통, 백두의 혈통을 이은 청년대장 김정은동지" 문구와 찬양노래 '발걸음' 가사가 적혀 있는 선전포스터 사진을 찍어 인터넷 포털 '야후'의 사진 공유사이트(www.flickr.com)에 올림으로써, 북한이 내밀적으로 김정은을 후계자로 내정하고 대장으로 호칭하고 있는 동향이 최초로 확인되었다(『MBN』, 2009.9.25).

그리고 KBS가 입수한 북한군 6사단의 2010년 1분기 사업계획서에는 "2009년 10월 당창건일을 맞아 군정치위원이 청년대장 김정은의 위대성에 대해 20분간 해설했다"는 내용이 담겨져 있기도 했다(『국가안보전략연구원 김정은 집권5년 실정백서』, 2016: 11).

CNC = 김정은 이미지 조작

다음으로 주목되는 것은 김정은이 김정일을 보좌하며 후계수업을 한창하고 있던 2009년 8월부터 북한이 신문방송·TV 등을 통해 대대적으로 선전하기 시작한 북한 산업시설의 CNC(Computerized Numerical Control: 컴퓨터 수치제어)화 선전 동향이다.

CNC는 '선군조선을 CNC 강국으로', 'CNC 세계를 향하여' 등의 선전구호와 포스트로 제작되어 대대적으로 보급되고, 2010년 8월 2일 아리랑 공연에서는 'CNC 주체공업의 위력'이라는 카드섹션 구호로까지 등장하는 등 북한의 대표적인 선전구호가 되었다(『국가안보전략연구원 김정은 집권 5년 실정백서』, 2016: 9~10).

이 같은 움직임은 'CNC화 = 김정은'[9] 이미지 조작을 통해 김정은을 21

---

9) 2012년 1월 1일 조선중앙TV는 처음으로 발걸음 노래를 방영했는데, 음악이 나오는 동안 배경화면에는 김정은 업적으로 선전되고 있는 축포야회, CNC기계들, 위성발사, 탱크와 전투기를 동원한 대규모 군사훈련 등의 장면이 나왔다(정교진, 2017: 155).

세기 첨단정보화 산업을 주도해 나가는 새로운 젊은 지도자로 각인시키려는 조치로 평가된다.

위대한(경애하는) 최고령도자

북한은 김정일 사망 이후 개최된 김정일 사망 추도대회(2011.12.29)에서는 김정은을 '당과 군대와 인민의 최고 령도자'로 호칭하였다. 이후 각종 행사 기념사진 촬영 시 배경 구호로 "위대한(경애하는) 김정은 동지를 수반으로 하는 당중앙위원회를 목숨으로 사수하자"를 내걸음으로써 김정은으로의 권력승계 정당성과 무조건적인 충성을 독려하였다.

이밖에 북한은 김정은에 대해 태양(『로동신문』, 2012.1.1), 어버이(『로동신문』, 2012.3.16) 등의 호칭을 사용하여 단순한 정치지도자가 아닌 인류의 지도자, 사회적 대가정의 아버지라는 이미지를 형성해 나가고 있다.

그러나 '수령' 호칭은 아직 김정은에게 사용하지 않고 있는데, 이는 제도적 차원에서는 김정은을 김일성 · 김정일과 같은 반열에 올려놓았지만, 우상화를 동격으로 진행하는 것은 아직 나이 · 경력 등을 고려해 볼 때 무리라는 판단에 따른 것이라고 평가한다.

백두혈통 · 사상이론가 담론 확산

북한은 당선전선동부가 컨트롤타워가 되어 신문 · 방송 및 출판물을 통해 주체사상 · 수령론 등 북한의 체제이념, 김씨일가 교시, 당정책 등과 관련한 담론을 끊임없이 생산하여 주민들에게 주입시키고 있다. 김정은 권력 공고화와 관련하여 주목되는 담론은 백두혈통 우상화, 김정일의 10월 8일 유훈, 김정은에 대한 위대한 사상이론가 선전 등을 들 수 있다.

백두혈통 우상화

백두혈통 우상화는 3대세습 정당화의 토대라고 할 수 있다. 즉 북한은 김정은이 등장할 무렵인 2008년경부터 백두산 3대장군(김일성, 김정일, 김정숙) 선전을 대대적으로 강화하였다.

> 정보화산업시대의 요구에 맞게 정치사상과목 교수에 현대적인 교육설비에 의한 선진교육 방법들이 도입되어 학생들이 백두산 3대장군 혁명력사와 우리 당의 투쟁업적, 선군혁명 사상의 심오한 진수를 더 잘 깊이 깨닫게 되었다. (중략) 경애하는 장군님을 고매한 풍모를 형상화한 '봄 소나기', 백두산녀장군의 위인적 풍모를 형상한 '태양의 빛발' 등의 작품은 백두산 3대장군의 위대성을 격이 높게 형상... (『조선중앙년감』, 2009: 213; 정교진, 2017: 96~97).

이 같은 선전은 3대 부자세습의 정당성을 주민들에게 인식시키려는 사전 정지작업의 성격을 띠고 있었다.

김정일이 사망한 이후에는 김정은의 위대성을 직접적으로 선전하기 위해 〈선군혁명령도를 이어 가시며〉 제하의 회상실기도서 시리즈 제1권을 2012년에 조선로동당 출판사를 통해 출간하였다. 그리고 2015년 4월 1일 새 학기부터는 〈김정은 혁명력사〉를 정식교과로 채택하였다. 동 혁명역사를 교육하기 위한 〈교수참고서〉의 제1장을 보면 "김정은이 세살 무렵에 사격을 했으며, 원수님께서 목표를 조준하시고 1초 간격으로 10개의 목표를 모두 소멸하시었다. 또한 세 살 때 자동차를 운전하고 여덟 살 때에는 대형화물차를 비포장도로에서 속도를 내어 질주를 하였다. 그리고 시속 200km의 초고속배를 몰아 외국전문가와 경주에서 두 번이나 이겼다"는 내용도 있다.

이는 김일성이 나뭇잎을 타고 압록강을 건너고, 김정일이 7살 때 말을 능숙하게 탔다는 신화적 요소를 김정은 버전으로 만든 것이라고 할 수 있는데, 김정은의 지도자 상징정치가 김일성·김정일보다 강력하게 시행되고 있음을 보여주고 있다(정교진, 2017: 244~245; 『국가안보전략연구원 김정은 집권5년 실정백서』, 2016: 14).

한편 김정은은 2013년 6월 개정한 유일령도체계 확립 10대원칙 3조 4항에 "백두산 절세위인들"이라는 표현을 추가하고, 10조 2항에 "우리 당과 혁명의 명맥을 백두의 혈통으로 영원히 이어 나가며"라는 표현을 구체적으로 적시해 '대를 이은 백두혈통 세습'을 명문화하였다. 이처럼 백두혈통 담론은 김정은 권력 공고화와 김씨일가의 영구집권을 위한 이론적 모태라고 말할 수 있다.

김정일의 10월 8일 유훈

다음으로, 김정일의 10월 8일 유훈은 김정은 권력승계와 관련 직접적인 교시·유훈으로서의 의의를 가지고 있다. 북한이 김정일의 10월 8일 유훈의 존재에 대해 최초로 공식 언급한 것은 김정일 사망 후 김정은을 군 최고사령관으로 추대했던 당정치국회의 내용을 보도한 2011년 12월 31자 로동신문 1면 헤드라인을 통해서이다.

정치국회의에서는 위대한 령도자 김정일동지의 주체100(2011)년 10월

8일 유훈에 따라 조선로동당 중앙군사위원회 부위원장이신 경애하는 김정은동지를 조선인민군 최고사령관으로 높이 모셨다는 것을 정중히 선포하였다. 전체 참가자들은 일어서서 열광적인 박수로 환영하였다(『로동신문』, 2011. 12.31).

이후 2012년 1월 18일자 로동신문은 '고귀한 유훈, 간곡한 당부'라는 글을 통해 김정일의 교시내용을 간략하게 소개하였다.

몇해전 11월 어느날이었다. 일군들과 자리를 같이하신 장군님께서는 오늘 우리혁명은 김정은동지에 의하여 빛나게 계승되는 력사적 전환기에 들어섰다. (중략) 김정은동지는 담력과 배짱이 강하고 혁명동지 대한 의리심이 깊으며 지략과 통솔력이 뛰어나고 군사에 능통 (중략) 위대한 장군님께서는 지난해 10월 8일에도 경애하는 김정은 동지의 위대성에 대하여 말씀 하시면서 일군들이 김정은 당중앙군사위원회 부위원장을 진심으로 받들어야한다고 거듭 당부하시였다. 경애하는 김정은동지를 잘받들어 주체혁명위업을 빛나게 계승 완성해 나가야한다! 이것이 어버이 장군님의 가장 큰 렴원이며 우리 일군들과 인민들에게 남기신 간곡한 당부이다(『로동신문』, 2012.1.18).

북한에서 유훈은 무조건성의 원칙하에 반드시 실천해야 한다. 특히 김정일사망 직후 소집된 당 정치국회의가 '김정일의 10월 8일 유훈'을 김정은으로의 권력승계의 제1근거로 제시함에 따라 핵심담론으로 기능하게 되었다. 북한은 2015년 〈김정일 선집 25권(증보판)〉을 출판하면서 22쪽 분량의 "김정일의 조선로동당 중앙위원회 책임일군들과 한 담화 '백두에서 개최된 주체혁명위업을 대를 이어 끝까지 계승 완성해야 한다' 주체100(2011)년 10월 8일, 12월 15일"를 게재하였다.

동 문건에서 김정일은 대를 이은 혁명수행과 우리식(북한식) 사회주의 수호 필요성, 김정은시대 출범의 역사적 필연성, 김정은의 지도로서의 자질(고난의 행군 체험, 수령에 대한 충실성, 문무를 겸비한 다재다능한 실력가형, 천리혜안의 식견, 인민적 풍모, 겸허 등), 김정은 생모에 대한 칭송, 간부대열 공고화, 인민군대 강화, 경제강국 건설, 김정은을 중심으로 한 전당·전군·전민의 단결, 백두혈통의 영구계승 등 김정은 지도자 자질, 유일령도체계 확립과 체제발전 필요성 등을 총망라함으로써 김정은 지도자 상징조작의 지침이 되었다.

> 백두에서 개척된 주체혁명 위업은 김정은동지에 의하여 앞으로도 백두산혈통으로 굳건히 계승될 것입니다. 앞으로는 어차피 김정은동지가 우리 일군들과 인민군 장병들, 인민들이 렴원하는대로 당과 국가, 군대의 전반사업을 맡아보게 될것입니다. (중략) 김정은동지의 사상과 령도는 곧 나의 사상과 령도입니다. 전당, 전군, 전민이 우리 당의 혁명사상, 주체사상으로 튼튼히 무장하고 김정은 동지의 유일적 령도밑에 하나와 같이 움직여야 하며, 김정은동지가 맡겨주는 혁명과업을 그 어떤 조건에서도 어김없이 집행하는 강한 규률을 세워야 합니다(『김정일 선집 25권(증보판)』, 2015: 423~424).

특히 북한은 김정일의 담화 날짜를 10.8과 함께 12.15도 함께 병기한 점이 주목되는데, 이는 김정일이 사망(12.17) 하기 전 마지막으로 한 유언이라는 점을 시사하려는 의도로 보인다.

한편 김정일의 10월 8일 유훈과 관련해 북한인권센터 이윤걸이 2012년도에 입수하여 공개한 〈김정일의 유서〉는 김정은으로의 권력승계 및 정책수행 방향과 관련하여 보다 세부적인 내용이 포함되어 있는 주목되는 문건[10]이다. 접근하기 어려운 김정일유서라는 문건의 특수성

과 이윤걸이 출처보호를 위해 입수경위를 밝히지 않았던 관계로 진위
논란[11]이 있는 한계가 있다. 따라서 정확하게 신뢰할 수 있는 자료는
아니다. 그렇더라도, 당시 김정일(북한 권력층)의 심리상태와 김정은시
대 권력구도, 정책방향 등에 대한 화두로서의 가치는 있다.

김일성김정일주의

북한은 김정은을 김일성김정일주의 창시자로 선전하는 등 사상이론
가로서의 면모를 부각하고 있다. 이는 공산주의 체제에서는 최고지도
자가 사상이론에 대한 유일 해석권을 가지고 있는 전통을 고려한 조치
이다. 북한이 김정은의 업적으로 치적화하고 있는 주요 통치이념은 ①

---

10) 주목되는 내용은 ㉮유언 집행은 김경희가 할 것 ㉯특별한 리유가 없는 한 김정은을
후계자로 할 것 ㉰유서를 읽는 순간부터 1년 내 김정은을 최고직책에 추대할 것
㉱김정은을 당에서는 김경희와 장성택, 최룡해, 김경옥이, 군에서는 김정각과 리영
호, 김격식, 김명국, 현철해가, 경제에서는 최영림과 김영호, 김창룡, 서원철이 책임
적으로 보좌할 것 ㉲김정남을 배려하고 김설송을 정은의 방조자로 밀어줄 것 ㉳김
경희가 국내외 외국의 모든 자금을 관리할 것 ㉴보위총국과 국가안전보위부를 정수
분자로 꾸리고 종파를 주의할 것 ㉵선군사상을 고수하고 핵·미사일·생화학 무기
를 끊임없이 발전시킬 것 ㉶조국통일은 우리가문의 종국적인 목표이다 ㉷남조선의
경제발전은 우리에게 기회이다 ㉸미군을 남조선에서 철수시켜야 한다 ㉹6자회담을
오히려 합법적인 핵보유국으로 올라서는 기회로 활용해야 한다 ㉺중국을 경계해야
한다 ㉻김정은을 목숨으로 보위할 것 등이다(이윤걸, 2012: 19~24).
11) 이윤걸은 첩보원 보호를 위해 구체적인 입수 경로를 밝히지 않으면서 "김정일이 여
동생 김경희 앞으로 남긴 유서가 개인비밀서고에 있었다. 작성 시점은 2010년 10월
8일이며, 공개시점은 김정일 비밀서고에 출입할 수 있는 김경희가 김정일의 건강이
악화되자 2011년 10월 8일 일부 김정일의 최측근들에게 전달한 것으로 파악된다"(이
윤걸, 2012: 서문)고만 밝혔다. 동 유서에 대해 정영태, 정성장 등 북한학자들은 김
정은체제의 윤곽을 그리는데 상당한 도움이 된다고 의미를 두었다. 이와 달리 조선
일보는 "유서를 입수했다고 하는 이윤걸 대표는 북한의 평양이과대학 준박사 출신
탈북민으로, 지난 3월부터 세 차례에 걸쳐 김정은 최측근들을 통해 사실확인 작업
을 거쳤다고 말했지만 유서의 사본도 공개하기를 거부했다. 그리고 그가 유서에 담
긴 내용이라고 밝힌 사안들에 대한 진위도 객관적으로 확인할 방법은 없다"고 보도
했다(『조선일보』, 2012.4.13).

김일성김정일주의 확립 ② 인민대중제일주의 선도 ③ 자강력제일주의 표방 등을 들 수 있다.

먼저, '김일성김정일주의'는 김정은이 2012년 4월 6일 조선로동당 책임일군들과의 담화를 통해 최초로 제시하였다. 그리고 실천 방법으로는 김정일 애국주의를 제시하였는데, 이른바 김정일 애국주의의 교과서라고 알려져 있는 2012년 7월 26일 김정은담화 '김정일 애국주의를 구현하여 부강조국 건설을 다그치자'에서 강조한 것은 김일성김정일주의화를 위해 김정일의 조국관, 인민관, 후대관[12]을 핵심으로 한 김정일 애국주의를 실천하는 것이었다(『2018 북한이해』, 2017: 33~34). 특히 김정은은 2012년 4월 4차 당대표자회를 계기로 김일성김정일주의를 공식 통치이념으로 표방하였는데, 이는 세습정권의 특성상 불가피한 것으로서 과거 후계자로 내정된 김정일이 김일성주의를 주창하고 스스로를 사상이론의 영재로 선전한 것을 그대로 벤치마킹한 것이다.

> 조선로동당은 위대한 김일성김정일주의 당이다. (중략) 경애하는 김정은 동지는 위대한 김일성김정일주의를 당과 혁명의 영원한 지도사상으로... (2016년 5월 당규약 전문)

다음으로, 인민대중제일주의는 과거에도 관련표현이 사용[13]되었으나, 김정은이 2013년 1월 29일 개최된 당세포비서대회 연설에서 김일성김정일주의의 본질을 '인민대중제일주의'로 규정(『로동신문』, 2013.1.30)

---

12) 북한은 "조국관은 조국과 수령을 동일시하는 것이며, 인민관은 김정일의 이민위천 좌우명에, 후대관은 '오늘을 위한 오늘에 살지 말고 래일을 위한 오늘에 살자'라는 구호에 집약되어 있다"고 선전하고 있다.

13) 김정일은 1991년 5월 5일 당중앙위원회 책임일군들과의 담화에서 "우리 사회주의의 공고성과 불패성의 비결은 인민을 사회의 진정한 주인으로 내세우고 사회의 모든 것이 인민을 위하여 복무하는 인민대중 중심의 사회주의라는데 있다"고 주장하였다.

함으로써 새롭게 주목을 받기 시작하였다. 특히 당창건 70돌 기념연설을 통해 '인민'이라는 표현을 97회나 언급하면서 '인민중시, 군대중시, 청년중시'를 김정은시대의 3대 전략기조로 제시하였다(『국가안보전략연구원 2015년도 정세평가와 2016년도 전망』, 2015: 30). 이 같이 김정은이 인민대중제일주의를 강조하는 것은 자신을 애민지도자로 부각하면서 인민생활 향상에 대한 주민들의 기대감을 자극함으로써 지지 확대를 유도하려는 저의로 평가된다.

한편, 자강력제일주의는 2016년 김정은 신년사에서 처음으로 언급된 이후 꾸준히 강조되고 있으며, 그 뿌리는 김일성·김정일시대의 자력갱생 정신이라고 할 수 있다. 김정은이 자강력을 강조하고 있는 것은 핵 및 미사일 실험으로 국제사회의 대북제재가 강화되고 있는 국면에서 자체적으로 위기를 타개해 나가기 위한 것이나, 보다 근본적으로는 경제·핵 건설 병진노선의 실천 즉 핵보유를 통한 자위력 강화와 과학기술 발전·국산화 강화를 통한 자립적 민족경제 노선 실천을 촉구하기 위한 것으로 평가된다.

김씨일가 우상화 상징물 조성

북한은 수령의 위대성 선전사업 교양을 강조하면서, 수령형상을 모시는 사업의 의미를 중점 강조하고 있다.

건축물들은 수령의 위대성을 높이 칭송하고 만대에 길이 빛내이도록 하는 것이다. 이를 위해서는 수령의 형상을 정중히 모셔야 하며 또한 건축공간의 중심에 둬야 하는데, 그래야 사람들이 늘 수령의 형상을 바라볼

수 있고 그들에게 수령의 품에서 행복을 누린다는 높은 긍지와 자각을 가
질 수 있기 때문이다(김정일, 1992: 38).

자신보다 선대의 치적 선전에 주력

김정은은 초상화·동상 등 상징물 건설을 자신보다는 선대의 치적을
기리는데 보다 중점을 두고 추진해 나가고 있다. 이는 '김일성 = 김정일
= 김정은' 등식으로 김일성·김정일의 후광 확보가 충분하다는 판단에
따른 조치로 평가되며, 자신에 대한 개인 우상화는 좀 더 여유를 가지
고 추진할 것으로 보인다.

금수산태양궁전 성지화, 김정일 생일을 광명성절로 지정

먼저, 김정은은 김정일 사망 후 금수산태양궁전을 성지(聖地)로 만
들었다. 2012년 1월 12일 당중앙위원회 정치국 결정으로 김정일 시신의
금수산기념궁전 안장과 동상·영생탑 건립, 광명성절 제정 등을 결정
하였다. 이후 금수산기념궁전을 금수산태양궁전으로 개명(2012.2.16)하
고, 4월 11일 김정일을 김일성과 동격의 '영원한 수령'으로 모신다는 결
정을 하였다. 이듬해 2013년 4월 13일에는 최고인민회의 제12기 7차 회
의에서 '금수산태양궁전법'을 채택하였다.

이 같은 동향은 김정일이 김일성집무실인 금수산의사당(일명 주석
궁)을 금수산기념궁전으로 만들어 김일성시신을 안치한 것처럼, 자신
도 김정일시신을 김일성 곁에 모시고 죽은 수령들을 추모하는 성지로
만듦으로써 선대에 대한 효성을 부각하면서 김일성-김정일-김정은으로
이어지는 백두혈통 권력승계의 정당성을 확보하려는 조치이다.

김정일 동상·사적지 건립

한편, 또다른 주요 상징물의 하나인 동상·사적관 건설 등도 김정일 위주로 추진되고 있으며, 자신의 조형물은 아직 추진되지 않거나 극히 초보적인 수준14)에 머물고 있다.

김정은은 전술한 바와 같이 금수산태양궁전을 성역화하는 가운데, 2012년 4월 만수대언덕에 있는 초대형 김일성동상 옆에 같은 규모의 김정일동상을 세운데(4.13) 이어 금수산태양궁전, 보위부, 김일성군사종합대학 등지에 동상15)을 세웠다.

이와 함께 "전국 각지에 대원수님들의 태양상 모자이크 벽화들이 모셔지고 영생탑이 건립되었으며, 김정일훈장, 김정일상, 김정일 청년영예상, 김정일 소년영예상이 제정되었다"(『조선중앙년감』, 2013: 97). 이같은 움직임은 2012년 1월 12일 당중앙위원회 정치국 결정서에 기초한 것이었다.

김정은 우표 제작

또한, 북한의 대표적인 지도자 상징물인 초상화·배지와 관련해서는 아직 김정은 상징물은 보급되지 않았다. 초상화·배지는 다른 상징물과 달리 전기관·전지역·전주민적 사업이고 파급영향이 엄청나기 때

---

14) 평양 보통강호텔 진입로에 세워진 김정은 찬양비석에는 김정은을 대장으로 모시는 것이 인민의 복이라는 의미의 '대장복'이라는 글자가 새겨져 있고, 김일성과 김정일을 상징하는 수령복, 장군복 비석과 나란히 서있다(『국가안보전략연구원 김정은 집권 5년 실정백서』, 2016: 12).

15) 북한에서 가장 대표적인 동상은 1972년 4월 김일성 60회 생일을 맞아 평양 만수대언덕에 세워진 김일성동상이며, 현재 동상은 수만 개 이상이 있는 것으로 추정하고 있다.

문에 시행 시기와 방법과 관련하여 내부 논의가 진행 중일 것으로 추정된다.

단, 국가우표발행국은 2012년 4월 4차 당대표자회와 2013년 1월 새해에 즈음하여 김정은의 모습을 담은 기념우표를 발행하여 최고지도자로서의 이미지를 홍보하였다. 또한 2018년 이후 한국, 미국, 중국, 러시아 등과의 정상회담을 계기로 기념우표를 발행, 글로벌 리더로서의 김정은 위상을 부각 선전하였다.

국가기념일 적극 활용

김씨일가 생일 · 사망일 등을 계기로 위대성 중점 홍보

북한은 정권수립 이래 김일성(4.15) · 김정일(2.16) · 김정숙(12.24) 생일 등 김씨일가 관련일, 당(10.10) · 정권(9.9) · 군(4.25) 창설일 등 다양한 기념일을 체제결속의 계기로 활용해 오고 있다. 김일성 · 김정일 사망 이후에는 사망일도 각각 태양절, 광명성절로 명명하고 성대히 기념하고 있다.

그렇지만 김정은 생일은 아직 국가적인 기념일[16]로 지정되지 않고 있다. 이는 김정은이 자신의 젊은 나이 · 생모 고용희의 출생비밀 등으로 인해 개인숭배에 대해 아직 부담을 느끼고 있다는 점을 시사해 주

---

16) 김일성생일은 1974년 민족최대의 명절(공휴일)로 지정되었으며, 사후 3년이 지난 1997년부터 '태양절'로 명명되어 대대적으로 기념되었다. 그리고 김정일 생일은 1995년 민족최대의 명절(공휴일은 1982년부터)로 지정되고, 사망 이듬해인 2012년에 '광명성절'로 격상되었다.

고 있다. 따라서 김정은은 앞서 살펴본 상징물 건설에서와 마찬가지로 자신보다는 백두혈통과 당정군 관련 기념일을 활용하는데 주력하고 있다.

김정은은 공식집권 첫해인 2012년도가 김일성 100회·김정일 70회 생일을 맞이하는 연도인 점을 활용하여 열병식·군중대회 등 행사를 대대적으로 개최하고 주민들에게 3대세습의 정당성, 북한정권에 대한 자긍심과 기대감 등을 제고시키는데 주력하였다. 특히 김일성 100회 생일 기념 열병식장에서의 첫 대중연설을 통해 "우리 인민이 다시는 허리띠를 조이지 않고 사회주의 부귀영화를 마음껏 누리게 하자는 것이 우리당의 확고한 결심이다"(『조선중앙TV』, 2012.4.15)라고 강조하여 생활고에 시달리고 있는 주민들의 미래에 대한 기대감을 자극하였다.

또한 북한은 2015년 노동당 창설 및 해방 70주년, 2018년 정권 창설 70주년, 2020년 노동당 창설 75주년을 계기로 열병식 등 대규모 경축행사를 통해 체제결속을 도모하면서 김정은체제의 굳건함을 과시하는 기회로 적극 활용하였다. 특히 당중앙위원회·당중앙군사위원회·국무위원회·최고인민회의 상임위원회·내각 등 5대 권력기관이 공동명의로 김정은에게 올리는 〈공동축하문〉을 채택(2018.9.7)한 것이 주목되었다. 동 축하문에서는 김정은의 위대성을 대대적으로 칭송하는 가운데 핵을 직접적으로는 언급하지 않았지만 "강력한 보검 마련", "고난의 행군과 같은 처절한 고생을 다시는 겪지 않을 것" 등을 강조함으로써 주민들의 체제에 대한 자긍심을 제고시키고자 하였다.

최고 령도자이신 김정은 동지께서 영웅적인 애국 헌신으로 평화 수호의 강력한 보검을 마련해주심으로써 우리 후손들은 다시는 고난의 행군과 같은 처절한 고생을 겪지 않고 전쟁의 불구름을 영원히 모르게 되었다.

(중략) 적대세력들의 침략 위협을 근원적으로 종식시키고 국가 발전의 평화적 환경을 마련할데 대한 전략적 구상을 펼치신 최고 령도자 동지께서는 강력한 전쟁억제력을 갖추기 위한 결사전을 진두에서 이끄시었다(『로동신문』, 2018.9.8).

이 같은 동향은 김정은이 2016년 5월 7차 당대회에서의 '셀프 대관식'에 이어 강력한 리더십과 글로벌 정상국가 지도자로서의 위상을 내외에 선전하는 계기로 활용하려는 의도였다. 이런 가운데, 북한은 2018년 9월 문재인 대통령의 평양방문(9.18-20)을 김정은 위대성 선전 소재로 적극 활용하였다. 김정은의 공항영접, 카퍼레이드, 정상회담, 15만군중 참가 집단체조 행사, 백두산 공동등정 등 남북정상들의 동정을 신문방송을 통해 대대적으로 선전함으로써 김정은을 통일을 선도하는 지도자로서의 이미지를 만드는데 주력하였다.

대규모 대중운동 선도

사회단체 및 기층조직 적극 활용

북한은 신년, 당 창건일 등 주요 기념일은 물론 핵·미사일 실험 성공과 같은 계기시마다 대규모 군중대회를 개최하여 체제결속을 도모하면서 이를 내외에 선전하고 있다. 지도자를 중심으로 전주민이 일치단결하고 있음을 서로 피부로 느끼면서, 앞으로 더욱더 공고화해 나갈 것을 다짐하는 대규모 군중의식이라고 할 수 있다.

특히 김정일이 강성대국의 원년으로 설정했던 김일성 100회·김정일 70회생일이 있던 2012년은 김정은정권 출범의 원년인 관계로 체제 결속 및 선전을 위한 대규모 군중행사가 많았던 해이다. 김정은은 과거 김정일시대와 달리, 당정군 및 청년동맹·직맹·농근맹·여맹 등 사회단체 대회(첨부의 〈표 6: 북한의 주요 사회단체 대회 개최 동향〉 참조)17)와 기층조직의 집회18)를 수시로 개최하여 각 부문의 분발과 충성심을 제고시켜 나갔다. 그리고 36년 만에 7차 당대회를 개최하였던 2016년도는 오랜 기간 동안 개최되지 않았던 청년동맹·직맹·농근맹·여맹 등 주요단체 대회를 일제히 개최하였다.

70일전투·200일전투

북한은 경제난 타개 및 새로운 경제목표 실현을 위해 전사회적인 동원체제를 강화하고 있다. 김정은은 집권 이후 2016년 70일전투를 발기하였으며, 동전투가 끝나자마자 곧바로 200일전투(6.1-12.17)를 연이어 전개하는 등 일 년 내내 주민들을 노력경쟁 운동으로 내몰았다. 200일전투는 7차 당대회에서 제시한 '국가경제발전 5개년 전략'의 첫해 목표를 달성하기 위해 선포하였으며, 김정은이 직접 발기하였다고 선전하는 '만리마속도 창조 운동'이 대표적인 구호이다. 한편 2020년 10월에는 8차 당대회 개최(2021.1)를 앞두고 '80일 전투' 카드를 또다시 꺼냈다.

---

17) 북한의 또다른 대규모 조직인 조선소년단(만7세-13세: 학생 350만 명)은 김일성 김정일주의청년동맹 산하에 있으며, 김정은시대에 들어 김정은의 후비대로 키우기 위해 많은 관심을 나타내고 있다. 즉 김정은이 2012년 6월 창립 66돌 경축행사에 참석하여 4만여 명의 소년단원들을 대상으로 집권 후 두 번째 공개연설을 통해 자긍심을 부여했으며, 2013년 7차대회를 개최한데 이어 2017년에도 8차대회를 개최하였다.

18) 전국경공업대회(2013.10), 당사상일군대회(2014.2), 전국농업부문분조장대회(2014.2), 제1차 비행사대회(2014.4), 전국청년미풍선구자대회(2015.5), 제1차 정찰일군대회(2015.6), 노병대회(2015.7), 포병대회(2015.12) 등.

그러나 이러한 강압적인 동원정책은 일시적으로는 효과를 거양할 수 있을지 모르나, 자원배분의 왜곡과 허위보고, 근로자들의 타성을 불러일으킬 수밖에 없는 한계가 있다.

월간지 신동아 2016년 8월호에 따르면, "4월 3일부터 시작된 북한의 려명거리 아파트 건설공사는 '하루에 한층씩 건축하라'(한국에서는 통상 7-10일 소요)는 김정은 지시에 따라 하루 3만여 명의 군, 돌격대, 대학생 등이 24시간 2교대로 동원되었으며, 비정상적인 속도로 공사가 진행되다 보니 주민들 사이에 려명거리는 비명거리라는 조소와 불만이 터져 나왔다"고 한다(국가안보전략연구원, 『김정은 집권 5년 실정백서』, 2016: 64).

이와 함께 북한은 리수복, 길영조, 류경화[19] 등 공화국 영웅들을 따라 배워 수령을 목숨으로 옹호보위할 것을 강조하면서 핵·미사일 발사에 관여한 과학기술자들에게 김일성훈장, 김정일훈장, 영웅칭호 등을 대규모로 수여하고 성대한 축하연회를 배설하여 주는 등의 방법을 통해 주민들의 체제에 대한 자긍심을 제고시켜 나가고 있다.

---

19) 리수복은 1951년 6.25동란 시 1211고지 사수의 영웅, 길영조는 1993년 비행훈련 중 김일성동상과 충돌을 피하려고 기수를 바다로 돌려 추락사망한 공군조종사이며, 류경화는 2004년 화재발생 시 백두산 3대장군 초상화를 불길에서 꺼내고 동료를 구하다가 사망한 학생으로 북한이 선전하는 인물이다.

5장

지도자 이미지 메이킹 ②
- 차별화 -

배경: 맞춤형 우상화와 김정은 내면심리

김정일은 뇌졸중 발병 이후 후계자 선정 작업을 빠르게 진척시켜 나갔다. 그리고 김정은은 김정일 사망 이후 당정군의 최고직위를 3개월여 만에 취임함으로써 권력승계를 빠르게 마무리하였다. 김정은이 후계자로 내정(2009.1)된 이후 찬양 노래·구호·담론 확산 및 상징물 건설 등 전통적인 위대성 선전사업이 시행되는 가운데 젊은 지도자 김정은을 위한 맞춤형 우상화 작업이 동시에 진행되었다.

김정은을 지도자로 상징조작하는 데 있어 과거와 뚜렷이 구별되는 점은 첫째, 김일성 환생 신드롬 유도에 주력하고 있는 점과 둘째, 공식 권력승계 이후 아버지 김정일의 통치행태와 다른 모습을 많이 시현하고 있는 점이다. 김정은이 2010년 9월 28일 3차 당대표자회를 통해 공개석상에 모습을 처음 드러냈을 때 모든 사람들은 '청년 김일성'의 이미지를 떠올렸다. 마치 1945년 10월 14일 평양에서 열린 김일성 장군 귀국 환영대회에서의 김일성 모습, 즉 귀가 보이는 짧은 헤어스타일과 앳된 얼굴의 청년 김일성(본명: 김성주/33세)이 환생한 것처럼 느껴졌다고 한다(탈북민 김하경). 65년 전 북한주민들은 전설적 영웅인 백발의 노장군을 기대하다가 놀랐으며, 2010년에는 젊은 시절의 김일성 모습과 너무나 닮은 김정은을 보고 놀랐다. 이 모든 것은 공산주의의 선전선동술에 의해 철저히 계산된 것이었다.

한편, 김정은이 단독통치를 시작한 이후 세습정권임에도 불구하고 아버지의 행태와 다른 모습을 많이 보이는 것은 시사하는 바가 크다. 이는 부자승계 정권의 한계로 인해 전임자를 공개적으로 비판할 수 없는 상황에서 자신만의 색깔을 자연스럽게 드러내려는 암묵적 차별화 전략의 일환이라고 평가된다.

김일성 환생 신드롬 유도

김정은은 헤어스타일, 용모 등에 있어 김일성의 청년기와 똑같다. 그리고 연설 시에는 김일성의 어투와 제스처를 하고, 현지지도 때도 김일성처럼 뒷짐을 지고 팔자걸음으로 걷는다. 그리고 김일성의 이민위천 사상을 모방하여 애민정치를 중점 부각하고 있다.

김일성 청년기 모습으로 공식 데뷔

북한은 김정은의 정치무대 첫 등장일을 2010년 9월 28일 3차 당대표자회로 잡았다. 먼저 당규약 개정을 통해 북한을 '김일성조선'으로 규정하고 당중앙군사위원회 부위원장직을 신설한 후 김정은을 그 자리에 임명하였다. 김정은이 동대회에 모습을 드러냈을 때 그의 용모가 특히 주목을 받았다. 귀 위까지 쳐올린 상고머리에 가르마를 타고 기름까지 발랐다. 복장은 김일성이 선호하던 검은색 인민복 차림이었다.

김정일은 주로 갈색 계통의 인민복을 주로 입었었다. 그리고 얼굴은 볼에 살이 붙어 있는 모습이었다. 한마디로 김일성의 청년기 모습을 그대로 재현한 것이었다.

이 같은 동향은 갑작스럽게 등장한 젊은 지도자의 부족한 카리스마를 선대의 후광을 통해 보전해 보려는 북한 선전당국의 고육지책으로 평가된다.

김일성 통치스타일 모방

김정은은 김일성 용모 모방에 이어 통치스타일을 그대로 재현하고 있다. 탈북민의 증언에 따르면 김정은은 노동당 역사연구소가 소장하고 있는 김일성 연설 또는 현지지도 영상을 통해 김일성의 생존 시 행동을 철저하게 교육받았다고 한다.

북한은 김정은을 '제2의 김일성'으로 만드는 준비를 끝낸 후 첫 공개 연설 일자도 김일성 100회 생일(2012.4.15) 기념 열병식장을 택하는 치밀함을 보였다. 김정은이 사망한 김일성의 생일 경축일에 김일성의 모습으로 나타나 연설하는 상황을 연출함으로써 3대세습의 정당성을 자연스럽게 각인시키려는 의도였다.[20]

축하연설 내용도 김일성의 50년대 발언인 "주민들이 이밥에 고기국을 먹고 비단옷을 입고 기와집에서 살게 해주겠다"는 말을 흉내 내어 "우리 인민이 다시는 허리띠를 조이지 않게 하며 사회주의 부귀영화를 마음껏 누리게 하자는 것이 우리 당의 확고한 결심입니다"라고 강조하였다.

20) 열병식장에서의 연설은 김정은이 김정일의 선군정치를 이어받아 군사강국을 이끌어 나가는 강인한 지도자라는 이미지를 심어주는데 적합하였다.

이후 김정은은 김정일이 기피하던 대중연설을 수시로 하고, 김정일 시대에 들어서부터 당·군·청년보 공동사설로 대체하였던 신년사도 김일성처럼 직접 육성으로 발표하고 있다. 이와 함께 북한의 신문방송들은 김정은의 인민대중제일주의[21] 사상을 대대적으로 선전해 나가고 있다.

> 김일성김정일주의의 본질은 인민대중제일주의이며, 인민에 대한 열화와 같은 사랑, 절대적인 복무정신이다. 인민대중제일주의에 김정은 동지의 정치의 근본 핵이 있으며 김정은시대는 우리 당의 인민 사랑정치가 최대로 발현되는 영광넘치는 시대이다(『로동신문』, 2014.6.29).

이런 가운데 북한은 김정은이 소탈한 지도자라는 인상을 심어주기 위해 부심하고 있다. 북한의 선전매체들은 김정은이 김일성처럼 고아원, 양로원, 일반주민들의 살림집을 수시로 방문하여 어른·아이들과 포옹하고 방석도 없는 맨바닥에 앉아 담소하는 장면, 농촌과 산업현장 현지지도 시 옷이 더러워진 모습을 그대로 방영[22]하는 방법 등을 통해 김정은의 서민적 행보를 홍보해 나가고 있다. 이러한 활동에는 부인 리설주도 적극 동참시키고 있다. 한편 북한은 김정은의 어린이에 대한 관심과 사랑을 부각하여 새세대들의 충성심을 창출하고 있다. 북한은 2012년 6월 6일 소년단 창립 66돌 경축연합대회에 참가한 대표단 45,000명을 위해 김정은이 '사랑의 비행기와 특별열차'를 보냈다고 선

---

21) 관련내용은 앞의 '김일성김정일주의-인민대중제일주의' 파트 참조.
22) 평안북도 신도군 시찰에선 김정은이 보트에서 갯바위로 바로 내려 구두가 더러워진 모습을 보였습니다. 농장을 방문할 때에도 낡은 차에서 내렸습니다. 파격에 가까운 소탈한 모습을 공개하는 건 이렇게 헌신적이라고 강조하면서 북한 주민들에게 친근함을 과시하려는 겁니다(『TV조선』, 2018.7.2).

전하기도 하였다.

하드웨어(용모, 행동)와 소프트웨어(사상교육) 결합

이 같은 움직임은 김일성＝김정은 상징조작을 통해 갑작스럽게 후계자·최고지도자로 등장한 김정은의 정통성을 빠르게 구축하려는 저의이다. 앞에서 살펴본 바와 같이 북한의 후계자론은 ① 혁명계승론 ② 혈통계승론 ③ 세대교체론 ④ 준비단계론 ⑤ 김일성(수령) 화신론 등의 5가지 하부이론 체계로 구성되어 있다. 북한이 김정은을 김일성의 모습으로 만들어 등장시킨 것은 이러한 후계자론을 소프트웨어(사상교육)적인 측면과 병행하여 하드웨어(용모, 통치행위)적으로도 함께 보여줌으로써 주민들에게 김정은의 존재를 김일성과 똑같은 인덕정치가, 애민정치가로 각인시키려는 선전선동술이다.

북한의 이런 전략은 상당한 성과를 거두었으며, 지금은 김정은 통치 스타일의 트레이드마크가 되었다. 김일성과 비슷한 새로운 지도자의 등장은 김정일시대 고난의 행군이후 더욱 악화된 경제난에 찌든 주민들에게 김일성시대의 향수를 자극하였을 뿐만 아니라, 젊은 지도자가 새로운 변화를 주도해 나갈 것이라는 기대감을 자극[23]하기에 충분하였다.

---

23) 김정은이 등장한 이후 "김정은이 젊기 때문에 중국식 개혁개방을 취해 나갈 것이다. 이제는 극심한 빈곤에서 해방될 것 같다. 최소한 김정일시대보다는 형편이 나아질 것이다"라는 말이 많이 나돌았다(탈북민 김하경).

김정일과 상이한 통치스타일 부각

　김정은은 공식적으로는 아버지 김정일의 정책을 계승 발전시켜 나갈 것임을 천명하고 있다. 그렇지만 국정운영에 있어서는 다른 모습을 많이 시현하고 있다. 김정일이 한 번도 하지 않았던 공개연설을 수시로 하고, 부인을 공식행사에 대동하고, 김정일이 생전에 자신의 안위를 당부하며 선정한 후견인들을 잔인하게 숙청하는 등 김정일이 짜놓은 틀대로 움직이지 않는 '脫김정일(out of Kim Jeong-il)' 행태가 확인되고 있다.

김정은의 성장과정 특징

　김정은은 마키아벨리가 강조한 국가대의를 위해 피도 눈물도 보이지 않는 강력한 지도자인가? 아니면 정신세계에 문제가 있는 독재자인가? 그는 왜 할아버지 김일성을 벤치마킹하고 아버지 김정일과는 다른 통치행태를 보이고 있는가?

　정신분석학과 분석심리학은 일반적으로 다음과 같은 두 가지 가정에서 출발한다. 첫 번째는 한 사람의 사고와 행동은 우연히 일어나는 것이 아니라, 그 사람이 겪었던 다양한 사건들에 의해 결정되어 진다는 것이다. 두 번째는 과거에 경험한 사건들이 현재의 생각과 행동으로 연결되는 것은 우리가 잘 모르고 있는 마음의 어떤 부분, 즉 무의식을 이해하면 훨씬 설명이 쉬워진다는 것이다(『네이버지식백과』, 검색일: 2018.9.2).

　따라서 김정은의 성장기부터 최근까지의 심리상태를 추적 분석해 보는 것은 그의 최고지도자로서의 통치행태와 체제운영 전략을 평가

전망하는데 있어 매우 유의미한 과정이다.

① 유년기: 김일성의 인정을 받지 못한 손자

앞서 살펴본 바와 같이, 김정은은 '환생한 김일성'의 모습으로 대중들 앞에 처음 나타났다. 그리고 2012년 4월 김정일의 권력을 공식 승계한 이후 공개연설, 현지지도 시 김일성 모습과 제스처를 흉내를 내는 등 주민들의 향수를 자극하는 우상화는 시간이 갈수록 더욱 다양한 방법으로 진행되었다. 그러나 북한의 당선전선동부가 김정은을 '젊은 김일성'으로 만드는 것을 우상화 선전사업의 제1목표로 추진하는 과정에서 김일성의 어록은 인용[24]하고 있지만, 함께 찍은 사진 한 장 공개하지 못하고 있는 현실을 어떻게 해석해야 할 것인가?

김정은은 1984년 1월 8일 김정일과 고용희 사이에서 태어났다. 그렇지만 김정일과 고용희의 관계는 김일성으로부터 인정받지 못한 관계이다. 당연히 혼외자식인 김정은의 출생은 김일성에게는 비밀에 부쳐졌다. 김일성이 사망한 1994년에 김정은은 10살이었다. 할아버지로부터 귀여움을 독차지할 나이였다. 더군다나 김정일의 본처 김영숙은 아들이 없고, 김일성은 김정일에게 권력을 사실상 다 물려주고 '뒷방 늙은이' 생활을 하던 시기였다. 손주가 있으면 정말 귀여워할 때였다. 10년이라는 긴 시간 동안 백일이나 생일 등을 계기로 김일성과 김정은이 함께 찍은 사진이 한 장도 없다는 것은 김정일이 고용희와 그 소생들의 존재를 김일성에게 알리지 않았음이 분명하다.

---

24) 김정은 집권 4년차를 맞은 북한이 김정은 우상화 작업을 더욱 가속화하는 것으로 나타났습니다. 정부가 입수한 북한내부 선전자료를 보면 김일성이 손자손녀들에게 사과를 따오라는 과제를 내자, 김정은은 사과나무를 뿌리째 뽑아오고 김일성은 김정은을 대장부라고 칭찬했다는 황당한 내용이 등장합니다(『KBS』, 2015.7.4).

아마 김정은의 청소년기는 할아버지의 사랑을 받지 못하는 신세에 대한 원망, 어머니의 존재를 당당하게 말하지 못하고 일과 주홍에 빠져 사는 아버지에 대한 원망, 어머니에 대한 애처로운 감정 등으로 인해 질풍노도의 시기를 보냈을 개연성이 있다.

이러한 김정은의 심리상태와 관련하여, 2013년 9월 미국의 농구스타 데니스 로드먼이 2번째로 방북하였을 때의 만찬에서의 일화는 주목된다. 술을 많이 마신 김정은은 로드먼의 마이웨이('My way') 가라오케가 끝난 후 자기 차례가 오자 뜻밖에도 미국의 유명 소울가수 제임스 브라운의 1970년 대표곡인 겟온업('Get on up': 여러 가수에 의해 불려졌고, 2014년에는 제임스의 일대기를 다룬 영화 타이틀로도 쓰임)을 불러보려고 시도했는데(애나 파이필드, 2019: 260), '소울'이라는 장르는 물론 '가사'도 범상치 않기 때문이다.

Fellas. I'm ready to get up and do my thing / I wanta get into it, man, you know... / Like a, like a sex machine, man, / Movin'...doin' it, you know / Can I count it off (Go ahead) / one, two, three, four / Get up (get on up) Get up (get on up) / Stay on the scene, like a sex machine / Get up (get on up) Get up (get on up) / Stay on the scene, like a sex machine / Get up (get on up) / Stay on the scene, like a sex machine / Wait a minute / Shake your arm, then use your form / Stay on the scene like a sex machine / You got to have the feeling sure as you're born / Get it together right on, right on / Get up (get on up) / Get up (get on up) Get up (get on up)... (네이버 검색일: 2019.7.20).

또 다른 일화는 북한이 2018년 4월 1일 남북평화협력 기원 평양공연에 참가한 우리 예술단의 가수 최진희에게 본인의 히트곡이 아닌 1970년 대 현이와 덕이가 불러 히트했던 가요 '뒤늦은 후회'를 불러 달라고 요 청한 이유도 "김정은이 특별히 요청했기 때문"이라는 사실이 알려져서 화제가 되었다. 특히 공연이 끝난 후 김정은이 직접 내려와 최진희와 악수를 하면서 "그 노래를 불러줘서 고맙다. 정말 인상깊게 잘 들었다" 고 감사를 표시하기까지 했다. 그 이후 북한가수들로부터 "김정은위원 장이 자기 어머니가 암으로 누워 있을 때 '뒤늦은 후회' 노래를 많이 들 었다"는 사실을 알게 되었다(『서울신문』, 2018.4.1; 애나 파이필드, 2019: 364).

> 창 밖에 내리는 빗물 소리에 마음이 외로워져요 / 지금 내 곁에는 아무
> 도 아무도 없으니까요 / 거리에 스치는 바람소리에 슬픔이 밀려와요 / 눈
> 물이 흐를 것만 같아서 살며시 눈 감았지요 / 계절은 소리 없이 가구요
> 사랑도 떠나갔어요 / 외로운 나에겐 아무 것도 남은 게 없구요 / 순간에
> 잊혀져갈 사랑이라면 생각하지 않겠어요 / 이렇게 살아온 나에게도 잘못
> 이 있으니까요 (네이버 검색일: 2019.7.20)

② 청년기: 어머니의 이른 죽음으로 인한 홀로서기

2004년 20살의 성인이 된 김정은은 또다시 큰 시련을 겪는다. 어린 시절부터 자신의 정신적·정치적 지주였던 어머니 고용희가 51세의 이 른 나이에 지병으로 프랑스에서 사망하였다. 김일성 생전에 그림자처 럼 숨어 생활하다가, 김일성 사망 이후에야 비로소 양지로 나온 어머니 의 죽음에 대한 회한과 아쉬움은 남달랐을 것이다.

그리고 보다 직접적이고 현실적인 문제는 이제부터는 홀로 일어서 야 한다는 것이었다. 즉 김정일과 핵심실세들의 지지를 막강한 후원자

였던 어머니의 도움없이 혼자 힘으로 쟁취해내야 했다. 젊은 시절의 김정은에게는 고용희가 사망한 2004년 5월부터 후계자로 내정된 2009년 1월까지의 약 4년 8개월 동안의 기간이 가장 힘들었던 세월이자 자신의 능력을 최대로 발휘할 수밖에 없었던 시기였을 것이다. 김정일로부터의 신임은 여전했었지만, 어머니의 후원이 없는 가운데 자신을 어리다고 보는 김경희와 장성택, 김일철 인민무력부장 등 노회한 당정군 핵심실세들과 상대하는 과정은 쉽지 않았을 것으로 추정된다. 무엇보다도 자신이 김정남, 김정철에 이은 3남이라는 태생적인 한계를 극복하기 위해 노심초사하였을 것으로 보인다.

이 같은 추정은 아래와 같은 김정일의 회고에 의해서도 뒷받침된다.

김정은동지가 출중한 자질과 풍모를 지닌 주체혁명위업의 계승자, 인민의 지도자로 되게 된데는 그의 어머니의 남다른 노력과 공적이 깃들어 있습니다. 그의 어머니는 김정은 동지를 조선혁명을 책임진 주인으로, 우리 조국의 미래를 떠메고 나갈 참다운 혁명가로 키우기 위해 많은 품을 들였습니다. 김정은 동지에게 어릴 때부터 군복을 입히고 총쏘는 방법을 가르쳐 주었으며 (중략)

김정은동지는 김일성군사종합대학에서 공부할때 벌써 군사전문가들도 미처 생각하지 못하였던 령활한 작전전술적 방안을 내놓아 나를 탄복시킨 적이 한두번이 아닙니다. 그는 최고사령관 령도를 보좌하는 과정에서 령장다운 담력과 기질을 뚜렷이 보여주었습니다. 2009년 4월에 우리가 인공위성을 발사할때 ≪요격≫ 하겠다고 떠드는 적들의 발광적인 책동을 짓부셔 버리고 위성을 성과적으로 쏴 올릴 수 있었던 것은 반타격사령관으로서 조선인민군 륙해공군을 지휘한 김정은동지의 무비의 담력과 배짱이 있었기 때문입니다(『김정일선집 25권(증보판)』, 2015: 421~423).

③ 후계 수업기: 김일성의 아바타와 같은 역할

김정은은 2009년 1월, 드디어 김정일의 후계자로 지명되었다. 그러나 생각지도 못한 상황이 그를 기다리고 있었다. 자신을 지우고 제2의 청년 김일성이 되어야 했다. 체중을 일부러 늘리고, 김일성의 연설과 현지지도 영상을 모니터링하면서 똑같이 흉내 내는 학습이 연일 이어졌다(탈북민 김하경). 날렵한 몸매와 맵시나는 옷을 입고 자유분망하게 생활하는 20대의 보통 젊은이들과는 전혀 다른 생활을 하게 된 것이었다. 2008년도에 김정일 치료차 방북하였을 때 김정은과 만났던 프랑스 의사는 당시 김정은은 마른 체형이었다고 증언한 바 있다.

> 2008년 8월 김정일의 뇌졸중 치료차 방북했을 때 김정은과 직접 만났는데, 어리고 말라 있었다. 당시 김정은은 지금과 같은 호들갑인 지도자의 모습이 아니라 아버지의 병을 매우 걱정하는 보통 어린애 감정을 보였다(방북 프랑스의사 프랑수아 자비에르 루 박사의 2014년 10월 1일 로이터 통신과 인터뷰).[25]

그러나 김정은이 2010년 9월 공식행사에 처음 모습을 드러내고 이후 현지지도 활동을 수행할 때는 이미 90kg에 달하는 육중한 몸매[26]로 변해 있었으며, 김일성처럼 옆머리를 쳐올린 헤어스타일에 뿔테안경을 끼고, 발걸음은 뒷짐 지고 팔자로 걷는 애늙은이가 되어 있었다.

---

25) 『세계뉴스』, 2014.10.4. https://blog.naver.com/lhblb21/220140813125. 검색일: 2018.9.2.
26) 2018년 4월 남북정상회담 시 상당수의 전문가들은 그의 체중이 130kg 정도까지 늘어난 것으로 추정하였다.

④ 권력장악·행사기: 피의 숙청 주도

김정은은 체형까지 바꾸는 어려움을 감내하며 최고권력자의 지위에 올랐으나, 현실은 기대와는 너무 달랐다. 김경희와 장성택을 비롯 친척·훈신들이 자신의 경험 미숙을 구실로 국정에 개입하는데다 권력층들이 변화와 혁신보다는 사리사욕과 무사안일에 젖어 있는 현실을 매일매일 눈으로 목도[27]하게 되었다.

이러한 정치적 환경은 그로 하여금 '조기 홀로서기'라는 결단을 내리게끔 하였다. 즉 2012년 7월 김정일이 김정은의 미래를 당부하며 당과 군의 최고인물로 발탁했던 리영호 군총참모장을 시범케이스로 제거하고, 2013년 12월에는 고모부 장성택마저도 반당종파 혐의로 무자비하게 공개총살(12.12)하였다. 그리고 현영철 인민무력부장 등을 비롯 수많은 고위급 인물들을 숙청하였다. 아직 국정운영 경험이 많지 않은 젊은 지도자로서 권력층 내부의 오랜 질서를 파괴하는 그 중압감은 말로 표현할 수 없었을 것이다. 장성택처형 직후 진행된 김정일 사망 2주기 추모대회(12.17) 주석단에 앉아 있던 김정은의 '어둡고 찡그린' 모습은 정신상태가 상당히 불안정했다는 것을 시사해 주었다. 이처럼 김정은의 30여 년에 걸친 생애는 유년기와 90년대 해외유학시절을 제외하고는 심리적으로 상당한 압박감을 받으며 살아 왔다고 할 수 있다.

그렇지만 사람들은 성장환경이 좋지 않다고 하여 반드시 성격이 비뚤어지는 것은 아니다. 역사에서는 링컨, 처칠을 비롯하여 역경을 순경으로 바꾼 위인들을 많이 볼 수 있다. 국내외 전문가들의 김정은 심리구조에 대한 평가는 상당히 엇갈리고 있다. 김정은이 집권한 이후 고모부 장성택 처형 등 상상을 초월한 공포통치에 놀란 많은 사람들이

27) 장성택 처형(2013.12.12) 판결문은 이 같은 사실을 잘 반영하고 있는 문건이다.

사이코패스, 성격 분열자 등으로 비판하기도 하였으며, 일부에서는 "권력기반을 다지기 위한 피할 수 없는 과도기적 정치행위"로 평가[28]하기도 하였다. 특히 2018년 이후 정상회담 등을 계기로 김정은을 직접 면담한 문재인, 트럼프 대통령과 폼페이오 미국 국무장관 등이 김정은의 리더십을 합리적이라고 평가[29]하면서 긍정적인 자질이 보다 부각되고 있다.

적용 가능한 부정적 인성과 사례

콤플렉스는 스위스의 정신과 의사이자 심리학자인 칼 융(Carl Jung: 1875-1961)[30]이 정립한 개념으로 강한 감정체험에 의해 형성된 심리적 집합체를 말한다. 콤플렉스를 마치 열등의식과 같은 것으로 취급하는 것은 틀린 접근법이며, 우리 몸의 다양한 종류의 세포나 조직들처럼 인간의 의식과 무의식 속에 존재하는 정상적인 구성요소이다. 즉 열등감과 충동성도 자극하지만 우월감과 대환희의 감정도 일으킬 수 있는 게 콤플렉스이며, 다만 문제가 되는 것은 그것이 의식의 통제를 벗어났을

---

28) 미국의 뇌심리학자 이언 로버스튼은 "김정은은 비정상적이지도, 미치지도 않았으며, 사이코패스도 아니다. 오히려 부모의 사랑을 한몸에 받아 아버지 김정일보다 더 안정적이다. 다만 김정은은 권력욕이 유독 강하고 권력이 절대화 될수록 무자비해질 수 있다"고 지적하였다(『TV조선』, 2014.3.5).

29) 문재인 대통령은 김정은 위원장에 대해 "젊은 나이에도 불구하고 상당히 솔직담백하고 침착한 면모를 갖고 있으며, 연장자를 존중하고 배려하는 예의바른 모습을 보여줬다"고 호평하였다(『중앙일보』, 2018.10.15).

30) 융은 프로이트의 제자였지만, 프로이트의 정신분석학에서 독립해서 분석심리학을 독자적으로 개척하였다. 융은 프로이트가 성에 대해 너무 지나치게 집착하고 있다고 비판하였으며, 프로이트의 무의식에는 동의하였지만 이를 보다 세분화하여 개인무의식과 함께 집단무의식이라는 개념을 강조하였다.

때이다(이부영, 2014: 37~47).

① 서자(庶子) 콤플렉스

미국의 심리학자 칼 로저스(Carl Rogers: 1902-1987)는 "사람은 누구나 부모를 비롯한 중요한 타인들로부터 사랑받고 인정받고 싶은 긍정적 존중에의 강한 욕구를 지니고 있으며, 이러한 경험이 성장과정에서 매우 중요하다"고 주장하였다(최정훈 외, 1995: 292).

우리 사회에는 유교사회의 적통·서열 문화로 인해 서자에 대한 차별문화가 이어져 오고 있다. 소설 홍길동전에서 주인공이 토로한 "소인이 대감의 정기를 타 당당한 남자로 태어났사오니 이만한 즐거움이 없사오되, 평생 서러워 하기는 아비를 아비라 부르지 못하고 형을 형이라 못하여...... 천생이라 이르오니 이런 원통한 일이 어디에 있사오리까"(『홍길동전』, 네이버검색일: 2018.9.6)라는 한 맺힌 하소연은 첩의 자식으로 태어난 서러움, 서자 콤플렉스를 한마디로 대변해주고 있다.

김정은은 김정일의 세 번째 부인 고용희 소생이다. 그것도 북한에서 적대계층으로 분류되어 있는 '조총련'출신 무용수의 피를 이어 받았다. 그리고 외조부는 제주도 출신이다. 만일 김정은이 김정일의 아들이 아니었다면, 북한에서 살아가는데 많은 어려움에 부닥칠 출신성분이다. 그래서 북한은 김정은을 백두혈통으로 포장하고 있는 것이다.

그러나 김일성에게는 그럴 수가 없었다. 그의 존재는 철저히 감춰졌으며, 어린 시절부터 "할아버지를 할아버지로 부르지 못하고" 생활하였다. 김정은이 태어난 1984년부터 김일성이 사망한 1994년까지 약 10년 동안의 어린 시절은 할아버지의 귀여움을 한창 받으며 자라야 할 시기였다. 그러나 그는 평양의 할아버지 품이 아니라 원산·창성 초대소 등의 지방에서 어머니·요리사·경호원들과 같이 지냈다. 이런 사정으로 인해 북한의 선전당국은 김일성과 김정은이 함께 찍은 가족사진 1장도 못 내놓고 있으며, 어머니 고용희도 국모(國母)로 우상화하지 못하고 있다.

또한 김정은은 서자인데다 삼형제 사이에서도 막내여서 후계자로 결정되는 순간까지 말 못할 사연[31]이 많았을 것으로 추정된다. 청년기에 접어들면서, 두 형이 정치활동을 하는데 문제가 있어 후계자로 낙점되기는 하였으나, 경쟁심과 긴장의 끈을 놓을 수 없었을 것이다.

이런 내적 불안심리가 가장 극명하게 드러난 것이 김정남 암살(2017.2)이라고 할 수 있다. 즉 김정은은 이복형(장남)이 해외로 떠돌며 권력욕이 없음을 수시로 표현했음에도 불구하고, 집권 이후 그를 암살하라는 상시명령(standing order)[32]을 하달해 놓았으며 결국은 실행되었다. 쉽게 말하면, 백기를 들고 있는 사람을 살해한 것이다. 이러한 행위는 잠재적 정적을 제거한다는 차원을 넘어, 마음속 깊이 자리해있던 서자·막내라는 꼬리표를 떼어버리려는 행위로 진단할 수도 있다.

친형인 김정철도 예외가 될 수는 없다. 김정은과 김정철의 관계는 드러난 것이 거의 없지만, 김정일의 가장 가까운 곁에서 생활[33]한 어머

---

31) 방계(후궁의 3째 아들)로는 최초로 왕위를 계승한 조선의 14대왕 〈선조〉, 숙종과 무수리 사이에서 태어나 아들 사도세자를 뒤주에 가둬 죽인 21대왕 〈영조〉는 출생 콤플렉스를 가진 대표적인 왕으로 평가되고 있다.

32) 2017년 2월 15일 국정원은 국회 정보위 보고를 통해 김정남 암살은 5년 전에 내려졌으며, 그 지시는 취소명령이 내릴 때까지 계속 유효한 이른바 '스탠딩오더'였다고 보고하였다(『JTBC』, 2017.2.15).

33) 김정일의 요리사 후지모토 겐지는 "고용희는 1976년 김정일의 3번째 부인이 된 이후 단순한 애첩이 아니라, 현지지도 시에도 김정일과 같이 특각에 내려가 팩스로 날아온 보고서를 정리하고 국정대소사에 대해 김정일의 자문에 응하는 정치적 동반자였다. 김정일을 음지에서 철저하게 지탱해준 것이 고용희였다. 특히 1993년 유방암 수술을 위해 프랑스에 간 고용희로부터 온 편지를 읽으며 눈물을 뚝뚝 흘리던 김정일의 모습을 나는 기억하고 있다"고 회상했다(후지모토 겐지, 한유희 옮김, 2010:

니 고용희의 입장에서는 김정철이 장남인데다, 성격도 김정은과 달리 온순하여 지도자로 적합[34]하다고 생각하였을 가능성도 배제할 수 없다. 통상 김정철의 가장 큰 약점으로 유약한 성격을 거론하지만 어머니의 눈에는 '다른 사람들을 배려하는 착한 심성'으로 비춰졌을 가능성도 있다. 이러한 추론은 고용희의 최측근이자 최고의 막후실세로 활동하였던 리제강 당조직지도부 제1부부장(80세)이 김정은이 후계자로 내정된 직후인 2010년 6월 차를 직접 몰다 의문의 교통사고로 사망한 것도 김정철이 후계자 후보군에 존재했었을 가능성과 무관하지 않은 것으로 추정[35]된다.

그러나 新프로이트 학파의 대가 알프레드 애들러(Alfred Adler: 1870-1937)가 강조한 것처럼, 우월을 향한 노력은 열등감을 보상하려는 욕구에서 발생하며, 자아완성·미래지향적인 목표·권력욕구 실현을 위해 투입되는 노력과 정력의 정도에 따라 개인의 성격은 결정되는 것이라고 할 수 있다(최승희·김수욱, 1996: 283). 이런 측면에서 볼 때, 김정은은 막내이자 서자인 불리함을 극복하고 자신의 운명을 개척한 지도자라고 할 수 있다.

② 오이디푸스 콤플렉스(Oedipus complex)

심리학에서는 오이디푸스 콤플렉스는 "아들이 어머니에게 가지는

67~69).

34) 김정철은 본인의 의지나 고용희의 내심과 무관하게, 2000년대 초부터 꾸준히 김정일의 유력한 후계자로 거론되어 왔다.

35) 김정철이 김정일 사망 후 아버지 빈소에 모습을 드러내지 않은 점(김정은·김여정·김옥·김경희·장성택 등 가계인물 모두가 참석)과 최근까지도 음악 등 개인취미 활동에 심취하고 있는 것도 "자신은 권력에 전혀 관심이 없다"는 점을 동생과 주변 사람들에게 은연중에 알리려는 저의로 볼 수 있다. 김정철 관련내용은 앞쪽의 2장의 '후계 변수와 경과' 파트의 태영호 前 영국주재 북한공사의 관련증언 참조.

무의식적인 성적 욕구로 인해 생기는 아버지에 대한 질투와 미움을 일컫는 표현이다. 프로이트는 이러한 콤플렉스는 보편적인 현상이며, 이것이 해소되지 않을 경우 모든 다른 신경증과 죄의식의 근원이 된다고 보았다"고 설명하고 있다(데이비드 스탯, 정태연 옮김, 2001: 122).

일반적으로 오이디푸스 콤플렉스, 즉 아버지에 대한 콤플렉스는 프로이트가 말한 것처럼 일반적인 현상이라고 말할 수 있다. 그러나 훌륭한 아버지, 그것도 최고지도자의 아들로서 사는 삶에서는 부정적인 인식이 더욱 커질 수 있는 가능성이 높다. 즉 △ 언제든지 어른이자, 권력가이자, 최종심판자인 아버지로부터 내쫓겨질 수 있다는 두려움 △ 아버지에게 반항하면 아버지의 축복을 잃게 된다는 사실 △ 자기의 길이 아닌 아버지가 정해준 길을 가야 할 상황 △ 아버지가 준 문제를 하나 해결하면 또다른 어려운 과제가 기다리고 있는 중압감 △ 시간이 흐를수록 '우리'가 아닌 상하관계로 변해 가는 현실 △ 그리고 무엇보다도 아들이 스스로에게 가하는 과도한 부담이 지속적으로 작용한다. 이러한 삶을 사는 아들은 아버지와 동등해져야 한다고 생각하며, 다른 사람들로부터 인정받으려는 욕구가 매우 강하다(베레나카스트, 이수영 옮김, 2010: 270~297).

김정은의 삶은 이러한 관점에서 볼 때, 오이디푸스 콤플렉스를 강하게 느끼며 성장하였을 개연성이 크다. 자신이 사랑하는 어머니를 당당하게 김일성에게 인사시키고 인정을 받아내지 못하는 아버지에 대한 원망, 그러나 반항하면 왕자의 삶을 잃을 수 있다는 두려움, 스위스 유학과 김일성군사종합대학시절의 외로움, 김정일이 승인한 방식대로 정치수업을 받고 후계자로 지명된 현실, 제2의 김일성 이미지로의 강요된 변신, 그리고 무엇보다도 김정은 스스로가 품고 있는 아버지와 같은 최고 권력자가 되고 싶어 하는 욕망 등이 딱 맞아 떨어진다.

김정은은 집권 이후 김정일을 영원한 수령으로 모시고 그의 후광을 활용하는 가운데, 아버지와는 매우 다른 행동을 많이 보여 주변을 놀라게 하고 있다. 김정일이 생전에 단 한 번도 안했던 공개연설[36]을 수시로 하고, 공식행사 시 부인 리설주를 대동하고 있다. 그리고 김정일이 극도로 기피했던 비행기를 자주 이용하고 직접 조종까지도 한다. 그리고 김정일이 생전에 지정해준 후견인들을 가차없이 숙청하고 있다. 김정은은 3대 혈통세습의 당사자이므로 김정일의 후광을 적극 활용해 나가야 한다. 그래서 공식적으로 김일성김정일주의를 표방하며 정책노선을 승계하는 것은 당연한 일이다. 그렇지만 집권 이후 보여주고 있는 일련의 차별화되는 국정수행 행태, 특히 부인 리설주를 공식적인 국정활동에 대동[37]하고 다니는 것은 고용희를 막후에 감춰 놓은 아버지 김정일에 대한 원망이 자리잡고 있을 가능성이 크다.

이 같은 김정은의 아버지에 대한 공식적 숭배 · 암묵적 차별화의 심리세계는 프랑스의 정신분석학자 자크 라캉(Jacques Lacan: 1901-1981)의 '상징적 아버지'[38] 설명을 통해 보다 가까이 접근할 수 있다.

프로이트는 『토템과 터부』에서 아버지의 형상을 따로 떼어낸다. 프로이트가 특별히 아꼈던 이 책을 라캉은 마치 신화처럼 우리에게 권한다. 이미 상기한 바 있듯이, 인류의 기원인 선사시대에는 한 명의 늙은 남성,

---

36) 1992년 4월 25일 군창건일 열병식에서 김정일이 공개석상에서는 처음이자 마지막으로 외친 "영웅적 조선인민군 장병에게 영광있으라"는 육성은 연설이라기보다는 외마디 구호의 수준에 불과하다.
37) 2012년 2월 25일 북한의 조선중앙TV는 평양 릉라인민유원지 준공식에 참석한 김정은 동정을 보도하면서 리설주를 부인으로 처음으로 언급하였다. 북한이 지도자의 부인을 공식적으로 언급한 것은 1973년 김정일이 실권을 장악한 이후 권력무대에서 사라졌던 김일성 부인 김성애 이후 무려 39년여만의 일이다.
38) 라캉은 '실재적 아버지 · 영상적(이상적) 아버지 · 상징적 아버지' 개념을 만들어 오이디푸스 콤플렉스를 한 단계 더 발전시켰다.

즉 아버지가 이끄는 야만적인 떠돌이 집단이 존재했다고 추정해 볼 수 있다. 그는 집단의 모든 여성들을 아들들로부터 무력으로 빼앗아 혼자 독차지하는 존재이다. 쾌락을 박탈당한 아들들은 아버지를 살해해서 여성들을 소유하고 즐기는 재물처럼 제것으로 삼으려는 음모를 꾸민다. 그러나 일단 아버지를 살해하자 아버지의 법칙은 오히려 훨씬 강력하게 군림하게 된다. 결국, 금지된 여성들을 향해 길이 활짝 열린 순간부터 처음에는 아버지를 향해 시작되었던 살육이 형제들 사이에서 계속 진행되고, 이것을 막을 수 있는 것이라고는 아무것도 없게 된다. 이제 아버지의 위치를 차지하고 여성들을 마음대로 즐기기 위해서 형제들 사이에서 경쟁이 생겨나기 때문이다. 그리하여 아버지가 죽고 나면 아버지의 기능을 토템으로 숭배하게 되어 죽은 아버지는 살아 있을 때보다 더욱 강력한 힘으로 법을 전달한다. 역사는 아버지의 살해와 더불어 시작되었으며, 이 죽은 아버지는 협약의 창립자이다. 라캉은 그를 '상징적 아버지'로 설정한다. 라캉에 따르면, 아버지는 초월적인 기표의 확고부동한 소여(所與)이며, 극단적으로는 일신교에서의 신의 말씀, 예컨대 '나는 지존의 존재이니라'라고 말할 수 있는 존재이다(알렝 바니에, 김연권 옮김, 1999: 138~140).

이러한 아버지에 대한 콤플렉스는 자신을 아버지와 다른 마초적 지도자로 인식시키기 위한 선전활동과도 연관을 지을 수 있다. 북한의 조선중앙통신과 중앙TV는 2013년 3월 12일 "김정은 제1비서가 백령도에서 11km 떨어지지 않은 최전방 월내도 방어대와 제641군부대 산하 장거리포병 구분대를 잇달아 시찰했으며 최고사령관 동지께서는 명령만 내리면 적들을 무조건 불도가니에 쓸어 넣으라고 지시했다"고 보도했다. 배경화면에서는 김정은이 작은 쪽배를 타고 최전방부대를 전격적으로 시찰하는 모습과 북한 군인들이 사이비 종교집단의 신도처럼 열광하는 장면을 부각하였다. 이밖에도 지휘봉을 잡고 전쟁준비를 독려하는 장면, 미사일 발사 시 육상·해상에서 직접 참관·지도하는 장면, 직접 비행기를 조종하는 모습, 현지지도 시 현장에서 간부들을 질책하는 어록과 장면을 수시로 공개하고 있다.

이는 '마초적·격의 없는 지도자'라는 점을 각인시키고 싶어하는 심리를 반영한 선전선동술이라고 평가된다. 2014년 1월 마식령스키장 준공 후 혼자 리프트를 타고 올라가는 것도 이러한 심리에 기초한 것이라고 할 수 있다.

③ 경계선 성격장애(Borderline personality disorder)

경계선 성격장애는 매우 변덕스럽고 광포한 행동을 보이는 성격장애로서 "감정 기복이 매우 심하며, 변덕스럽고 충동적인 반응양상을 보인다. 타인과 쉽게 가까워지는 한편, 쉽게 실망과 환멸을 느껴서 멀어지게 되는 극단적인 대인관계를 보인다. 이들의 행동에는 일관성이 없다"(현성용 외, 2016: 437). 일종의 분노조절 장애라고 할 수 있다.

그러나 이러한 장애를 가진 사람들은 신경증 또는 정신분열증 증세를 보이는 사람들과는 확연히 구분된다. 이들은 현실과의 거리감, 불안감, 우울증 등을 보이지 않으며 현실생활도 아주 잘 한다. 그러나 주변 사람들에게 고통을 주고 자신의 행동에 대하여 죄의식이나 책임감을 느끼지 않으며 자신의 행동을 고치려고 노력하지도 않는다. 이런 장애는 청년기 초기에 발생해서 성인기 내내 지속된다(유재봉·최승희, 1990: 369).

2015년 현영철 전 인민무력부장 숙청 이후 우리사회에는 '졸면 죽는다'라는 말이 유행어가 되었다. 장성택의 '건성건성 박수친 죄'에 이어 현영철의 죄목 중의 하나로 발표된 "김정은이 참석한 인민군 훈련일군대회에서 졸아 불경을 저질렀다"는 것을 빗댄 말이 많이 회자되었다.

북한군 서열 3위이자 김정은이 직접 발탁한 실세가 4월 28일까지 김정은을 수행하다 이틀 후 형장의 이슬로 사라졌다는 보도를 접한 많은 사람들은 김정은의 분노조절 장애를 의심하였다.[39]

일반적으로 공개처형은 김정일시대에도 있었지만 김정은시대에 들어 횟수, 방법(잔혹성) 등에 있어 비교가 되지 않았다. 김정일시대에는 주로 소총을 이용하였으며, 처형인원도 10여 명 수준에 불과하였다. 그러나 김정은시대에 들어서는 기관총에 이어 비행기 격추에 활용하는 대공화기까지 동원되고 있으며, 인원들도 수백 명으로 대폭 늘어났다.[40] 그리고 참관하는 사람들에게 "절대로 고개를 숙이거나 눈물을 보여서는 안된다"고 사전에 경고하고, 처형 이후에는 "소감문을 쓰도록 강요하고 있다"(탈북민 김하경)고 한다.

한편 처형 과정이 전격적으로 이루어졌는데 현영철 숙청 사례가 대표적이다. 그는 4월 16일부터 20일까지 러시아에서 개최된 제4차 국가안보회의에 북한대표로 참석하였으며, 회의도중 졸았다고 하여 문제가 된 제5차 훈련일군대회(4.25-26)에 이어 모란봉악단 축하공연(4.27-28)에도 참석한 것이 확인되었다. 그러나 이후 기념촬영(4.30) 때는 모습이 보이지 않았다. 이러한 상황은 현영철 자신도 모르는 사이에 체포되어, 1-2일 만에 전격 처형되었음을 시사한다. 시일의 촉박함으로 볼 때 김정은이 충동적으로 처형지시를 내렸거나, 아니면 군 보위사령부의 보고를 받은 후 곧바로 즉결총살 지시를 내렸을 가능성 등 2가지

---

39) 이밖에 회의자세 불량(김용진 부총리), 산림녹화정책 이견(최영건 부총리), 지시불이행(변인선 작전국장) 등의 명목으로 고위급들이 처형된바 있다.

40) 김정은 집권 이후 처형된 간부는 2012년 3명에서 2013년에는 30여 명으로 급격히 증가하였으며, 2014년 40여 명, 2015년 60여 명으로 증가하는 추세를 보이고 있으며, 모두 140여 명에 이르는 것으로 파악된다(국가안보전략연구원, 『김정은집권 5년 실정백서』, 2016: 25).

상황을 가정할 수 있는데 그 어느 경우라고 해도 현직 인민무력부장을 처형하는 방법으로는 적절하지 않다. 장성택 처형의 경우도 전격적으로 이루어지긴 하였으나, 이미 처형 이전부터 김정은 수행 빈도가 감소하였으며, 11월 중순에 체포되어, 12월 8일 당 정치국 확대회의에서 해임을 결정하고, 12월 12일 국가안전보위부 특별군사재판을 거쳐 처형되었다. 김정은이 이렇게 측근들을 충동적으로 잔인하게 처형하는 것은 그의 정신세계에도 부정적인 영향[41]을 미칠 것으로 보인다.

이에 따라, 채규만 한국심리건강센터장은 김정은이 상반된 기분이 왔다갔다 하는 양극성 성격장애 경향도 보이고 있다고 분석하였다. 즉 2013년 12월 17일 김정일 사망 2주기 추모행사 시 김정은이 "헝클어진 머리와 초점없는 눈빛으로 매우 화가 난듯한 얼굴"을 하고 주석단에 앉아 있는 모습이 보도되었을 때 "불과 하루 전 현지시찰 시 환하게 웃는 모습을 보여줬던 것에 대비된다고 하면서, 하루 사이에 극단적 모습이 오간데서 김정은의 폭력성을 볼 수 있으며, 경미한 정도의 양극성 성격장애를 가지고 있어 분노와 연결되면 사람을 잔인하게 공격할 수 있다"(『MBN』, 2013.12.18)고 분석하였다.

실제로 탈북민들이 전하는 북한 권력층 내부의 분위기는 "언제 자신도 당할지 모른다", "김정은에게 가까이 다가가는 순서로 죽는다"는 두려움이 짙게 깔려있다고 한다.

그러나 한 국가의 지도자가 잔혹한 기질을 보인다 하더라도, 무조건 그를 부정적으로 평가하는 것은 체제분석과 정책수립에 있어 오류를 범할 수 있다는 것을 유념해야 한다. 즉 정치지도자는 자신의 의도와 기본성품과 다른 행동을 할 수밖에 없는 운명을 가지고 있기 때문이다.

---

41) 일부 전문가들은 "김정은의 체중이 집권 이후 급격하게 증가한 것도 이러한 스트레스에 기인한다"고 분석하기도 한다.

정반대로, 어떤 지도자가 부정적 기질을 가지고 있는데도 불구하고 상황논리를 들어 애써 무시해서도 안된다. 정치지도자의 행위를 분석 평가할 때는 지도자 개인, 국가, 체제(regime)의 3가지 분석레벨과 함께 주변인물, 상황 등 다양한 요소를 고려해야 하기 때문이다. 이와 관련 북한전문가 전현준의 김정은 통치행태에 대한 분석평가는 매우 유의미하다.

> 김정은의 정치적 행보를 아무 개념없이 무조건 사람을 죽이는 정신병이나 사이코패스로 진단하는 것은 오진이다. 그리고 이런 오진을 통해 북한군부 쿠데타나 민중봉기를 운위하는 것은 대북정책에서 큰 오류를 범할 수 있다. 다만 김정은이 '폭군'이라는데는 의심의 여지가 없다. 조선시대를 포함해 역사상 수많은 폭군들은 왕권강화를 위해 최측근들은 물론 친부모, 형제, 아내, 조카, 삼촌 등을 정치적 희생양으로 삼았다. 그리고 그 폭군들 중에는 매우 오랫동안 집권한 사례도 있다. 통제된 사회에서의 인간은 이성적이기 힘들기 때문이다(『시사위크』, 2015.6.1).

긍정적 인성과 사례

김정은은 이제까지 전술한 부정적인 심리구조와는 달리 과감한 정책변화를 추진하고 각급 정상회담에서 좋은 매너와 화술을 보이는 등 국정 최고지도자로서의 긍정적인 자질도 함께 보여주고 있다.

① 과감성
일도양단(一刀兩斷)은 칼로 내리쳐 물건을 두 토막 내듯이, 일을 처리할 때 머뭇거리지 않고 과감하게 결정한 후 실행하는 것을 비유하는 말이다.

김정은은 2011년 12월 17일 김정일 사망 후 일반의 예측과는 달리 군 최고사령관, 당 제1비서, 국방위원회 제1부위원장 등 당정군 최고직책을 3개월여 만에 취임하고 국정을 장악하였다. 그리고 리영호 군총참모장을 시작으로 장성택 등 고위인물들을 연이어 숙청함으로써 홀로서기를 하였다.

만일 김정은이 과감한 결단력을 가지고 있지 않거나 현실에 안주하여 타협하는 성격이라면, 과연 아버지 김정일이 만들어준 후견인들과의 공동통치를 채 3년도 안지나 무너뜨리고 위험이 수반되는 조기 홀로서기를 시도할 수 있을까? 트럼프 대통령도 미북관계가 최악으로 치닫던 2017년 5월 이와 관련해 긍정적인 평가를 한 바 있다.

> 사람들이 내가 이렇게 말하면 싫어할 수 있지만, 김정은은 그의 아버지가 죽었을 때 26-27세의 어린 청년이었다. 그는 분명 군장성을 포함해 매우 어려운 사람들을 상대하고 있다. 그는 아주 어린 나이에 권력을 장악할 수 있었다. 그의 삼촌이든 다른 사람이든 그에게서 권력을 빼앗으려 했을 것이 분명하다. 그러나 그는 권력을 장악했다. 그는 꽤 똑똑한 사람(pretty smart cookie)이라고 할 수 있다(『뉴스1』, 2018.5.11).

2013년 2월 12일 단행한 제3차 핵실험도 이러한 관점에서 볼 수 있는 사안이다. 자신의 공식 집권기간이 채 1년여가 지나지 않은 시기에 그것도 한국, 미국, 중국 등 주변국이 정권을 교체하는 국면에서 핵실험이라는 카드를 선택하는 것은 쉽지 않은 결정이었을 것이다. 그리고 2018년부터 추진 중인 비핵화 협상도 과단성 차원에서 설명이 가능하다. 그는 경제·핵건설 병진노선에 머물지 않고 경제중심 노선으로 정책의 방점을 이동(2018.4)하였다. 그리고 김일성, 김정일도 시도하지 못했던 미국 대통령과의 정상회담도 추진하고 문재인, 시진핑, 푸틴 등 주요국 정상들과의 회담도 능수능란하게 수행해 나가고 있다.

특히 비핵화 협상이 진행되고 있음에도 불구하고 10여 차례의 탄도미사일 발사시험과 인도적 지원 쌀 수령 거부·남측과의 금강산관광 단절 선언 등 전면적인 남북교류협력 거절을 통해 문재인 정부를 끊임없이 겁박하면서 미국과의 기싸움과 트럼프와의 직거래를 끊임없이 모색하는 것도 과감한 성격의 일면을 보여주는 대표적 사례라고 할 수 있다.

물론 과감성이라는 개념 자체가 즉흥성(조급성)과 동전의 양면과 같은 관계에 있고, 특히 김정은체제의 안정성 여부에 대한 논란도 지속되고 있어 단언할 수는 없지만, 김정은은 분명히 승부사적인 기질을 지닌 지도자라고 말할 수 있다. 그가 보여주는 일도양단의 과감성은 그 정당성과 효용성을 떠나 자신의 권위를 확립하는데 있어서 좋은 기재(tool)임은 분명하다.

② **변화와 파격 지향**

김정은은 인사와 정책운영에 있어 과감성과 함께 변화와 파격을 즐겨하고 있다. 일부 전문가들이 나이가 젊고 서구유학을 한 경험을 주요 원인으로 분석하고 있으나, 필요충분적인 해석이 될 수는 없다. 똑같은 환경에서 다른 행동을 보이는 수많은 유학파 젊은이들이 있기 때문이다. 김정은의 변화와 파격을 지향하는 통치스타일은 이른바 '차남 콤플렉스' 증후군과 최고(the best)를 지향하는 성격으로 설명하는 것이 보다 적합할 것이다.

심리학자 아들러(Adler)는 개인의 성격은 개인이 자라게 된 사회적 환경의 산물이라는 생각하에 출생순위별로 성격에 차이가 생긴다는 이론을 발표하였다. 출생순위에 따라 전형적으로 나타나는 성격을 보면, 장남은 책임감·배려감 발달과 함께 동생들로 인한 상실의 경험(폐위된 왕에 비유), 자신감 상실, 보수적 성향을 보인다. 다음으로 차남은 모든 것을 형제들과 나누어 생활해야 하고 장남과 달리 아무런 보장 없이 사회에 던져져 적응력은 뛰어나지만, 반항적이며 질투가 심하고 항상 이기려고 하고 추종자가 되기를 거부한다. 이로 인해 장남에 비해 큰일을 이뤄내는 경향이 많다.[42] 그리고 막내(삼남)는 따라야 할 모델이 많고 여러 사람에게서 많은 애정을 받는다. 이들은 항상 많은 자극과 경쟁 속에서 성장하게 되고 형제를 앞지르고자 하는 욕구가 강하다. 부정적인 결과로는 누구에게나 열등의식을 가질 수 있고 과잉보호로 인한 부적응을 보일 수 있다(현성용 외, 2016: 325~326).

대부분의 북한관련 보도는 김정은을 김정남, 김정철에 이은 셋째(三男)라고 부른다. 그렇지만 김정은은 차남(次男)이 보다 정확한 표현일 수 있다. 장남 김정남은 이복형이고 한 번도 같이 생활하지 않은(대면하지 않은) 관계여서 진정한 형이라고 할 수 없다. 김정은은 위아래로 3살 터울인 형 정철(1981년생)과 여동생 여정(1987년생)이 있다. 정철은 유약하다는 평을 들을 정도로 조심스런 성격이고, 여정은 아주 발랄하고 주변으로부터 사랑을 많이 받는다. 아들러(Adler)의 설명과 딱 맞아떨어진다. 통상 이럴 경우, 아버지는 유약해 보이는 장남보다는 차남을 더 좋아하게 되고, 어머니는 그래도 장남에 연민을 가지고 대하는 게

---

42) 폐모살제(廢母殺弟)의 패륜을 저지른 조선 15대왕 〈광해군〉의 성격 형성에 영향을 줄만한 요소는 그가 서자이자 비장남이었다는 점이다. 광해군은 적자나 장남이 아니라는 이유로 자라며 차별을 받았다(『오마이뉴스』, 2015.1.11).

통상적이다. 김정일의 전 전속요리사 후지모토 겐지는 일찍부터 김정은의 승부욕이 강한 성격을 주목하면서 후계자 감으로 지목하였다.

> 농구게임을 하다 경기가 끝났는데요. 경기가 끝난 뒤 정철은 '수고했다'고 하면서 해산하는데요. 하지만 정은은 끝난 다음에도 반드시 미팅을 합니다. 그리고 지명을 하면서 '동무! 그 패스는 저기가 아니라 여기로 해야지' 그렇게 질타 격려를 할 때도, 화를 낼 때도 알고, 기쁘게 할 때도 압니다. 나는 그 사실이 놀라울 따름이었다. 그래서 두 사람을 계속 비교하며 지켜보면서 만약 김정일이 아들 중 후계자를 선정한다면 그는 김정은이라고 생각했다(후지모토 겐지, 한유희 옮김, 2010: 130~131; 『KBS 뉴스 클로즈업: 후지모토 증언』, 2015.5.30).

김정은은 2012년 김일성생일 100회 기념 열병식장에서 생애 최초의 공개연설을 한다. 대중연설을 기피하던 아버지를 넘어서는 순간이며, 미지의 새로운 세계로 나가는 장면이었다. 그 이후 해마다 신년사를 육성으로 발표하고 있다.

한편 2012년 2월 25일에는 부인 리설주와 팔짱을 끼고 평양 릉라인민유원지를 시찰한 것을 시작으로 김정일 시대에는 전혀 볼 수 없었던 '영부인 동반'이 이어졌고, 급기야 사회저변에 '리설주 신드롬'이 생겨날 정도로 파격을 연출하고 있다.

이밖에 우리나라의 걸그룹과 유사한 '모란봉 악단'을 창단하여 간부 및 주민들과 함께 즐긴다. 군수뇌부 몇 명과 함께 작은 목선을 타고 연평도앞 해군기지를 시찰하고 최전방 GP에도 불쑥 나타나곤 한다. 그리고 문재인 대통령이 3차 남북정상회담차 방북하였을 때는 평양의 맨해턴이라고 불리는 려명거리에서부터 오픈카를 같이 타고 카퍼레이드를 하였고, 5.1경기장에서는 문 대통령을 15만 평양관중들에게 소개한 후

연설을 경청하였다. 변화와 모험을 즐기는 캐릭터를 특징으로 하는 차남의 성격이 엿보인다.

한편 김정은은 최고지도자로 등장한 이후 세계최고 수준을 강조하면서 평양시 현대화 등 건설사업에 상당한 노력을 기울이고 있다. "유럽의 강처럼 평양 대동강에 유람선을 띄우라"고 지시하였고,[43] 최고급 자재를 들여 평양 순안공항 제2청사를 리모델링(2015.6)[44] 하였으며, 려명거리를 초고층 스카이라인의 첨단거리로 조성(2017.4) 한 다음 해외언론들을 대거 초청한 가운데 성대한 준공식을 개최하였다. 이러한 최고주의는 지금 당장에는 현실에 기반을 두지 않아 문제점을 양산할 수도 있지만, 긴 안목으로 보면 북한의 변화에 상당히 기여할 것으로 보인다.

③ 서구문화 동경

김정은은 1990년대 중반 스위스로 유학을 갔다가 2000년 말경 북한으로 돌아와 군복무를 하고 후계수업을 받아왔다. 김정은이 감수성이 풍부한 청소년기에 각종 문물이 발달한 서구에서 유학생활을 한 것은 폐쇄국가인 북한에서 아무런 부족함이 없이 자랐던 김정은에게도 상당한 문화충격으로 다가 왔을 것이다. 당연히 서구사회의 자유로움과 문화의 우월성을 인식하였을 것이며, 귀국 이후에는 서구생활을 동경하였을 것이다.

---

43) 북한이 지난 6월 평양에 잔디연구센터를 만든데 이어 최근 동북부 지역과 서남부 지역에 각각 잔디연구소를 건설하는 등 잔디심기에 특별히 공을 들이고 있다(『연합뉴스』, 2013.11.25).

44) 김정은은 2012년 7월 순안공항 제1청사 확장 사업이 완공된 이후 제2청사를 세계적 수준으로 건설하라고 지시하였다. 김정은은 약 150번에 걸쳐 설계를 수정하였으며, 이 과정에서 설계를 책임졌던 측근 마원춘을 양강도의 한 농장으로 혁명화 교육을 보내기도 하였다(『데일리NK』, 2015.7.6).

김정은은 2012년 7월 10일 첨단 전자음악 장비와 미모의 여가수로 꾸려진 '모란봉 악단'의 첫 공연 시 미제국주의의 상징이라 할 수 있는 미키 마우스, 도널드 덕 등 디즈니 캐릭터를 동원하고 영화 록키의 주제곡 등 팝송을 연주하게 하였다. 또한 자신이 당정군 간부들과 함께 참관하고 북한 전역에도 TV로 중계토록 하였다.

이러한 동향은 그동안 폐쇄적 북한사회에서는 볼 수 없었던 것으로서 김정은의 서구사회에 대한 동경심을 그대로 보여주는 것들이다. 지금 당장은 개혁과 개방이 자신의 정권안정에 부정적으로 작용할 수 있기 때문에 조심스럽게 접근하고 있지만, 그가 서구사회의 발전과 자유로움에 대해 개방적인 마인드를 가지고 있음을 시사해 주고 있다.

④ 낭만적 기질

김정은은 집권 초기 외국과의 수뇌회담이 아닌 미국의 한물 간 농구선수, 코에 귀걸이를 하여 북한주민들에게는 괴물로 보일수도 있는 데니스 로드먼을 초청하여 즐겼으며, 어린 시절 별장에서 같이 놀던 일본인 요리사 후지모토 겐지도 불러 추억놀이를 하였다. 그리고 2012년 2월에는 릉라인민유원지 준공식에 참석하여 고모 김경희, 최룡해 군 총정치국장 등 당정군 간부들과 함께 우리의 '바이킹'과 유사한 '회전매'라는 놀이기구를 타며 매우 즐거워했다. 또한 2차 미북정상회담(2019. 2.27-28) 장소인 베트남으로 이동 시 60시간 〈열차 대장정〉을 선택한 것도 파격과 낭만적 성격의 일면을 보여준다.

물론 이 같은 김정은의 낭만적 기질에 대해 부정적으로 평가하는 견해도 있지만, 변화라는 측면에서 보면 주변의 시선을 개의치 않고 상황을 즐기면서, 다른 사람들의 행동변화를 자극하는 스타일로도 볼 수 있다.

이제까지 살펴본 바와 같이, 김정은은 다양한 성격(첨부의 〈표 7: 김정은의 긍·부정적 심리구조〉 참조)을 가지고 있다. 한편 김정은은 3차례에 걸친 남북정상회담에서 "도로사정이 불비해 걱정이다", "대통령(문재인)께서 돌아보신 많은 나라보다 우리(백화원초대소)가 초라하다"[45]는 등 자신을 낮추는 솔직한 화법으로 주목을 받았는데, 물론 미리 준비한 발언일 가능성이 크지만 수령의 무오류성이 강조되는 최고지도자 발언으로서는 특이(첨부의 〈표 8: 김정은의 합리적·인간적 면모사례〉 참조)하며, 그의 낭만적 성격의 일면을 보여주는 것이다.

김정은의 심리구조 판단

콤플렉스의 승화·분출 / 두얼굴(Janus)의 지도자

김정은은 이제까지 살펴본 바와 같이, 어린 시절의 정체성 위기를 나름대로 잘 극복하여 후계자로 내정되었으며, 김일성의 화신이 되는 이미지 조작을 통해 지도자로서의 권위를 보완·강화하였다. 그리고 김정일 사후에는 후견인들과의 공동통치를 조기에 종식시키는 결단을 통해 새로운 권력구조를 출범(2016.5 7차 당대회)시켰으며, 핵·경제

---

45) 김정은 위원장은 18일 문재인 대통령을 맞으면서 몸을 낮추는 듯한 화법을 또 구사했다. 김 위원장은 이날 오후 백화원 영빈관에서 문 대통령 부부와 환담하면서 "대통령께서 돌아본 많은 다른 나라보다 우리가 좀 초라하다. 비록 수준은 낮을 수 있어도 최대 성의를 다한 숙소와 일정이니 우리 마음으로 받아주시면 좋겠다. (중략) 김정은의 이러한 화법은 지난 4월 27일 판문점 정상회담 때도 나왔다. 당시 "문 대통령이 오시면 솔직히 걱정스러운게 우리 교통이 불비해 불편을 드릴 것 같다. 평창올림픽에 갔다온 분이 말하는데 평창 고속열차가 좋다고 하더라. 남측의 이런 환경에 있다가 북에 오면 참 민망스러울 수 있겠다"라고 언급했다(『중앙일보』, 2018.9.19).

정책에 있어서도 자신만의 색채를 과감히 드러내고 있다.

김정은은 유소년시절에 부족할 게 없는 왕자였으나 '시아버지와 만날 수 없는 어머니', '할아버지를 할아버지라고 부르지 못하는 자신'을 보며 성장한 아픈 경험을 가지고 있다. 그리고 스위스 유학을 통해서는 자유와 풍요로움에 대한 문화충격(culture shock)을 받았다. 유학생활을 마치고 귀국한 이후에는 후계자군(群)에 속해 정치수업을 받으며 아버지와 어머니, 그리고 주변실세들의 신임을 획득하기 위해 노력하였다. 그러나 20대의 보통청년들처럼 학교생활을 한 게 아니라, 이른바 제왕학 수업을 통해 동서양 지도자와 김일성·김정일의 통치술과 현장업무를 배워 나갔다. 지도자 속성 양성의 측면에서 보면 효율적이라고 할 수 있지만, 학교와 사회생활 경험이 부족한 것은 자신의 정체성 확립 과정은 물론 향후 통치활동에 있어서도 상당한 마이너스 요인으로 작용할 수 있다.

김정은은 아버지의 갑작스러운 사망으로 인해 준비가 충분하게 되지 않은 상황에서 북한을 통치해 나가야 하는 막중한 임무를 부여받았다. 아무리 어린 시절부터 권력욕이 강했고 제왕학 교육을 잘 받았다고 해도, 나이나 경험46)으로 볼 때 부족한 것이 많은 게 엄연한 현실이었다. 김정은은 이 같은 어려움을 타개하기 위해 '제2의 김일성'이 되는 고통을 감내하였으며, 공포통치, 핵, 애민정치 등을 통해 부족한 카리스마를 형성해 나가고 있다. 그리고 국정 운영에 어느 정도 자신감을 가진 후에는 김정일이 생전에 구축해 놓은 리영호, 장성택 등 후견인들

---

46) 김정일은 2000년 8월 방북한 언론사 사장단들과 오찬대화에서 "나는 하루 4시간 정도 잡니다. 수령님을 모시고 조직비서 생활을 20년간 해왔습니다. 아랫단위에서 올라온 문건들을 종합정리하고 나면 3시쯤 되고 수령님께 보고를 마치고 나면 새벽 4시경이 됩니다"라고 언급한 바 있다(『동아일보』, 2000.8.14).

을 제거하면서 홀로서기를 시도하였으며, 어느 정도 성공하였다. 그렇지만 당면한 경제난과 외교적 고립 등으로 인해 김정은의 앞길은 순탄하지만 않다. 무엇보다도 누가 나를 위해 충성하고, 누가 배신할지를 끊임없이 고민해야 한다. 권력 공고화를 위해 또다시 피의 숙청을 기획해야 할지 모른다.

김정은은 김정일의 갑작스러운 사망이라는 위기 속에서 등극하여, 단기간 내에 자신의 유일체제를 확립한 지도자이다. 부정적인 심리만 주목해서는 김정은을 정확하게 진단할 수는 없다. 김정은은 잔인한 독재자의 심리를 분명히 가지고 있다. 그렇지만 그것만이 전부가 아니다. 70여 년간에 걸쳐 구비된 통치메커니즘이 있고, 김정은 나름의 용인술도 있고, 비전과 과감한 정책 추진력도 있다. 수해현장에 차를 직접 몰고가 난닝구 차림으로 이재민을 쓰다듬어주고, 내외의 수많은 이목이 집중된 당창건 75주년 기념 열병식장에서 '악어의 눈물'을 흘리는 연출을 하는 지도자이다. 그리고 무엇보다도 자신을 떠받쳐 주는, 정확히 말해 "김정은과 운명공동체가 되지 않으면 기득권을 한순간에 잃을 수 있다"는 두려움을 가진 조직과 개인이 대다수인 게 북한의 현실이다. 그들은 '수령에 대한 충성만이 살길'이라는 것을 전 생애를 통해 뼛속으로 체득한 자들이며, 주민통제와 선전선동의 귀재들이다.

따라서 우리는 김정은에 대해 어느 한 측면만을 강조하여 속단하기보다는 매우 복합적인 심리구조를 가지고 있는 '두 얼굴(Janus)의 승부사'라는 가정하에 다양한 가능성(cases)을 열어두고 접근해 나가야 할 것이다.

6장

소 결(II)

김일성 = 김정일 = 김정은 등식 유도

　김정은에 대한 상징조작은 2009년 1월 김정은이 후계자로 내정될 무렵 〈발걸음〉이라는 찬양노래를 각 기관·공장·협동농장 등에 내밀적으로 보급하면서부터 시작되었다. 이 같은 움직임은 중국 등 후견국가에 후계구도를 공식화하지 않은 상황에서 후계수업 기간 동안 사회저변에 김정은의 후계자 이미지를 자연스럽게 형성해 나가려는 고도의 선전선동술(miranda), 이른바 음악정치의 일환이었다.

　이처럼 북한은 선군정치 노선하에서 김정은을 청년대장·김대장 등으로 호칭함으로써 새로운 군사지도자 이미지를 축적해 나갔다. 그리고 김정일의 갑작스런 사망 이후에는 10월 8일 유훈[47]에 기초하여 군최고사령관·당 제1비서·국방위원회 제1위원장 등 당정군의 공식직위에 발 빠르게 취임하는 가운데 '당과 군대의 최고령도자', '위대한 령도자' 등으로 호칭하면서 최고지도자로서의 권위를 확립하는데 부심하였다. 이와 함께 2013년 6월 개정한 유일령도체계 확립을 위한 10대원칙에 '대를 이은 백두혈통 세습'을 명문화하고 백두산 3대장군 선전 등

---

47) 구체적인 내용은 4장의 '김정일의 10월 8일 유훈' 파트 참조.

을 통해 백두혈통 우상화를 강화하였다. 또한 김정일의 10월 8일 유훈, 김일성김정일주의 등을 김정은으로 권력승계의 정당성과 지도자의 위대성을 선전하는 주요 담론으로 활용하였다.

다음으로 상징물, 기념일, 국가적 행사를 활용한 선전활동은 김정은 자신보다는 김일성, 김정일과 그 가계를 우상화하는데 더욱 주력하였다. 이는 자신을 소재로 한 우상물 건설 등의 활동은 자칫 역효과를 초래할 수 있으므로 당분간은 선대의 후광을 간접적으로 활용하는 것이 보다 실제적이라는 판단에 따른 것으로 평가된다. 북한은 2012년 1월 12일 당정치국 결정으로 김정일 시신의 금수산기념궁전 안치, 김정일 생일의 〈광명성절〉 제정, 전국 각지에 김정일 동상, 영생탑 건설, 태양상 모심 사업 전개 등을 결정하였다. 그리고 2013년 4월 13일에는 〈금수산태양궁전법〉을 채택하고 성지화하였다. 이 같은 동향은 김정은의 선대에 대한 효심 부각을 통해 김일성-김정일-김정은으로 이어지는 권력승계의 정당성을 제도화하려는 조치이다.

그리고 김일성·김정일 생일과 사망일, 당창건일(10.10), 정권창건일 (9.9), 군창건일(4.25) 등 국가적 기념일을 성대하게 개최하여 주민들에게 김정은이 영도하는 북한체제에 대해 자긍심을 부여하려고 노력하였다. 특히 김정은은 "우리인민이 다시는 허리띠를 졸라매지 않고 사회주의 부귀영화를 누리게 하자는 것이 우리당의 확고한 결심이다", "후손들은 더 이상 고난의 행군, 전쟁이 없을 것"이라고 강조하는 등 애민정치가로서의 이미지 형성에 주력하고 있다.

한편 권력승계의 정통성을 확보하기 위해 젊은 김일성과 똑같은 모습을 하고 공식석상에 처음 등장하였으며, 이후 김일성의 현지지도 방식, 이민위천 좌우명 실천 등 통치스타일을 모방하고 있다. 이는 김일성화신론 등 5개 하부이론으로 구성되어 있는 〈후계자론〉을 소프트웨어(사상교육)적인 측면과 함께 하드웨어(용모, 통치행위)적으로도 보여줌으로써 주민들에게 김정은을 김일성과 똑같은 인덕정치가, 애민정치가로 각인시키려는 선전선동술이다.

출생의 비밀이 가장 큰 아킬레스건

김일성·김정일 및 백두혈통 우상화와 달리, 김정은 개인에 대한 우상화는 아직 본격화되지는 않았다. 특히, 넘어서야 할 벽도 많다. 무엇보다도 '출생의 비밀'이라는 근본적인 한계가 있다.

김정은은 김일성이 생전에 며느리로 인정하지 않은 고용희의 둘째 아들이다. 북한 선전당국이 청년 김일성을 닮은 외모에 착안하여, 김정은이 권력무대에 등장할 때부터 김일성 = 김정은 방식으로 김일성의 후광을 최대한 활용하고 있으나, 현실적으로는 김일성과 함께 찍은 사진 1장 내놓지 못하고 있다. 이에 덧붙여 생모인 고용희 가계 비밀(제주도·조총련)로 인한 우상화의 한계는 김정은이 물리적·정신적으로 넘을 수 없는 근원적인 한계이다. 김정은은 집권 이후 고용희를 미화하는 영상물을 제작·배포하였다가 부작용을 우려하여 회수한 바 있으며, 묘소도 평양 대성산에 조용히 조성하였다.

이를 극복하기 위해 김정은은 △ 김씨일가 (백두혈통) 우상화에 주력하는 가운데, △ 자신을 핵보유 강국을 건설해 나가는 강단있는 지도자로 선전해 나가면서, △ 평양의 스카이라인을 바꾸는 건축물 조성 등 가시적 성과 창출·선전 등에 주력하고 있다. 특히 계륵과 같은 생모 고용희의 우상화와 관련해서는 어머니를 대신하여 부인 리설주를 국모화하고 있는 동향이 주목되고 있다.

향후 김정은은 자신에 대한 우상화를 강화하는 첫 순서로 김일성과 김정일처럼 동상·배지 등 상징물을 제작·보급하거나 수령 호칭을 사용하기보다는 자신의 생일을 국가명절(공휴일)로 지정하는 것부터 시작할 가능성이 크다. 김정은 생일의 국가명절화는 김정은체제가 안정화되었다는 것을 시사하는 중요한 척도가 될 것이기 때문이다.

지금까지 고찰한 바에 의하면, 김정은에 대한 지도자 이미지 상징조작은 아직 초기적인 수준에 머물고 있으나, 김일성 = 김정일 = 김정은 등식하에 김일성과 김정일에 대한 우상화 강화로 그들의 후광을 얻는데 성공하여 최고지도자로서의 이미지를 상당히 확립하였다고 평가된다.

김정일과의 차별화

다음으로, 김정일과의 차별화된 통치스타일은 그의 리더십과 관련하여 주목받고 있다. 김정은은 어린 시절 최고지도자 아들로 태어났기 때문에 남부럽지 않은 풍요로움을 누리며 성장하였으나, 김일성으로부터 인정받지 못한 서자라는 한계로 인해 '할아버지를 할아버지라고 부르지 못하는' 울분을 내적으로 삭이며 성장하였을 개연성이 크다. 이후 어린 시절 부모와 헤어져 스위스 유학을 하고 귀국 후에도 별도의 제왕학 교육 등을 받는 등 평범하지 않은 생활을 하였다. 또한 김정일의 후계자로 지정된 이후 자신을 버리고 제2의 김일성이 되는 길을 걸어야 했다.

김정일 사후에는 후견인들과의 공동통치라는 쉬운 길을 스스로 버리고 조기 홀로서기를 하면서 공포통치와 피의 숙청을 단행하였으며, 지금은 핵개발과 비핵화 협상이라는 미증유의 길을 걷고 있다. 이 과정에서 잔인한 부정적 인성과 함께 과감성, 변화와 혁신 추구 등의 긍정적인 모습이 주목을 받았다.

이러한 김정은의 통치행태를 종합평가해 보면, 김정은은 내적으로 서자로서의 한 서린 삶, 어머니의 이른 사망, 경제난 등 북한체제의 문제점 등을 아버지 김정일과 권력층들의 탓으로 돌리면서 자신은 '그렇게 살지 않으려한다'는 추론을 가능케 해주고 있다. 즉, 김정은은 세습정권의 특성상 전임자인 김정일(父)을 공개비판할 수 없지만, 탈김정일 (ABF: Anything but father)의 내심이 통치행태나 정책의 곳곳에서 적나라하게 드러나고 있다. 김정은이 당초급선전일군대회에 보낸 서한을 통해 "수령의 혁명 활동과 풍모를 신비화하면 진실을 가리게 된다. 수령에게 인간적으로, 동지적으로 매혹될 때 절대적인 충실성이 우러나오는 것이다"(2019.3.9 조선중앙통신)며 수령에 대한 무조건적인 신비화를 금지시킨 것도 이러한 관점에서 보면 해석이 가능하다.

특히 2019년 10월 23일 금강산관광지구를 시찰하면서 내린 남측시설 철거 지시는 이례적으로 '선임자들 잘못'을 구체적으로 적시하며 비판한 점이 주목된다.

> 보기만해도 기분 나빠지는 너절한 남측시설들을 싹 들어내라...손쉽게 관광지나 내어주고 득을 보려했던 선임자들의 잘못된 정책으로 금강산이 10년이나 방치돼 흠이 났다...국력이 여릴 적에 남에게 의존하려 했던 선임자들의 의존정책이 매우 잘못됐다(김정은, 『로동신문』, 2019.10.23).

그는 과거의 수령 모습이 아닌, 현대적인 수령이 되고 싶은 것이다. 즉 김정은은 다양한 콤플렉스를 자신을 한 단계 더 성장시키고, 나아가 권력을 공고화해 나가는 데로 잘 활용하고 있다고 평가된다.

야망과 승부사적 기질을 지닌 독재자

김정은이 집권 이후 취해오고 있는 인사 및 대내외 주요 정책, ① 2012년 2.29합의 후 은하3호 장거리미사일 발사(4.13) 강행 ② 2012년 7월 김정일이 후견인으로 선정한 리영호 군총참모장·당정치국 상무위원(군서열 1위, 전체서열 4위) 제거 ③ 2013년 2월 한국의 박근혜 정부 출범 직전의 3차 핵실험(2.12)과 이후 4차례의 핵실험과 100여 차례 미사일 발사시험 등 핵·미사일개발 총력 경주 ④ 2013년 4월 개성공단 북한근로자 철수 조치 ⑤ 2013년 4월 2000년대 초 경제개혁을 주도하다 숙청되었던 박봉주 전 총리를 재기용하고 경제개혁 일임 ⑥ 2013년 5월 경제개발구법 제정 이후 북한 전 지역에 경제개발지구 지정(2019년 현재 총 26개) ⑦ 2013년 12월 전 세계를 놀라게 한 고모부 장성택 숙청과 추종자 1만여 명 단계적 제거(당행정부 조직 폐쇄)를 통한 조기 홀로서기 ⑧ 2014년 10월 인천아시안게임 폐막식에 고위급 특사단(황병서, 최룡해, 김양건) 전격 파견 ⑨ 2015년 8월 DMZ목함지뢰 도발이후 준전시 상태 선포 및 8.25남북합의서 채택 ⑩ 2016년 5월 김일성과 김정일도 소집하지 못하던 7차 당대회를 36년 만에 개최하고 김정은시대 新권력구조 본격화 ⑪ 집권 이후 중국 시진핑과 지속 대립(2018년 3월 말이 되어서야 방중) ⑫ 2017년 11월 핵개발 완료 조기선언 ⑬ 2018년 2월 평창동계올림픽 참가 ⑭ 2018년 3월 방북한 한국정부 특사단에게 비핵화 가능성 및 트럼프와 정상회담 의사 표시 ⑮ 2018년 4월 남북정상회담에서 한반도 평화체제 구축관련 원칙 합의(전 세계 TV의 생방송을 허용하고 능수능란한 화술 구사) ⑯ 2018년 4월 병진노선의 승리와 경제중심 전략으로의 전환 선포 ⑰ 2018년 6월 중국 민항기를 임차해야 하는 어려움에도 불구하고 싱가포르 미북정상회담에 참가 ⑱ 풍계리 핵실험장 폭파, 미사일 발사시험장 부분 철거, 미군유해 송환 등 조건 없는 선조치 실시 ⑲ 미국과의 비핵화 협상에서 선 신뢰구축, 단계적·동시적 조치 견지 및 핵·미사일 능력 고도화 ⑳ 2020년 6월 개성 남북연락사무소 폭파 등 남북관계의 전면적 단절, 이밖에 장마당·핸드폰 시대[48] 허용, 여명거리 등 초고층 스카이라인을 자랑하는 신도시 건설, 부인 리설주 공식행사 대동, 서구식 음악 TV방송 허용, 특히 걸그룹 '레드벨벳'이 포함된 한국 대중가수단 초청 공연과 방송중계 등은 성공이나 옳고 그름의 여부를 떠나 일종의 결단이며 현재 상황을 바꾸려는 시도라고 할 수 있다.

따라서 김정은은 '결단·변화 추구형'의 승부사적 기질을 지닌 지도자라고 판단된다. 이러한 리더십은 아버지 김정일이 이른바 '우리식 사회주의 고수'를 표방하면서 인사·경제 등 정책을 신중히 운영하고, 대외정책도 중국의존적 전략하에서 핵협상을 통한 미국과의 실리획득에만 주안을 둔 것과 확연히 대비된다.

중국 춘추전국시대 정치사상가 노자는 지도자 리더십을 유지(有之), 예지(譽之), 외지(畏之), 모지(侮之)의 4가지 유형으로 나누어 설명했다. 유지는 아랫사람들이 지도자가 자기들과 같이 있다는 사실만 아는 단계이며, 예지는 뭇사람들이 지도자를 칭송하는, 외지는 지도자를 두려워하는, 모지는 지도자를 욕하고 깔보는 수준인데, 노자는 '유지'를 가장 좋은 리더십의 형태로 꼽았으며, 예지 → 외지 → 모지로 갈수록 하수의 경지라고 하였다. 2,500여 년 전 정치상황이 지금과 같을 수는

---

48) 국가안보전략연구원과 중앙일보가 공동 기획한 '평양-평양사람들' 분석자료를 보면 "북한의 휴대폰 사용자가 580만을 돌파했으며, 장마당은 전국적으로 460여 개가 운영중이다. 국가는 주요기관·기업소 종사자 780만 명에게만 배급을 주고 있어 인구의 2/3는 장마당에 의존하여 생계를 꾸려 나가고 있다"고 한다(『중앙일보』, 2018. 9.17-18).

없지만, "국가의 최고지도자는 어떤 존재이어야 할까?"에 대한 화두로 서는 충분한 가치가 있다.

그렇다면 북한의 젊은 지도자 김정은은 어디에 위치해 있을까? 유성옥 전 국가안보전략연구원 원장은 2014년 3월 김정은의 리더십에 대해 "공포통치(畏之)를 행사하고 있지만, 밑에서는 속으로 깔보는(侮之), 가장 나쁜 리더십의 혼합"이라고 평가하였다. 3대 부자세습 정권 출범과 안착에 있어 일등공신인 고모부 장성택을 '건성건성 박수치며 양봉음위하는 종파분자'로, 현영철 인민무력부장을 '회의중 졸고 지시를 불이행한 죄'로 무자비하게 공개총살한 김정은을 옆에서 지켜보는 간부들의 속마음[49]은 어떨까? 총살형에 사용된 총기는 대인용이 아니라 비행기 등을 요격하는 대공화기이다. 구경이 14.5mm인 이 고사총은 총신이 4개이고 분당 1,200발을 발사할 수 있는데 이런 중화기를 사람에게 발사할 경우 시신이 찢겨져서 거의 형체를 알아볼 수 없게 된다. 더구나, 사격이 끝나면 화염방사기를 동원하여 시신을 흔적도 찾을 수 없도록 태워 버리는 등 더 이상 잔인할 수 없는 처형 방법[50]이다.

그러나 노자와는 달리, 기원전 3세기경 전국시대 말기 법치주의자 한비자는 군주는 도덕보다는 법, 즉 당근보다 채찍을 앞세워야 한다고 주장하였다.

현명한 군주가 신하를 통제할 때 사용하는 것은 두 개의 칼자(二柄)뿐

49) 사회저변에는 "김정은에게 소신있게 의견을 제시하려면 목숨까지 내놓아야 한다" "주목받는 직위에 승진하면 위험하므로 부(副)자가 들어가는 자리 등 책임없는 자리에 계속 있어야 한다" "다음 처형 때는 미사일이 나오지 않겠는가"라고 비아냥거리고 있다(탈북민 김일규, 청취일: 2016.11.16).
50) "종파놈들은 불줄기로 태우고 탱크로 짓뭉개 흔적을 없애버리는 것이 군대와 인민의 외침이다"(『북한 내부문건』, 2014년; 김일규, 2016.11.16).

이다. 두 개의 칼자루란 형벌(刑)을 주는 것과 덕(德)을 베푸는 것이다. 신하된 자들은 벌을 두려워하지만 한편으로 포상을 바란다. 그런 까닭에 군주가 직접 형벌과 포상을 관장한다면 신하들은 그 권위를 두려워하며 이로운 쪽으로 행동할 것이다. 무릇 호랑이가 개를 복종시킬 수 있는 까닭은 발톱과 이빨을 지녔기 때문이다. 만일 호랑이에게서 발톱과 이빨을 떼어 개에게 붙여 사용하게 한다면 호랑이가 도리어 개에게 복종할 것이다 (한비, 김원중 옮김, 2007: 52).

그리고 근대 서양정치학의 초석을 놓은 마키아벨리도 정치의 냉혹한 원리를 주장하면서 강력한 군주론을 설파하였다.

가끔 잔인함을 보이는 군주가 훨씬 더 진정한 의미로서의 자비로운 군주가 될 수 있습니다. 불법한 행동은 많은 사람에게 해독을 끼치지만 군주의 명령에 의한 처형은 단한사람에게 해를 끼칠뿐입니다. 다른 어느 군주보다도 새로이 등극한 군주는 잔인하다는 세평을 피할 수는 없습니다. 왜냐하면 신생국에는 위험이 가득 차있기 때문입니다. (중략) 군주는 사랑도 받고 두려움도 받아야 합니다. 그러나 두가지를 조화시킨다는 것은 어려운 것이기 때문에 그 두가지중의 하나를 포기하지 않을 수없는 경우에는 차라리 사랑받는 것보다 두려움을 받는 것이 훨씬 더 군주를 편하게 해준다는 점을 강조합니다. 왜냐하면 인간이란 은혜를 모르고 변덕스럽고 가식이 많으며 위협을 피하려하며, 이익이 되는 일에는 걸신이 들려있기 때문입니다(니콜라 마키아벨리, 신복룡 옮김, 2009: 127~128).

한비자와 마키아벨리의 주장에 따르면, 최근 김정은이 보이고 있는 공포통치는 지도자가 권력을 공고히 다지고, 당면한 북한체제의 난제를 해결해 나가는 과정에서의 필요악과 같은 것이라는 해석[51]이 가능하다.

이처럼 바람직한 지도자상은 평가자의 관점에 따라 다를 수밖에 없으며, 지도자가 처해 있는 시대적 상황과 인식이 결정적으로 작용한다고 할 수 있다. 즉 시대적 상황이 지도자의 행위를 특정기간 동안에 어느 한쪽으로 강제할 수도 있다는 점을 놓쳐서는 안 될 것이다.

실제로 스탈린은 레닌이 선도한 미증유의 공산국가 소련을 자신의 이상에 따라 건설하기 위해 트로츠키를 비롯한 정적들과 수천만 주민(유태인 포함)을 잔인하게 숙청하는 만행을 저질렀다. 조선의 3대왕 태종 이방원도 왕권 쟁취와 아들 세종대왕의 성군정치 기반조성을 위해 이복동생 세자 이방석을 무참히 살해하고 혁명을 함께했던 정도전, 처남 민무구 등 외척·훈신들을 대대적으로 제거하였다. 김정일도 김일성 사후의 이른바 '고난의 행군'시기 위기탈피를 위해 서관히 당 농업담당비서를 본보기로 공개처형하고 '심화조 사건'을 날조하여 수만 명을 처형하기도 하였다. 이와 같이 우리는 역사를 통해 신념의 실현, 정치적 위기 탈출, 국가의 미래를 위해 악역을 자임한 수많은 지도자들을 만날 수 있다.

우리가 국가안보를 논의할 때 "안보에 관한한 0.001%의 실수도 용납되어선 안된다. 그 한 번의 잘못으로 나라가 무너질 수도 있다"고 경계한다. 김정은에 대한 판단도 같은 논리를 적용해야 한다. 김정은에 대해 경험 미숙, 잔혹성 등의 부정적인 측면만을 보려고 하거나, 솔직담백한 합리적 지도자 등 경사된 판단을 하면 상황을 오판할 수 있다. 김정은은 히틀러·스탈린·모택동 등 독재자들처럼 자신의 권력을 위해서는 무엇이라도 할 수 있지만, 체제발전을 추구하는 일반지도자라는 점도 함께 고려해야 한다. 이처럼 우리는 김정은과 북한을 상대할 때

---

51) 美심리학자 이언 로버트슨은 김정은에 대해 "비정상적이지 않다. 다만 권력욕이 강해서 권력이 절대화될수록 무자비해질 수 있다"고 했다(『TV조선』, 2014.3.5).

외부로 드러난 면과 함께 이면(hidden fact)에도 주목하면서 대비책을 세워 나가야 정책적 오류를 최소화하고 남북관계를 주도해 나갈 수 있을 것이다.

결론적으로 김정은의 리더십은 김정일과 달리 결단·변화추구형이며, '법(法)·술(術)·세(勢)'[52]를 강조한 중국 춘추전국시대 한비자(첨부의 〈표 9: 한비자가 강조한 군주의 주요 통치술〉 참조)와 히틀러·스탈린 등 목적을 위해 수단을 가리지 않는 마키아벨리형 독재자를 모델로 하고 있다고 말할 수 있다.

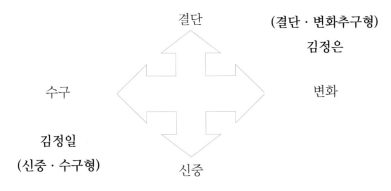

〈그림 3〉 김정일·김정은 리더십 스타일 비교

---

52) 법(法)은 백성들이 개인적인 이익추구보다 나라의 이익을 우선시하도록 하는 법률이며, 술(術)은 신하들은 잘 조종하는 기술로서 신상필벌의 인사정책이다. 술은 법과는 달리 성문화되지도 않았고 신하와 백성의 행동준칙도 아니므로 군주 혼자서 독점해야 하는 수단이다. 그래서 〈한비자〉에는 군주는 신하들에게 속마음을 보여서는 안된다는 무위술(無爲術), 신하들의 이론적 주장과 행동이 부합되는가 따져야 한다는 형명술(形名術), 남의 말만 듣지 말고 사실을 잘 검토해야 한다는 참오술(參伍術), 신하들이나 남의 말을 듣는 방법을 논한 청언술(廳言術), 사람을 등용하는 방법을 논한 용인술(用人術) 등 술에 관한 이론이 많다. 그리고 세(勢)는 군주만이 가지는 배타적인 권리, 즉 생사여탈권이다(한비, 김원중 옮김, 2007: 17~19).

상징 조작

계 승

1. 언어

- **찬양노래**: 발걸음, 우리는 당신 밖에 모른다, 그이없인 못살아 등
- **호칭/구호**: 대장, 태양, 어버이, 위대한 령도자, 최고 령도자/위대한 김정은동지를 수반으로 하는 당중앙위원회를 목숨으로사수하자
- **담론**: 백두혈통 우상화, 김정일 10월 8일 유훈, 김일성김정일주의

2. 비언어 * 김일성·김정일 위주

- **상징물**: 금수산태양궁전 성지화, 김정일 동상, 영생탑, 태양상, 김정일훈장, 김정일상 등
- **기념일**: 김정일생일을 광명성절로 지정, 김일성 100회생일, 김정일 70회생일(2012년), 당창건 70돌(2015년), 백두산위인국제칭송축전(2017년), 정권창설 70돌(2018년), 당창건 75돌(2020년)
- **대중운동**: 70일전투, 200일전투 만리마속도창조 운동, 사회단체대회 및 단위별 군중대회 등

차별화

1. 親김일성 * 김일성환생 신드롬

- **김일성청년기 모습**: 머리스타일, 체중, 용모, 검정 인민복, 뿔테안경, 밀짚모자 등
- **김일성 통치스타일 모방**: 연설 방법, 현지지도 방법, 주민들과 스킨십, 애민주의

2. 脫김정일

- **통치스타일**:
  부인 리설주 전면 활용
  공개 대중연설 수시 실시
  이동시 비행기 이용
  * 비행기 직접 조종
  각본없는 현지지도
  * 현지지도시 공개질책
  무능함 자책과 사고시 공개사죄
- **정책**:
  최첨단 랜드마크 건설
  서구적인 공연 TV송출
  장마당, 핸드폰 허용 확대
  금강산관광 단절 선언
  선군정치 사실상 종식
  * 전통적 당우위체계 복원

강단있는 친인민적 지도자 이미지 구축

〈그림 4〉 김정은 상징조작 이원화(dual) 모형

제4부

김정은의 정책노선

내가 받은 로마는 진흙이었지만,
내가 남기는 로마는 대리석으로 되어있을 지어다.
(로마 초대황제 아우구스투스)

7장

대 전 략
- 북한몽(夢) -

　지금까지 김정은이 후계자로 내정된 이후부터 현재까지 권력을 장악하고 공고화하는 과정에서 법·조직·인사의 제도적 기반 구축과 언어·비언어적 다양한 상징조작들의 역할, 김정은의 성격형성 과정과 통치 스타일·리더십 등을 살펴보았다. 이를 기초로 지금부터는 김정은 체제의 대전략과 구체적인 실천전술이 그의 권력 공고화에 미친 영향, 상관관계를 고찰해 본다.

1. 체제운영 목표

　북한은 당우위국가 체제이다. 그러므로 노동당 규약은 김정은체제가 나아갈 방향을 규정하고 있는 최고의 규범[1]이다. 총체적 목표를 적시한 전문을 보면 대내적으로는 사회주의 강국 건설, 대외적으로 남한

---

1) "조선민주주의인민공화국은 조선로동당의 령도밑에 모든 활동을 진행한다"(북한 사회주의 헌법 제11조).

혁명, 그리고 최종적으로는 온 사회의 김일성김정일주의화를 통한 사회주의혁명 완수를 명문화하고 있다.

> 조선로동당의 당면목적은 공화국 북반부에서 사회주의 강성국가[2]를 건설하며 전국적 범위에서 민족해방민주주의혁명의 과업을 수행하는데 있으며 최종 목적은 온 사회를 김일성김정일주의화하여 인민대중의 자주성을 완전히 실현하는데 있다(2016.5 7차 당대회 당규약).

이는 한마디로 먼저 북한혁명을 기초로 남한혁명까지 수행함으로써 한반도를 사회주의를 기본이념으로 하는 국가로 통일하고, 그 이후 김일성의 주체사상으로 일색화된 사회주의국가, 다시 말해서 '김일성조선'을 건설하는 것을 목표로 하고 있는 것이다. 최근 일각에서 북한의 비핵화 협상 참여와 관련 기본 전략노선이 변했다는 의견도 일부 나타나고 있으나, 당규약의 변화가 없는 상황에서 근본적 변화라고 단정할 수는 없다. 김정은의 체제운영 목표는 ① 사회주의강국 건설 ② 사실상의 투코리아 체제로의 대남 혁명전략전술 재정립 ③ 김씨일가의 영구집권 기반 구축으로 대별할 수 있다.

사회주의 강국 건설

김정은은 2011년 12월 김정일 사망 이후 1990년대 후반부터 북한이 강조해 오던 강성대국 슬로건을 강성국가로 대체하여 사용하기 시작하였다. 이는 만성적인 경제난 등으로 인해 김정일이 목표로 삼았던

---

2) 2019년 4월 11일 개정한 헌법에서는 '강성국가 → 강국'으로 대체하였다.

'2012년 강성대국 건설'이 사실상 어려워진 현실을 반영한 것이었다.

강성대국 → 강성국가 → 강국론으로 변화

북한에서 강성대국이라는 표현이 등장한 것은 1990년대의 시대적 배경, 즉 북한체제의 위기가 그 배경이 되었다. 당시 북한은 즉 소·동구 사회주의권의 붕괴, 구소련과 중국의 한국과의 수교, 김일성 사망, 대홍수와 가뭄 등 악재가 연이어 발생하면서 국가배급 체계가 붕괴되는 등 걷잡을 수 없는 혼란으로 치달았다. 이에 따라 김정일은 김일성 사후부터 약 3년간에 걸쳐 이른바 '고난의 행군' 정신을 강조하면서 총체적 위기를 극복해 나갔다.

이후 북한은 기존 사회주의 계획경제 시스템을 지속하느냐, 아니면 중국식 개혁·개방노선으로 전환할 것이냐는 선택의 기로에 서게 되었으며, 이때 김정일이 국가발전의 슬로건으로 제시한 것이 강성대국론이다. 즉 김정일의 강성대국론은 김일성시대의 '사회주의의 완전승리' 같은 추상적 목표와 달리 당면한 경제난 타개를 통해 국가적 위기를 돌파하려는 실천적 국가전략이라고 할 수 있다.

강성대국 용어가 처음 등장한 것은 1997년 7월 22일자 로동신문 사설 〈위대한 당의 령도따라 사회주의 건설에서 일대 앙양을 일으키자〉를 통해 '주체의 강성대국'이라는 용어를 사용하면서부터이다. 이후 북한언론에는 강성대국이라는 표현이 자주 등장하였으며, 김정일이 3년간의 유훈통치를 끝내고 헌법 개정을 통해 국방위원장 체제를 공식 출범시킨 최고인민회의 제10기 1차 회의(1998.9.8)를 앞둔 8월 22일자 로동신문 정론 〈강성대국〉[3]을 통해 이론체계를 갖추어 공식화되었다. 동 정론에서는 강성대국 건설을 21세기를 이끌어갈 설계도이자 목표라고 규정하면서, 김일성을 '강성대국의 개척자', 김정일을 '강성대국 건설 위업의 령도자 · 완성자'라고 주장하였다(김규현, 2015: 92).

북한은 강성대국 건설 목표로 사상강국, 정치강국, 군사강국, 경제강국을 제시하였다. ① 사상강국은 강성대국의 첫 번째 징표라고 주장하는 것으로 모든 주민들이 김일성의 주체사상으로 무장되어 있다는 자신감에 바탕을 둔 것이다. 북한은 사상을 국가와 민족의 앞길을 밝혀주는 나침반, 혁명대오의 일심단결의 기초라고 주장한다. ② 정치강국은 수령의 탁월한 영도 하에 수령 · 당 · 대중이 일심단결된 힘은 핵무기보다 더 강하다고 강조한다. ③ 군사강국은 무적필승의 군력을 가진 나라를 의미하며, 2003년 3월 21일자 로동신문은 "군사력은 국력의 핵을 이룬다. 아무리 방대한 경제력과 발전된 과학기술을 가진 나라도 총대가 약하면 결국 외세에 먹히게 된다"고 군사력의 중요성을 강조하고 있다. ④ 경제강국은 북한의 경제건설 노선인 사회주의 자립적 민족경제 건설노선 실천을 통해 부강한 나라를 건설하는 것을 목표로 한다(김규현, 2015: 93).

북한은 정치와 사상, 군사부문에 있어서는 이미 강국을 이루었다고 하면서 경제강국의 목표만 달성한다면 강성대국이 완성된다고 주장하고 있다.

> 우리 조선은 이제는 누구도 숙불수 없는 사상의 제일강국, 그 누가 감히 이래라 저래라 못하는 정치대국, 제노라하는 제국주의 렬강들도 함부로 범접 못하는 군사강국으로 세상에 위용을 떨치고 있다 (중략) 우리가 좋은 사회주의제도와 전투력 있는 당, 충실하고 근면한 인민을 가지고 있는 조건에서 경제문제를 풀지 못할 리유가 없다고 하신 것처럼 미구에 경

---

3) 최칠남, 동태관, 전성호 등 3명이 공동으로 집필하였다.

제강국의 높이에 오르는 것은 확정적이다(『로동신문』, 1998.8.22).

북한은 강성대국 건설 목표연도를 언급하지 않다가, 2007년 11월 최태복 당비서의 '전국지식인대회'보고(11.30)를 통해 처음으로 "김일성동지의 탄생 100돐이 되는 2012년에는 기어이 강성대국의 문을 열어야 한다" (『로동신문』, 2007.12.1)고 하였다. 그리고 김정은을 후계자로 공식화하기 위해 소집한 2010년 9월 28일 3차 당대표자회에서는 당규약을 수정하고 조선로동당의 당면목적을 '사회주의 완전승리' → '사회주의 강성대국 건설'로 변경하였다.

> 조선로동당의 당면 목적은 공화국 북반부에서 사회주의의 완전한 승리를 이룩하여 전국적 범위에서 민족해방과 인민민주주의 혁명과업을 완수하는데 있으며...(1980년 6차 당대회 당규약) → 조선로동당의 당면목적은 공화국 북반부에서 사회주의 강성대국을 건설하며 전국적 범위에서 민족해방민주주의혁명 과업을 수행하는데 있으며...(2010년 3차 당대표자회 당규약).

북한이 2012년도를 강성대국 건설의 목표연도로 지정한 것은 경제개발 5개년 계획(2008-2012년)이 종료되는 해인데다, 김일성 100회·김정일 70회 생일이 있는 정주년이라는 점이 작용하였다. 그러나 목표연도가 얼마 남지 않았는데도 불구하고 핵·미사일 실험 등으로 국제사회의 대북제재가 취해지고 경제상황이 전혀 호전될 기미가 보이지 않자, 2011년 후반기부터 신문방송에서는 강성대국보다는 강성국가 용어가 보다 빈번하게 나오기 시작하였다.

2011년 12월 김정일이 사망하고 김정은이 집권한 이후의 첫 신년공동사설은 전년도와 완전히 달라졌다. 그동안 신년 공동사설과 노동신문 지면을 장식하던 강성대국이라는 표현이 거의 사라졌다. 그 대신 강성국가, 강성부흥이라는 표현이 주로 사용되었다. 마침내 2012년 4월 11일 김정은의 공식권력 승계를 위해 소집된 4차 당표자회에서는 당규 약 전문에 있는 김정일시대의 강성대국 용어를 강성국가로 수정하였다.

> 조선로동당의 당면목적은 공화국 북반부에서 사회주의 강성대국을 건 설하며...(2010년 3차 당대표자회 당규약) → 조선로동당의 당면목적은 공화국북반부에서 사회주의 강성국가를 건설하며...(2012년 4차 당대표자 회 당규약).

이 같은 움직임은 대내외 환경 악화로 경제강국 달성이 어려운 실정 을 인정하고 목표를 현실화한 것이다. 한편 김정은은 2012년 4월 15일 김일성생일 100주년 경축 열병식 축하연설을 통해 "일심단결과 불패의 군력, 새세기 산업혁명을 더하면 그것이 곧 사회주의 강성국가"라고 하 면서 "우리 인민이 다시는 허리띠를 조이지 않게 하며 사회주의 부귀영 화를 마음껏 누리게 하겠다"(『로동신문』, 2012.4.16)고 강조하였다.

그리고 강성국가의 개념을 지식경제강국(2012년 신년공동사설), 사 회주의 문명국(2013년 신년사) 등으로 확대해 나갔으며, 2016년 5월 7차 당대회 사업총화 보고에서는 과학기술강국을 경제강국과 별도로 분리 하였다. 또한 2017년 김정은 신년사에서는 '강성국가 건설' 대신 '강국 건설'이라는 표현을 사용하였는데, 이는 대북제재 등으로 인해 경제 중 심 노선의 목표 달성이 어려운 사정하에서 강국이라는 용어가 강성국 가보다는 협의의 개념인 점을 고려한 현실적 조치로 보인다. 북한은 2019년 4월 11일 개정한 사회주의 헌법에 이러한 고려를 반영하였다.

위대한 령도자 김정일 동지께서는 세계 사회주의 체제의 붕괴와...영예롭게 수호하시고 우리조국을 불패의 정치사상강국, 핵보유국, 무적의 군사강국으로 전변시키시였으며 사회주의강국 건설의 휘황한 대통로를 열어 놓으시였다(2019.4.11, 개정헌법 전문).

이처럼 김정은은 집권 이후 온 사회의 김일성김정일주의화 정책(사상강국), 유일령도체계 확립 10대원칙 제정 등을 통한 1인지도체계 확립(정치강국), 경제 · 핵건설 병진노선에 기초한 핵 · 미사일 개발(군사강국), 경제부문 자율화 확대 및 비핵화 · 경제중심노선으로의 전환(경제강국) 등과 함께 과학기술강국, 문명강국 등 보다 세밀하게 사회주의 강국의 개념을 규정해 나가고 있다.

대남 혁명전략 불변下 전술 재정립

한반도 공산화통일 기본전략 불변

북한은 해방 이후 대남전략 목표를 '남조선 혁명을 통한 공산화 통일'로 설정하고, 대내외 환경과 혁명역량을 고려하여 무력도발 또는 평화공세 등 다양한 대남 정책을 번갈아 구사해 오고 있다(김계동 · 홍용표 외, 2015: 255).

냉전시기인 김일성시대는 민주기지건설론, 반제반봉건민주주의혁명론, 폭력혁명론 등에 입각한 북한 내 사회주의 혁명과업 완수와 한반도 통일을 기본목표로 내세웠다.

첫째, 민주기지건설론은 해방 직후 남한보다 조건이 좋은 북한을 대남혁명, 즉 전국적인 혁명을 위한 전진기지로 만들어야 한다는 것이다.

둘째, 반제반봉건민주주의혁명은 한반도가 일본제국주의 식민통치의 잔재가 남아있는 사회, 그리고 또다른 제국주의인 미국의 지배를 받는 '식민지반봉건사회'라는 인식에 기초하여 봉건적·자본주의적 착취제도를 청산하고 미제와 그 앞잡이인 지주, 매판자본가, 반동관료배를 반대하는 민족해방인민민주주의혁명 수행을 강조하였다. 반제반봉건민주주주의 혁명은 두 가지 중점 타격대상인 '제국주의와 봉건'을 명확히 하기 위해 붙인 이름이며, 민족해방인민민주주의혁명이라는 용어는 반제반봉건민주주의혁명의 타격대상과 목표를 하나의 개념으로 정립한 표현이다. 민족해방인민민주주의혁명은 북한이 해방초기 토지개혁·주요산업 국유화 등으로 봉건·자본주의적 관계를 청산했던 것처럼 남한에서도 이러한 혁명이 일어나게 해야 한다는 것이다.[4]

셋째, 폭력혁명론은 남한에서 정권을 빼앗는 방법은 군사쿠데타나 무장봉기, 전민중적 항쟁 등 폭력적인 방법밖에 없다는 것이다(곽인수, 2013: 90~106).

이러한 북한의 대남혁명전략 노선은 1980년대 말부터 시작된 대내외 환경변화, 즉 만성적인 북한의 경제난 심화,[5] 남한의 경제발전과 민주화, 소·동구사태 이후 국제적 역학관계의 변화 등으로 인해 혁명의 성격과 임무가 수정되지 않을 수 없게 되었다. 대내외 환경변화는 혁명역량을 크게 약화시켰을 뿐 아니라, 체제가 붕괴될 수 있다는 극도의

---

4) 민족해방인민민주주의혁명은 반제반봉건민주주의혁명의 두 타격대상인 제국주의와 봉건이외에 '자본주의'를 반대하는 개념까지 포함되어 있어 보다 광의적인 표현이다. 한편 혁명이 완수된 이후에는 전인민적 소유 → 전국가적 소유로 전환하는 사회주의 혁명을 계속 수행해야 한다고 주장한다.
5) 자립적 민족경제건설 노선의 한계로 인한 산업시설 노후화, 기술 낙후, 생산성 저하 등이 더욱 악화된 가운데 사회주의권 붕괴로 인한 경화결제 요구 등 무역시스템 와해, 1995년 대홍수 등이 이어져 김일성 사후 이른바 '고난의 행군'을 겪게 되었다.

위기감을 불러왔다. 특히 동독이 서독에 흡수되고 구소련과 중국이 남한과 수교하는 것을 목격한 북한은 남한에 의한 흡수통일 가능성을 매우 우려하지 않을 수 없게 되었다.

이에 따라 북한은 전반적 대남혁명 전략기조는 유지하였으나, 지금까지의 공격적인 대남정책을 지양하고 남북대화와 협력 등을 통한 체제안정 확보를 최우선적으로 고려하기 시작했다(김계동·홍용표 외, 2015: 255). 북한이 1991년 남북고위급회담을 서둘러 제안하고 기본합의서를 채택한 점, 1994년 김일성이 카터가 제의한 김영삼 대통령과의 정상회담6)에 호응한 점, 1994년 미국과 제네바합의를 성사시킨 점, 특히 2000년 6월 최초로 평양에서 김대중-김정일 남북정상회담을 개최한 점 등은 모택동의 '담담타타 타타담담(談談打打 打打談談)'7) 전술을 그대로 시행한 것이라고 할 수 있다.

소·동구권 붕괴 이후 탈냉전시대 북한의 대남(대외) 정책 행보는 자발적·능동적이라기보다는 주변환경 변화에 대응하기 위해 취한 수세적·피동적 변화라고 할 수 있다.

---

6) 1994년 7월 8일 김일성이 갑작스럽게 사망함에 따라 동 정상회담은 개최되지 못했다.
7) '타타담담 담담타타'는 중국의 모택동이 중국 내전을 거치면서 활용했던 전술전략의 핵심을 이루었던 말이다. 공격하면서도 대화하고 대화하면서도 공격을 가하는 전술을 일컫는다. 막강한 군사력과 미국의 엄청난 지원을 받으면서도 장개석 군대가 모택동군사에게 패배할 수밖에 없었던 원인에 대해 훗날 장개석은 다음과 같이 뼈아프게 분석을 한 적이 있었다. "공산주의자들은 전세가 불리하면 반드시 평화회담을 제의해 온다. 그러나 실력이 생기면 평화회담을 파기하고 다시 무장공격을 감행한다. 그들이 우리와 평화회담을 하는 때에는 그들이 은밀히 무장투쟁을 준비하는 때이기도 하다. 그러나 때로는 공격과 평화회담을 동시에 병행함으로써 우리의 힘을 분산시키고 저들의 힘을 집결시키며 우리의 투지를 약화시키고 저들의 힘을 증강하는데 최고도의 효과를 거두려고 한다." "이처럼 그들의 평화공존은 전략적 방어였을 뿐만 아니라 전술적 공격이기도 하였다. 다시 말하면 세가 불리한 때에는 전략적 방어와 전술적 공격이라는 저자세의 이중전술 즉 담담타타로 나오고, 세가 유리한 때에는 전략적 공격과 전술적 방어라는 고자세의 이중전술 즉 타타담담으로 나오는 모택동전술의 요술적 변증법에 못 이겨 국민당은 패배하고 말았다(『중부일보』, 2018.4.2).

일례로 남북한 유엔동시가입 문제는 북한이 전통적으로 '하나의 조선' 논리를 내세우면서 단일국호에 의한 유엔 동시가입을 주장하며 반대해온 정책이었지만, 중국과 구소련이 남한과 수교하고 유엔 동시가입을 지지하는 상황에서 어쩔 수 없이 선택할 수밖에 없었던 대표적인 사례이다. 탈냉전시대 북한의 대남전략은 '남조선 혁명 완수와 조국통일'이라는 전략목표는 그대로 유지한 채 대내외의 불리한 환경변화에 대처하기 위해 불가피하게 선택한 전술적 변화이다. 그리고 근본적인 변화가 없다는 의미에서 '형식적인 변화, 변화없는 변화'라고 표현할 수 있다(곽인수, 2013: 121~123).

북한의 대남혁명전략의 근간은 2012년 김정은 정권의 공식출범 이후에도 변하지 않았다. 김정은은 2012년 4월 4차 당대표자회에서 김정일이 2010년 9월에 수정한 당규약을 재개정하면서 당면 목적인 '사회주의 강성대국 건설'을 '사회주의 강성국가 건설'로 교체하였으나 '전국적 범위에서의 민족해방민주주의혁명 수행' 표현은 그대로 두었다. 북한에서의 민족해방인민민주주의 혁명은 1950년대 중반 이미 완료되었기 때문에 '전국적'이라는 용어는 남한을 의미하는 것이다. 그리고 최종목적에서도 '온 사회의 주체사상화'를 '온 사회의 김일성김일성주의화'로 보다 구체화하면서 '인민대중의 자주성 완전 실현' 문장은 그대로 존치하였다.[8] "온 사회를 김일성김정일주의화하여 인민대중의 자주성을 완전히 실현"한다는 것은 남북한의 모든 주민들을 주체형의 인간으로 만드는 동시에 경제와 문화를 비롯 사회생활의 모든 분야를 주체사상의 요구대로 개조함으로써 전한반도를 김일성김정일주의(주체사상)으로 일색화한다는 것을 의미한다(곽인수, 2013: 126).

[8) 당규약 전문 원문은 앞의 '체제운영 목표' 파트 참조.

이러한 움직임은 김정은이 북한의 대남혁명전략의 근간을 유지하려는 의도를 강하게 내보인 것이다. 한편 전술적인 측면에서는 김정은도 집권 초기에는 바둑의 아생연후살타(我生然後殺他) 격언처럼 정권안정에 최우선을 둘 수밖에 없었기 때문에 남북 교류협력보다는 핵·미사일 개발에 주안을 두었다. 이는 체제안전판 확보와 함께 긴장분위기 조성으로 내부체제 결속을 도모하면서 남북관계에서 우위를 확보하려는 전술이었다.

사실상의 투코리아 전술

김정은은 2017년 말 핵개발 완료를 선언한 이후에는 남한을 미국과의 협상채널로 활용하는 전술(이남통미: 以南通美)을 구사하였다. 이는 전술적 〈Two Korea〉,[9] 즉 '先 정권안정 後 평화·통일 공세'의 일환이라고 평가된다. 즉 집권 초기에는 권력기반 공고화를 위해 체제안전판인 핵·미사일 개발에 주력하고, 이를 바탕으로 당면목적인 민족해방민주주의혁명 수행(통일전선전술)[10]의 기반조성 차원에서 남한을 활용해 미국과의 협상을 추진해 나가려는 전술이다.

조선로동당은 전조선의 애국적 민주력량과의 통일전선을 강화한다. 조

---

9) 북한은 전통적으로 연방제에 의한 1민족 1국가 2체제를 주장하고 있다. 그러나 김정은은 집권 이후 통일보다는 남북 간 평화체제 구축을 강조하고 있다. 2015년 8월 15일 표준시 독립을 주장하며 동경 127도 30분을 '평양시'로 별도로 지정하여 시행했던 것도 주목되었다.

10) 북한은 2010년 9월 3차 당대표자회에서 당규약을 수정하면서 '민족해방인민민주주의 혁명'문구에서 '인민'이라는 단어를 삭제하였는데, 이는 남한주민들을 더 많이 혁명역량으로 포섭하기 위한 용어혼란전술의 일환이다. 즉 통일전선역량 강화를 위해 인민, 계급 등 급진적·친북적 어감이 나는 용어 사용을 자제한 것이다.

선로동당은 남조선에서 미제의 침략무력을 몰아내고 온갖 외세의 지배와 간섭을 끝장내며 일본 군국주의의 재침 책동을 짓부시며 사회의 민주화와 생존의 권리를 위한 남조선 인민들의 투쟁을 적극 지지 성원하며 우리민족끼리 힘을 합쳐 자주, 평화통일, 민족대단결의 원칙에서 조국을 통일하고 나라와 민족의 통일적 발전을 이룩하기 위하여 투쟁한다. 조선로동당은 자주, 평화, 친선을 대외정책의 기본이념으로 하여 반제자주 력량과의 련대성을 강화하고 다른 나라들과의 선린우호관계를 발전시키며 제국주의의 침략과 전쟁 책동을 반대하고 세계의 자주화와 평화를 위하여 세계 사회주의 운동의 발전을 위하여 투쟁한다(2016.5월 7차당대회 개정 당규약 전문).

실제로 김정은은 2018년 3월 방북한 한국특사단에게 비핵화 의사를 표명하고, 4.27 남북정상회담과 6.12 미북정상회담에서 관계개선 및 평화체제 구축, 비핵화 원칙 등에 합의한 공동선언문을 채택한 이후 북한은 통일(연방제)보다는 한반도 평화체제 구축을 보다 강조하고 있다. 그러나 이러한 북한의 사실상의 투코리아 전술은 2019년 2월 하노이 미북정상회담에서의 결렬, 외교 대참사 이후 질적인 변화를 겪는다. 평화와 교류협력, '이남통미' 대신에 노골적인 무시와 위협, 다양한 군사도발, 주미종남(主美從南) 전술로 한국정부를 압박하고 있다. 급기야 8차 당대회에서는 국방력 강화에 의한 통일을 명문화하기까지 하였다. 이러한 북한의 태도는 향후 비핵화 협상의 향배에 따라 그 내용과 수준이 달라질 것으로 보인다.

강위력한 국방력에 의거하여 조선반도의 영원한 평화적 안정을 보장하고 조국통일의 력사적 위업을 앞당긴다(2021.1월 8차 당대회 개정 당규약).

김씨일가 영구집권 기반 구축

유훈 실천 강조 / 당규약·유일령도체계 원칙 등에 명문화

김씨일가 영구집권을 위한 시도는 ① 김일성·김정일의 유훈 ② 당규약 ③ 유일령도체계 확립 10대원칙 등에 잘 나타나 있다. 주요 사항을 보면 다음과 같다. 먼저 김일성은 생전에 "아들이 못하면, 손자 대에 가서라도 과업을 완수할 것"을 수시로 강조(『중앙방송』, 2005.1.27)하였으며, 김정일은 이른바 10월 8일 유훈을 통해 "김정은을 중심으로 주체혁명 위업을 계승 완성해 나갈 것"을 당부하였다.

둘째, 북한은 노동당의 성격을 규정한 당규약을 지속적으로 개정하고 있다. 1980년 6차 당대회에서 규정한 '주체형의 혁명적 맑스-레닌주의 당'을 '김일성동지의 당'(2010.9. 3차 당대표자회) → '김일성김정일동지의 당'(2012.4. 4차 당대표자회) → '김일성김정일주의 당'(2016.5. 7차 당대회)[11] 등으로 사당화의 수준을 계속 높이고 있다. 그리고 2012년 4차 당대표자회부터 당의 지도적 지침으로 주체사상을 대체하여 '김일성김정일주의'를 표방하고 '온 사회의 김일성김정일주의화'를 당의 최종목적으로 규정하였다.

셋째, 북한은 2013년 6월 유일사상체계 확립 10대원칙을 개정한 유일령도체계 확립 10대원칙 제10조 2항에 "우리 당과 혁명의 명맥을 백두의 혈통으로 영원히 이어 나가며"라는 표현을 구체적으로 적시해 '대를 이은 백두혈통 세습'을 명문화하였다. 한마디로 김씨일가가 4대, 5대를 넘어 영구적으로 통치하는 나라를 건설하는 것이다.

---

11) 김일성김정일주의 당으로 변경한 것은 "개인의 당이 아니라 이데올로기에 의한 당"임을 강조하려는 저의로 평가된다.

2. 김정은 권력장악 과정에서의 정책의 기능

정책과 권력의 상관관계

정책은 바람직한 사회 상태를 이룩하려는 정책목표와 이를 달성하기 위해 필요한 정책수단에 대하여 권위있는 정부기관이 공식적으로 결정한 기본방침이다. 이러한 정책목표와 그 정책목표를 달성하기 위한 정책수단, 그리고 정책대상 집단을 합하여 정책의 3대 구성요소라고 한다(정정길 외, 2003: 3~57).

정책을 독립변수로 볼 필요

대부분의 정책 연구는 정책을 종속변수로 봄으로써 정책 산출의 차이를 정부기관 및 압력단체 간 권력의 배분 관계나 정책과정 참여자의 관점에서 설명하려고 했다. 그러나 정책을 독립변수[12]로 볼 수도 있다. 이는 이슈 성격이나 정책의 내용이 정책결정 과정에 영향을 미칠 수 있다는 생각이다(Ranney, 1968: 13~14; 한석태, 2013: 35).

이번 글은 정책이 독립변수로서 정책결정과정 뿐만 아니라 좀 더 근원적으로 권력 장악 및 공고화 과정에도 지대한 영향을 준다는 가정에서 출발하고 있다. 등소평의 흑묘백묘론에 입각한 개혁·개방정책은 '모택통의 중국'을 '등소평의 중국'으로 변화시키는 중요한 수단이 되었

[12) 정책을 독립변수로 보는 관점을 밝힌 학자로는 프로만(Froman, 1968), 리플리와 프랭클린(Ripley & Franklin, 1980), 챔프니(Champney, 1988) 등이 있다(한석태, 2013: 35).

다. 이와는 달리 루마니아의 차우세스쿠는 개혁개방을 거부하다가 자신을 물론 루마니아 사회주의 체제의 비참한 말로를 맞이하였다.[13]

일반적으로 정책은 다른 이념이나 정책을 가진 파벌이나 정파가 권력을 쟁취한 이후 시행하는 부산물로 보는 게 일반적이다. 따라서 강온 파벌이나 집권경쟁 정당이 없는 북한에서는 정책노선은 권력 장악과 공고화의 주요 수단이라기보다는 통치행위의 한 부분으로 간주되어 왔다. 그러나 관점을 조금 달리할 필요가 있다. 한 국가의 지도자가 권력을 완전하게 장악하고 행사하기 위해서는 차별화된 비전을 제시하고 가시적인 업적을 창출해야 한다. 김일성은 해방 이후 건국을 주도하고 북한경제를 일으켜 세운 건국의 아버지로서, 김정일은 김일성과 30년 동안 공동통치한 지도자이기 때문에, 주민들은 그들의 권력장악과 행사에 대해 의문을 갖지 않았다. 그러나 김정은은 갑작스럽게 등장한 지도자이며, 선대의 후광을 업어 권력을 승계하고 통치하고 있지만, 아직도 정당성과 카리스마가 완전하지 않다.

김정은체제에서 정책은 카리스마 창출과
영구집권 기반 구축을 위한 핵심 독립변수

김정은이 집권 이후 핵개발에 박차를 가하고, 2018년부터 비핵화로의 정책 전환을 통해 경제건설로 집중해 나가는 것은 김일성·김정일 시대 또는 일반적인 국가들의 체제안정과 발전이라는 목표를 넘어 자신의 권력을 공고화해 나가기 위한 중요한 수단·과정으로 보아야 할 것이다. 한마디로, 과감한 정책추진 → 권력기반 공고화 및 대남혁명역

---

13) 페레스트로이카·글라노스트를 주도했던 구소련의 고르바초프는 등소평과 달리 성공을 거두지 못하고 개인과 국가의 몰락을 재촉하기도 하였다.

량 강화 → 정책 카리스마 창출 → 권력층 장악 및 주민지지 획득→ 집권기반 공고화 및 김씨일가 영구집권 기반 구축을 노리는 주요 프로세스(process)이다.

다시 말하면, 김정은은 막스 베버가 권력지배의 형태로 분류한 전통적 지배, 합법적 지배, 카리스마적 지배 가운데 앞의 2가지는 선대로부터의 전통적인 방법의 계승과 차별화, 그리고 법·제도·인사 등 제도적 기반의 구축으로 어느 정도 달성했다고 볼 수 있다. 그렇지만 최고지도자로서 필수불가결한 요소인 카리스마는 젊은 나이와 국정운영 경험부족 등으로 인해 단기간 내에 생성하기 어려운 높은 벽이라고 할 수 있다.

이러한 한계를 한꺼번에 넘어서는 방법은 새로운 정책을 선포하고 자신의 능력을 직접 보여주는 수밖에 없다. 막스 베버는 다음과 같이 강조했다. "카리스마의 타당성에 대하여 판결을 내리는 것은 입증을 통해서 보장되는 피지배자의 자유로운 인정이다. (중략) 예언자뿐 아니라 전시 군주와 진정한 지도자는 일반적으로 새로운 계율을 설파하고 창조하며 요구한다. 카리스마적 지배는 그 영역 내에서 과거를 붕괴시키며, 이러한 의미에서 특별히 혁명적이다. (중략) 개인적인 카리스마가 입증에 의하여 타당하게 되는 한에서만 카리스마적 지배는 정당하다"(막스 베버, 박성환 옮김, 2003: 450~453).

이처럼 정치지도자가 새로운 비전을 설파하고 변화를 이끌어 나가는데 있어 정책노선만큼 좋은 방안이 없다. 과감하고 혁신적인 정책노선은 ① 대전략가로서의 지도자 이미지를 각인시키고 ② 전임자와의 자연스러운 차별화를 도모할 수 있으며 ③ 변화를 거부하거나 잠재해 있는 수구세력들의 입지를 어렵게 만들고 ④ 나아가 숙청이나 자연스러운 세대교체를 할수 있는 명분을 만들 수 있으며 ⑤ 주민들에게는 보다 나은 미래에 대한 새로운 기대감을 심어주기 때문이다.

외교정책과 국내정치

외교정책이 국내정치에 미치는 영향과 관련한 연구는 1950년대 중반 이후부터 서서히 시작되었다.[14] 북한의 외교정책이 김정은의 권력 공고화에 미치는 영향은 외부로의 관심 전환, 카리스마 창출, 자신을 중심으로 한 결집효과 제고 등을 들 수 있다.

외부로의 관심전환

관심전환 이론(diversionary theory of war)은 속죄양 가설(scapegoat hypothesis)로도 불리며, 정치지도자가 대중의 관심을 국내문제가 아닌 외부로 돌리는 한편 자신의 국내정치적 지위를 강화시키기 위해 전쟁을 포함한 모험적인 대외정책에 호소한다고 주장하는 이론이다. 1982년 아르헨티나 군사정부가 일으킨 영국령 포클랜드 제도 점령, 1998년 성

---

14) 외교정책 행위의 국내정치 요인에 대한 분석은 국가 내부의 특성이 국가의 외교정책 결정에 영향을 미치며 그 결과가 대외적 행동으로 표출된다는 전제에서부터 출발한다. 이러한 입장은 상식적으로도 당연한 것처럼 보인다. 그렇지만 국제정치학의 역사를 보면 국내정치 요인은 그 중요성에 상응하는 학문적인 대접을 받지 못했다. 가장 결정적인 이유는 국가를 '단일적이고 합리적인 행위자'로 간주하는 현실주의 패러다임이 제2차 세계대전이후 막대한 영향력을 행사했기 때문이다. 한스 모겐스를 중심으로 한 현실주의의 패러다임이 외교정책에 미치는 국내정치요인들을 경시하는 근거는 "정치란 인간의 권력추구 본성이라는 객관적 법칙의 지배를 받으며, 국가는 권력으로 정의된 이익을 추구하며 단일적이고 합리적이다"라는 가정이다. 만일 이러한 가정이 아니라 국가가 다수의 인격체로 구성된 것으로 가정한다면, 여러 가지 대안에 대해서 일관된 선호를 갖는다는 것도, 선호를 나타내는 효용을 극대화한다는 것도 원칙적으로 성립될 수 없는 것이다(김계동 외, 2016: 53~55).

추문사건으로 탄핵위기에 몰린 클린턴 대통령의 이라크공습 등이 대표적인 사례이다. 하지만, 한 국가의 지도자가 실제로 관심전환 동기를 가지고 무력을 사용했다고 하더라도 이를 실증적으로 입증해 내기는 쉽지 않을 뿐더러 음모이론으로도 악용될 소지도 많기 때문에 특정국가의 대외적 행동을 관심전환 동기로 설명하는 것에는 주의가 요구된다(김계동 외, 2016: 74).

전쟁 이론가 잭 레비(Jack Levy) 교수는 "어떤 나라가 국제사회에서 자국의 지위를 심각하게 위협받거나 영토를 상실할 위협에 당면해 있다면, 그 나라는 위기조성 전략을 채택할 가능성이 높다"(Jack Levy, 1992: 285; 문순보, 2013: 60)고 말했다. 북한은 6.25전쟁 이후 북한주민들에게 미국이 또다시 침략할 수 있다는 위기의식, 이른바 '피포위 의식' 주입을 통해 김일성 · 김정일을 중심으로 한 체제결속을 도모해 왔다. 방어적 군사훈련임에도 불구하고 한미합동군사훈련이 시작되면 평양시내에 방공사이렌을 울리고 야간에는 등화관제 훈련을 실시한다. 군인들은 몇 달간 갱도에서 생활한다. 한편 1.21 무장공비침투사건, 판문점 도끼만행사건 등 간헐적인 대남도발도 이러한 목적에 일조하였다. 그리고 김정은은 수시로 자극적인 발언을 통해 결전의지를 과시한다.[15] 북한이 이렇게 대외적 위기를 조성하는 궁극적인 목적은 체제의 생존과 정권안보를 위한 것이라고 할 수 있다(문순보, 2013: 60).

미국 본토 전역이 우리의 핵타격 사정권안에 있으며 핵단추가 내 사무

---

[15] 2011년 12월 17일 김정일 사망으로 단독통치를 시작한 김정은은 이듬해 3월 서해 최전방섬 방어대를 방문한 자리에서 "적진을 벌초해 버리라"는 거친 말을 쏟아냈다. "항복문서에 도장찍을 놈도 없도록 수장(水葬)시키라"는 언급을 했다. 김정은의 이 같은 발언은 과거에 비해 강도가 매우 높아진 것이란게 대북전문가들의 분석이다(『시사저널 1455호』, 2017.9.7).

실 책상우에 항상 놓여있다는 것, 이는 결코 위협이 아닌 현실임을 똑바로 알아야 합니다(2018년 김정은신년사; 『로동신문』, 2018.1.1).

김정은도 집권 이후 ① 핵·미사일 개발에 총력을 경주하는 가운데 ② 2017년 11월 핵개발 완료 선언 이전까지는 미국령 괌도 미사일타격 가능성 시사와 미국과의 전면전 불사의지 천명 등으로 긴장국면을 최고조로 조성하였으며 ③ 특히 2015년 8월 DMZ 목함지뢰 도발 시에는 준전시상태까지 선포하였다. 또한 ④ 주요 계기 때마다 평양시 10만 군중대회 등 전지역·기관별로 반미 및 김정은 결사옹위 결의대회를 개최하여 전사회적으로 동원분위기를 고조시켰다.

이러한 정책은 군사 자위력 확보와 맞대응 조치라는 겉으로 드러난 모습은 물론, 보다 근원적으로는 북한 주민들에게 위기의식을 조장함으로써 자신을 미제국주의와 맞서는 강단있는 군사지도자로서의 이미지를 각인시키고 체제를 보다 결속시키기 위한 고도의 정치적 조치라고 할 수 있다.

새로운 카리스마 창출

메스키타(Bruce Bueno de Mesquita)와 그의 동료들에 의해 개발된 선출인단이론(selectorate theory)은 지도자 선출에 관해 '선출인단'(selectorate)과 '승리연합'(winning coalition)이라는 2가지 집단의 차원에서 파악하고 있다.

선출인단은 지도자 선출에 참여할 수 있는 사람들의 집합이며, 승리연합은 선출인단의 부분집합으로서 지도자가 권력유지를 위해 필요한 지지자로 정의된다. 우리나라를 예를 들면 19세 이상의 선거권자가 선출인단이라고 할 수 있으며, 대통령에게 투표한 유권자가 승리연합의 규모라고 할 수 있다. 메스키타는 북한의 경우 선출인단은 수백만이지만, 승리연합은 적게는 9명, 많게는 250명에 불과[16]하다고 주장하였다.

동 이론에 따르면 지도자는 일반적으로 W-size(승리연합 규모)를 줄이려고 한다. 일반적으로 민주주의 국가는 승리연합의 규모가 크며, 비민주국가는 그 수가 극히 제한적이다. 선출인단 이론의 기본적인 가정은 모든 지도자의 일차목표는 권력유지라는 것이다. 이를 위해 지도자는 지지자들에 보상을 제공해야 하는데, 보상에는 핵심지지자들만이 혜택을 입는 사유재와 지지여부와 관계없이 모든 국민이 혜택을 입는 공공재가 존재한다. 비민주국가에서는 소수의 승리연합에게 사유재만 잘 제공하면 권력이 유지되지만, 민주국가의 지도자는 공공재의 제공을 통해 권력을 유지해야 한다. 권위주의 국가의 지도자는 권력유지를 위해 효과적인 정책결과를 내놓을 필요가 없으며 자신들의 측근들을 만족시키기 위한 노력만 기울이면 된다. 따라서 전쟁의 이유도 민주주의 국가는 정책·정권변화 등의 공공재와 관련된 이유로 전쟁을 하는 비율이 압도적으로 높으며, 전쟁발발 이후에도 가용자원을 더 많이 투입하게 된다(김계동 외, 2016: 64~66).

북한은 민주국가가 아니라 권위주의·비민주국가이다. 선출인단이론에 따르면 북한은 승리연합의 수가 소수이고, 따라서 전 국민들에게 골고루 혜택이 가는 공공재보다는 소수의 지지그룹들에게 지도자의 선물이나 지하경제를 활용할 수 있는 특권만 허용하면 되었다. 그러나 김정은 시대는 과거 김일성·김정일과는 조금 다른 상황에 처해 있다. 자신의 정통성과 국정운영 경험은 미흡한데다, 국가경제는 파탄되고

---

16) 메스키타가 추정한 숫자는 북한 노동당의 정치국원과 중앙위원회 위원·후보위원 수를 고려한 것으로 보인다.

비공식시장 경제에 의지하면서 겨우 굴러가고 있다. 이런 상황에서 김정은이 최고지도자로서의 권위를 확보해 나가기 위해서는 승리연합에 대한 물질적 특혜 제공은 물론이고 새로운 카리스마 창출을 통한 강력한 지도자 이미지 구축이 무엇보다 필요하였다.

여기에 딱 들어맞는 것이 핵개발 추진이었다.

핵 = 김정은 = 권력층 = 북한이라는 등식 주입을 통해 간부들과 주민들을 자기 주위로 결집시키고, 유훈의 완성과 체제보위의 최후 안전판을 보유함으로써 카리스마를 확보하려는 목적이었다. 그러나 이러한 새로운 카리스마 창출 시도는 북한이 보유한 가용자원을 총력투자[17] 해야 하는 엄청난 대가를 지불하였다. 북한이 핵을 개발하기 위해 핵시설 건설에 6억-7억 달러, 고농축 우라늄 개발에 2억-4억 달러, 핵무기 제조실험에 1억 6,000만-2억 3,000만 달러, 핵융합 기초연구에 1억-2억 달러 등 핵개발에 11억-15억 달러를 투입했을 것으로 추정하고 있으며, 우리 군당국은 2012년 북한이 은하3호 미사일 발사에 실패한 직후 북한이 미사일 개발에 투입한 돈이 총 1조 268억 원에 달한다고 밝힌 적이 있다(『아시아경제』, 2017.9.4).

게다가, 유엔과 미국의 제재가 강화됨에 따라 2017년부터 경제사정이 급속히 악화되어 경제성장률이 2017년 마이너스 3.5%, 2018년 마이너스 5%로 계속 악화되고 있다. 이는 1997년 고난의 행군 때 마이너스 6.5%를 기록한 이후 20년 만에 최저치이다. 또한 대외무역 규모도 2017년에 55억 5천만 달러(2016년 65억 3천만 달러보다 15% 감소)에 이어, 2018년에는 28억 4천만 달러로 거의 반토막이 났다(『연합뉴스』, 2018. 7.20, 2019.7.19).

17) 핵·미사일 개발에 투입한 천문학적인 비용은 물론 국제사회의 대북제재로 인해 입은 손실까지를 함께 고려해야 한다.

지도자를 중심으로 한 결집효과

결집효과(rally'round the flag effect)는 정치학자인 뮬러(Jhon Muller)가 1973년 저서 『War, Presidents, and Public Opinion』에서 처음 사용한 개념으로서, 미국정치에서 외교안보상 위기가 발생할 때 현직 대통령에 대한 지지여론이 급등하는 현상을 가리키는 표현이다. 이러한 현상이 발생하는 이유는 애국심 때문이며, 시간이 지나면서 정부정책이 삐걱거리고 야당과 언론 등이 비판을 퍼부으면서 길어야 4-5개월 정도의 단기적으로 지속된다고 주장하였다(김계동 외, 2016: 72~73).

그러나 이 같은 결집효과는 미국정치뿐만 아니라 민주 · 비민주 국가를 불문하고 발생한다고 보아야 하며, 단지 그 지속 기간에서만 차이가 있을 뿐이라고 평가된다. 즉 일반적으로 민주국가보다는 정치적 반대세력이 존재가 미미하고, 언론 통제도 비교적 쉬운 권위주의 국가가 좀 더 오래 지속될 가능성이 크다. 실제로 북한은 국가적 위기 시마다 대규모 군중집회, 군입대 탄원모임 등을 개최하고 최고지도자를 목숨으로 옹호보위할 것을 강조하는 방법을 통해 주민들을 하나로 결집해 나가고 있다.

일례로 2017년 9월 트럼프 대통령이 유엔총회 연설에서 북한을 완전 파괴할 수 있다는 발언에 대해 김정은이 직접 TV연설(9.23)을 통해 "망발의 대가를 반드시 받아낼 것이며, 사상최고의 초강경 대응조치로 맞설 것이다"(『조선중앙TV』, 2017.9.23)라고 천명한 이후 전지역 · 기관 · 사회단체별 궐기대회를 개최하고 김정은성명 지지와 반미 최후결사전에 나설 것을 천명하였다. 9월 28일자 로동신문은 김정은이 성명을 발표한 이후 엿새 동안 학생과 근로자 470여만 명이 군입대와 재입대를 탄원했다고 선전하기도 했다.

결론적으로, 김정은은 집권 이후 핵개발·비핵화라는 초대형 이슈를 주도해 나가고 있는데, 이는 핵무기 보유·외부위기 조성을 통한 내부 안정 기반 확보 차원을 넘어 대북제재 해제·경제 활성화·국제관계 복원 등을 통한 정상국가화, 김씨일가가 영구집권하는 나라를 건설하기 위한 장기플랜에 기초한 것이라고 평가된다.

대전략 구현을 위한
실천 전술

1. 1단계(2018년 이전): 핵보유

북한정권은 김일성 → 김정일 → 김정은으로 이어지는 3대 부자세습 정권이다. 혈통승계 정권이므로 태생적으로 선대의 후광을 활용하면서, 유훈 관철을 제1 과제로 하지 않을 수 없다. 김일성·김정일 유훈은 협의적으로 보면 핵을 기초로 한 사회주의 강국 건설, 보다 광의적으로는 사회주의정권 고수·발전과 한반도 적화통일이라고 할 수 있다.

고슴도치 전술

김정은은 김정일이 사망하고 공식 집권한 이후 첫 해인 2012년 신년사를 김정일시대의 방법인 〈로동신문·조선인민군·청년전위 공동사설〉을 통해 발표하였다.[18] 동 사설에서는 "김정일 동지의 유훈, 장군님께서 제시하신 정책을 한치의 드팀도 없이 한걸음의 양보도 없이 무조

18) 그러나 2013년 신년사부터는 과거 김일성처럼 육성연설로 발표하고 있다.

건 관철해야 하며, 이 길에서는 절대로 변함이 있을 수 없다는 것이 우리 당의 확고한 의지이다"(『로동신문』, 2012.1.1)라고 강조하여 김정일의 정책을 계승 완성해 나갈 것임을 분명히 하였다.

정권안정 최우선

이후 김정은은 남북관계 증진 또는 중국 지도부와의 상호방문 등 외부와의 교류협력을 통한 체제 활성화보다는 ① 숙청과 당우위체계 복원, 당규약·헌법·유일사상체계 보강 등을 통한 권력기반 재정비 ② 김일성100회·김정일70회 생일, 당창건·정권창건·광복 70돌을 비롯한 국가적 기념일을 계기로 한 백두혈통과 체제우월성 선전 ③ 핵·미사일 개발을 통한 체제안전판 확보 및 주민 자긍심 고취 ④ 계획경제·배급제, 만리마속도운동 등 전통적 사회주의 시스템 복원 ⑤ 경제관리 개선조치, 경제특구 지정, 핸드폰 사용 및 장마당 경제 활성화 허용 등 시장경제 접목 ⑥ 평양순안공항 리모델링·려명거리 건설 등 평양시 현대화 사업 ⑦ 북중국경지대 철조망 설치·비사회주의 현상 단속 강화 등 주민통제 강화 ⑧ 대규모 반미군중대회·전투동원태세 하달 등을 통한 전쟁분위기·위기의식 확산에 주력함으로써 내부안정에 최우선을 두었다.

대결·차단적 정세관

남북관계에 있어서는 인천아시안게임 폐막식 특사단 파견(2014.10) 등의 간헐적인 유화제스처가 있었긴 하였으나 천안함 폭침, 연평도 포격, NLL 및 DMZ 도발, 정전협정 무효화 선언, 농협전산망 Ddos공격 등 사이버공격, 금강산관광 중단·개성공단 폐쇄, 북한군의 서해5도 및 한반도 전역 점령훈련 공개 등을 통해 긴장의 수위를 계속 높였다. 그리고 2015년 8월부터 2018년 5월까지 평양 표준시를 독자적으로 사용하기도 하였다. 대외적으로도 시진핑 등 중국지도부와의 전통적인 교류활동을 사실상 중단하였으며, 미국과도 대결분위기를 고조시켰다. 이러한 분위기는 2018년 들어 평창동계올림픽 참가와 한반도 평화체제구축을 위한 남북, 북중, 미북 정상회담으로 연이어 이어지기 전까지 지속되었다. 이와 더불어, 김정일시대와 달리 남북 간 합의문 작성 시 통일보다는 '평화(번영)'에 보다 방점을 두고 있는 추세도 주목되는 점이다.

핵·미사일 개발

1993년 3월 12일 북한의 NPT 탈퇴로 시작된 1차 북핵위기는 1994년 10월 21일 북한의 핵포기와 대북 체제안전보장·경수로 지원을 골자로 하는 미북 간 제네바합의로 수습이 되었으나, 2002년 10월 우라늄 농축 프로그램 프로그램 규명을 둘러싸고 2차 핵위기가 다시 발생하였다. 이에 따라 6자회담을 매개체로 2005년 9.19공동성명이 새롭게 합의, 발표되었다.

그러나 이러한 합의도 미국의 마카오주재 BDA에 대한 돈세탁우려 대상 지정과 북한의 예탁금 2,500만 불 인출 금지 → 북한의 대규모 미사일 발사시위 → 2006년 7월 15일 안보리 대북제재결의 1695호 채택 → 2006년 10월 9일 북한의 1차 핵실험 → 2006년 10월 14일 안보리결의 1718호 채택 등으로 북핵문제는 롤러코스트를 탔다. 이에 따라 6자회담 의장국인 중국을 중심으로 새로운 합의 도출을 시도하여 2007년

2.13합의 및 10.3합의를 이끌어냄으로써 2008년 6월 영변원자로 냉각탑 파괴 등의 성과를 거두었으나, 검증방식에 대한 의견차이로 인해 6자 회담은 결렬되었다.

핵개발 올인과 미국과의 판갈이 싸움

북한은 김정은을 후계자로 내정한 2009년도에 광명성 2호 로켓발사 (4.6), 2차 핵실험(10.9) 등을 단행하였으며, 김정은이 단독통치를 시작한 2012년부터는 핵·미사일 개발에 더욱 박차를 가해 위기는 더욱 고조되었다. 김정은은 2012년 미국과의 2.29합의에도 불구하고 4월 13일 장거리 미사일 발사를 단행하였으며, 3차 핵실험(2013.2.12)도 실시하였다. 이후 김정은은 2013년 3월 31일 당전원회의를 개최하고 '경제·핵건설 병진노선'을 채택한 이후 총 4차례의 핵실험과 100여 회가 넘는 미사일 발사시험 등으로 핵·미사일 개발에 총력을 경주하였다. 이에 따라 북한은 국제사회, 특히 미국 트럼프 대통령과의 극한적인 대립구도를 형성하게 되었으며, 말폭탄이 서로 오가는 가운데 미국의 군사공격설이 유포되는 등 한반도의 긴장은 시간이 흐를수록 고조되었다.

이런 가운데 북한은 2017년 11월 29일 미국을 사정권으로 하는 핵탄두를 장착한 장거리미사일 화성-15호를 발사한 후 핵·미사일 개발 완료를 선언하였다. 이러한 북한의 도발에 대해 국제사회는 2006년 7월 15일 유엔안보리 결의안 1695호를 시작으로 총 11회의 대북제재 결의안을 통과시키며 북한에 대한 압박을 강화하고 있다(첨부의 〈표 10: 김정은 등장 이후 북한의 핵·미사일 개발 일지〉와 〈표 11: 핵·미사일 개발 관련 대북제재결의 현황〉 참조). 북한의 석탄(4억 90만 달러 또는 750만 톤) 등 광물 수출상한선 지정 또는 금지, 금융제재, 해외노동자

2019년까지 전원철수와 신규파견 금지, 섬유(연 2억 5천만 달러)·해산물(연 3억 달러) 수출 금지, 대북원유(400만 배럴 동결) 및 정제유(450만 → 50만 배럴) 수입 상한선 지정 등은 북한경제에 치명적인 영향을 주었다.

대남 비대칭군사력 우위 체제 구축

한편 북한의 핵·미사일 능력과 관련해서는, 북한이 수소탄 및 미국을 사정권으로 하는 장거리미사일(ICBM) 개발을 완료했다고 선언했음에도 불구하고, 미국을 비롯한 국제사회는 핵탄두 소형화 및 대기권 재진입, 목표 유도항법장치 기술력 확보여부 등에 대해 여전히 의문을 품고 있다.[19]

2021년 2월 국방부가 공개한 『2020 국방백서』는 2년 전 백서와 같이 "북한이 플루토늄 50여 kg, HEU 상당량을 보유하고 있으며, 핵무기 소형화 능력도 상당한 수준에 이르렀다"[20]고 분석하였다. 대부분의 전문가들은 영변 5MW원자로의 사용 후 핵연료를 재처리하면 매년 6-8kg 정도의 플루토늄을 추가로 획득할 수 있다고 추정하고 있지만, 군은 "북한이 사용 후 핵연료를 재처리한 징후가 확인되지 않았고, 고농축우라늄(HEU) 생산은 은밀한 시설에서 이뤄지고 있어 정확한 보유량을 확인할 수 없다"고 설명했다. 한편 북한이 최대 160개까지의 핵무기를 만들 수 있는 핵물질을 보유(첨부 〈표 12: 시기별 북한의 분열성 핵물질 보유량 및

---

[19] 2017년 11월 29일 ICBM발사도 정각발사가 아닌 고각발사였다.

[20] 〈2014 국방백서〉와 〈2106 국방백서〉에서는 플루토늄 보유량을 각각 40kg, 50kg으로, HEU는 "프로그램 진행중", "상당한 수준으로 진척"으로 서술하였다. 통상 핵무기 1기를 생산하는데 플루토늄 4kg 정도가 소요된다.

핵무기 숫자〉 참조)할 것으로 추정한[21] 평가도 있다(한용섭, 2018: 49~51).

또한 1970년대 소련제 SCUD-B 미사일을 해체하여 역설계하는 방식으로 시작된 북한의 미사일 개발은 현재 미사일 20여 종[22]과 1,200기 정도를 보유하고 있는 것으로 알려지고 있다. 특히 북한은 화성-12호에 대해 대형중량의 핵탄두를 장착해 태평양 지역을 타격권에 두는 로켓이라고 언급한 바 있으며, 화성-14호는 수소탄을 미국의 심장부에 날려보낼 핵운반 수단, 화성-15호는 미국 본토 전역을 타격할 수 있는 완결판 대륙간 탄도미사일이라고 강조하였다(한용섭, 2018: 62). 이에 대해, 미국 국방부는 2019년 1월 17일 발표한 〈미사일 방어전략 보고서〉를 통해 "북한의 미사일 능력을 특별한 위협으로 평가하고, 미 본토 공격이 가능한 시간이 가까워왔다"고 평가하였다.

한편 북한은 하노이 미북정상회담(2019.2.29) 결렬 이후 비핵화 협상을 거부하면서 북한판 이스칸데르(KN-23)와 에이태킴스, 대구경 조종방사포, 600mm 초대형 방사포 등 이른바 '단거리 4종 세트'와 MIRV, SLBM 등 첨단 미사일 전력 고도화에 더욱 박차를 가하고 있다.

김씨일가 영구집권을 위한 체제안전판 확보

이 같이 김정은이 핵개발에 총력을 경주한 것은 단순히 대남 비대칭

21) 2020년 8월 18일 미국 국방부 육군부는 '북한 전술보고서'를 발표하고 "북한의 핵무기는 20~60개며, 매년 6개를 새로 생산할 수 있다"고 추정하였다(『연합뉴스』, 2020.8.18).
22) 북한의 미사일 종류와 사거리(km)는 다음과 같다. 스커드B(화성5호/320-340), 스커드C(화성6호/500-555), 스커드D(화성7호/500-800), 스커드-ER(1,000), 로동-1(770-1,200), 대포동-1(2,500), 은하2호(6,7000), 은하3호(10,000),은하4호(12,000), 무수단(화성10호, KN-17/2,500-4,000), KN-02(120-200), KN-08(12,000), 화성13호(6,700), 화성14호(KN-04/10,000), 화성15호(13,000), 북극성1-3형(500-1,500), KN-23(600), 북극성 4-5ㅅ 등.

군사력 우위 확보, 대외협상용의 차원을 넘어 자신 및 김씨일가의 영구집권 안전판을 확보하려는 저의이다. 즉 김정은은 집권초기의 과도기적 상황에서 핵개발과 미국과의 판갈이 싸움을 통해 국내의 관심을 외부로 돌릴 수 있었으며, 대전략을 진두에서 지휘하는 군사지도자, 김정일 유훈을 끝까지 관철하는 신의와 충성의 지도자 이미지를 주민들에게 각인시킴으로써 자신을 중심으로 한 체제결속을 도모할 수 있었다. 또한 이렇게 확보한 체제안전판을 기초로 강성부흥국가 건설, 즉 김씨일가의 영구집권을 도모하기 위한 다양한 전략전술을 운영할 수 있는 토대를 확보하게 되었다.

당중앙위원회, 당중앙군사위원회, 국무위원회, 최고인민회의 상임위원회, 내각 등 5개 기관이 정권창건 70주년을 기념하여 김정은에게 올리는 공동축하문을 채택하고 "공화국의 자주권과 생존권, 발전권을 깡그리 말살하려는 최악의 제재봉쇄 속에서 보통의 담력과 의지로는 엄두도 낼 수 없는 국방력 강화의 대업을 굴함없는 공격정신과 견인불발의 의지로 이끌어오신 경애하는 최고령도자 동지의 령도실록은 세계정치사에 전무후무한 것이다. 최고령도자 동지께서 영웅적인 애국헌신으로 평화수호의 강력한 보검을 마련해주심으로써 우리 후손들은 다시는 고난의 행군과 같은 처절한 고생을 겪지 않고 전쟁의 불구름을 영원히 모르게 되었으며 우리 공화국은 수십년을 앞당겨 세계가 공인하는 강국의 전렬에 당당히 들어서게 되었다"고 강조하였다(『로동신문』, 2018.9.8).

시장경제 요소 도입 확대

북한의 경제체제는 사회주의 중앙집권적 계획경제이다. 그러나 1980년대 말 소·동구권이 붕괴한 이후부터 계획경제 시스템이 작동하지 못함에 따라 정책기조들을 부분적으로 수정해 오고 있다. 따라서 현재 북한의 경제체제는 제도상으로는 사회주의 소유제도와 계획경제 시스템을 유지하고 있지만, 현실경제에서는 시장화의 확산으로 계획과 시장이 병존하는 이중구조적 특징을 나타내고 있다(통일부 통일교육원, 2017: 114).

외화조달 및 민심관리

김정은시대에 들어서는 핵·미사일 개발 강행으로 인해 외화부족 등 경제난은 더욱 악화되었다. 이를 타개해 나가기 위해 김정은은 자립적 경제강국 건설(경제·핵건설 병진) 노선의 실천을 강조하는 가운데 사회저변에 비공식적으로 확산되어 있는 시장경제 요소를 사회주의 계획경제 시스템에 접목시키는 조치를 보다 적극적으로 시행해 나갔다. 김정은은 2009년 단행한 화폐개혁 실패를 교훈으로 삼아 시장(장마당) 활동을 묵인하고 활용하는 정책으로 전환하였으며, 돈주들과 주민들이 보유하고 있는 대규모의 외화를 국가경제틀 속으로 끌어들이기 위해 각종 통제를 완화시키는 조치를 취하고 있다.

생산현장 자율권 및 장마당·핸드폰 사용 허용 확대, 관광정책 활성화

첫째, 생산현장의 자율권을 허용하는 조치를 확대하고 있다. 2012년 6.28경제개선조치를 시행을 통해 ① 협동농장의 최하위 단위인 분조의 규모를 10-25명에서 3-5명으로 축소해 사실상 가족단위로 운영할 수 있게 하였으며, 생산물의 40%를 현물로 배분하여 자율적으로 처리할 수 있게 하였다. ② 공장과 기업소에 기업책임관리제를 실시하고 있다. 즉 기업은 국가계획 이외의 분야에서 자율적으로 제품의 생산량, 가격 등을 결정할 수 있으며 독자적으로 제품기획, 생산, 판매 등 활동을 자율적으로 할 수 있게 하였다. ③ 운송, 상점, 식당, 서비스 활동에서 이윤의 10-20%를 국가에 납부하면 개인투자를 허용해 경영에 참여할 수 있도록 하였다(소현철, 2018: 94~95). 그리고 2014년에는 이른바 우리식 경제관리방법이라는 '5.30조치'를 통해 사회주의 기업관리책임제를 도입하고 사회주의기업법도 2014년과 2015년 두 차례 개정해 사실상 시장을 통해 이루어졌던 계획지표 달성 활동을 제도적으로 부분 공식화하고 있다. 즉 지배인의 자율적 경영지표를 확대해 주고 시장을 활용한 기업자체의 계획도 부분 인정하는 분권적 조치를 취하였다(통일부 통일교육원, 2017: 114). 이러한 변화 속에서 국영기업소 등 공식경제 주체들과 전주들 간의 암묵적인 협력 사업도 확대되고 있다. 아파트 건설·대형상점 운영 등에 있어 전주(이른바 붉은자본가)들이 초기 투자비 지원부터 운영까지의 전반에 참여하고 국가에 이익금을 납부하는 현상이 일반화되고 있다.

둘째, 북한 당국이 공식적으로 인가한 장마당의 수가 계속 증가하고 대부분의 주민들이 장마당에 의존하여 생계를 영위해 나가고 있는 점이다. 현재 북한의 장마당수는 460여 개로 추정[23]되고 있으며, 국가배급을 받지 못하는 2/3의 일반주민은 물론 간부·기업소·협동농장 등 모든 경제주체들이 어떤 형태로든 장마당과 연계되어 경제활동을 전개해 나가고 있다. 대부분의 탈북민들은 "과거 고난의 행군시기에는 국

---

23) 국가안보전략연구원과 중앙일보가 탈북민 증언 등을 기초로 추정한 숫자(『중앙일보』, 2018.9.17)이며, 허가가 안된 비상설 장마당(메뚜기장 등)은 포함되지 않았다.

가를 믿고 있다가 굶어죽었는데, 이제는 장마당이 있기 때문에 그런 일은 다시는 일어나지 않을 것"이라고 말한다.

셋째, 주민들의 핸드폰 사용 확대를 허용하고 기기 구입비·요금을 달러로 받고 있는 점이다. 국가안보전략연구원은 북한의 휴대폰 사용자가 580만 명을 돌파했고 가입비로만 최소 17억 4천만 달러 현금이 유통되었다고 분석하였다(『중앙일보』, 2018.9.17). 그야말로 "주민들은 생활 편의를, 국가는 돈을 챙기는 이속이 맞아 떨어진 대표적 사례"라고 말할 수 있다.

넷째, 경제개발구를 전국적으로 확대하고 외자유치를 도모하고 있다. 2013년 5월 29일 경제개발구법을 제정한 이후 현재 중앙급 경제특구 5개를 비롯 총 26개의 경제개발구가 지정되어 있으나, 대북제재로 인해 아직은 성과가 미흡한 수준이다.

다섯째, 김정은은 적극적인 관광정책을 통한 외화획득에도 주력하고 있다. 금강산관광특구를 원산-금강산 국제관광지대로 확대 개편[24]하였으며, 북중 국경지대의 온성, 무봉, 청수를 관광개발구로 지정했다. 현재 국제사회의 대북제재로 인해 가시적인 성과가 나타나고 있지 않지만, 국제사회의 대북제재가 어느 정도 해제된다면, 관광사업의 부가가치는 엄청나게 클 것으로 보인다. 북한에 입국할 관광객을 100만 명으로 가정하고, 항공료·호텔비를 제외한 일인당 순수 관광비용을 200달러 정도로 산정할 경우 2억 달러의 수입이 예상된다(소현철, 2018: 158~164).

여섯째, 북한은 중국·러시아 등 해외에 노동자를 송출하여 부족한 외화를 충당해 왔다. 북한사회의 폐쇄성으로 인해 그 규모는 정확히

---

24) 북한 국가설계지도국의 '원산-금강산관광지구 개발 총계획'에 따르면, 2025년까지 78억 달러를 투입해 국제관광지구로 조성한다는 방침이다(『중앙일보』, 2018.11.7).

파악되지 않고 있으나, 대략 5-6만 명이 파견되어 연간 2-3억 달러의 외화수입을 올리고 있는 것으로 알려졌었다[25](국가안보전략연구원, 2016: 184~185). 그러나 2017년 10월 안보리결의 2375호(체류기간 갱신 금지)와 12월 2397호(2019년 말까지 해외노동자 전원 귀국)에 의해 최근 들어서는 해외인력 송출과 외화획득에 상당한 차질이 발생하고 있다.

일곱째, 이처럼 외화수급에 차질이 생긴데다, 코로나19 사태까지 겹치자 재정이 더욱 악화된 북한이 국채발행까지 검토하였다. 코리아 소사이어티의 토마스 번 회장은 포린폴리시에 기고한 글을 통해 "채권 규모는 총예산의 60% 정도이며, 시중에서 사적으로 유통되는 외화를 회수하기 위한 조치"라고 주장했다. 또한 "통상 채권은 해외판매가 일반적이지만, 재정 건전성은 물론이고 경제규모조차 외부세계에 공개하지 않는 북한으로서는 해외 투자자들에게 판매하는 게 사실상 불가능하기 때문에 국영기업이 대부분을 떠안을 수밖에 없고, 정부의 허가없이는 사업을 할 수 없는 신흥상인 '돈주'들도 강매당할 것이다"라고 평가했다(『조선비즈』, 2020.4.28).

이 같은 동향은 국가경제시스템이 정상적으로 작동되지 않는 상황에서 시장경제적 요소를 계획경제에 확대 접목시킴으로써 국가경제를 보완하는 가운데, 혹시 있을 수 있는 민심이반을 사전에 예방함으로써 정권의 안정을 도모하려는 다목적 카드로 평가된다.

---

25) 북한의 대중국 노동력 수출 현황과 관련, 정식체류 인력과 국경통행증을 소지한 무허가 인력 등을 모두 포함하는 경우, 최소 5-6만 명에서 최대 10만 명까지 평가하기도 한다(통일부 통일교육원, 2017: 131).

2. 2단계(2018년 이후): 비핵화 / 경제개발

김일성시대 핵정책이 겉으로는 핵개발을 부인하며, 내밀적으로는 핵개발 능력을 확충해 나가는 〈이중적 핵정책〉이었다면, 김정일은 선군정치노선하에서 핵억제력의 가시화와 함께 벼랑끝 전술을 통한 실리추구를 병행하는 〈실리적 핵정책〉이었다. 그리고 김정은은 미국과의 핵대결을 거쳐 이제는 비핵화 협상을 통해 체제안전보장과의 등가교환은 물론 경제발전의 기반을 마련하려는 〈공격적 핵정책〉[26]이라고 할 수 있다(한명섭, 2018: 16~46).

한마디로 2017년 11월 29일 핵개발 완료선언을 계기로 김일성 → 김정일 → 김정은 3대로 이어지는 핵·미사일 정책은 발전을 거듭하여 새로운 차원에 접어들고 있다.

배경: 장기로드맵과 대북제재 심화

김정은은 집권 이후 핵보유를 국정 제1과제로 설정하고 총력을 기울였다. 그러나 그 과정에서의 심리적·물리적 압박은 컸다. 잠재적 도전자인 장성택은 중국식 개혁·개방을 은연중 모색하였으며, 새로 선출된 트럼프 대통령이 오바마와 달리 북한 비핵화를 국정 최우선 과제의 하나로 설정함에 따라 미국과의 전면적 대결전이 불가피하였다.

김정은은 2012년 단독통치를 시작한 이후 헌법 개정을 통해 '핵보유국'을 명문화(2012.4)하고 4차례 핵실험과 IRBM, SLBM, ICBM 등 한국·

---

26) 이중적 핵정책, 실리적 핵정책, 공격직 핵정책 등의 표현은 필자가 명명한 것이다.

일본은 물론 미국 본토까지를 사정권으로 하는 전략무기를 지속 개발·시험하면서 괌·워싱턴 타격 가능성을 수시로 위협하였다. 이에 대해 미국은 유엔의 대북제재 결의안과 단독제재 강화로 대응하면서, 김정은 제거를 위한 대북 군사공격 시나리오 검토[27]를 공개하며 북한을 압박해 나갔다.

그러나 김정은은 2018년 들어 그동안의 핵개발 정책에서 탈피하여 비핵화 정책으로 급선회하였다. 북한이 비핵화 협상으로 정책변화를 추진한 것은 공식적으로는 2017년 11월 29일 핵개발 완료 선언 → 2018년 1월 1일 평창동계올림픽 참가의사 표명 → 2018년 3월 5일 우리 측 대북특사 접견 시 비핵화 의지 천명 순으로 진행되었지만, 그 연원은 한참 거슬러 올라간다고 판단된다.

2016년 5월 7차 당대회부터 핵개발 완료이후 전략전술 검토

가장 먼저 주목되는 것은 2015년 10월 30일 발표된 김정은의 7차 당대회 소집 결정이다.[28] 북한에서 당대회는 지난시기의 당사업을 총결산하고 향후 사업방향을 결정하는 최고의 의사결정회의체이다. 김일성·김정일도 1980년 10월 6차 당대회 이후 소동구권 붕괴, 경제성과 부족 등 대내외 여건의 악화로 7차 당대회 소집을 계속 미루어 왔는데, 김정은이 36년 만에 개최를 결정한 것이다. 소집 자체만으로 역사적 사

---

27) 국내외 언론은 미국이 'blood nose strike' 등의 대북군사공격 시나리오를 검토하고 있음을 수시로 보도하였으며, 미국의 밥 우드워드 기자는 2018년 9월 4일 발간한 책자 'Fear'를 통해 "트럼프는 취임 한달 뒤 합참의장에게 대북선제공격 플랜을 요청했었다"고 주장했다(『연합뉴스』, 2018.9.5).

28) "조선노동당 중앙위원회 정치국은 내년 5월초에 7차 당대회를 소집한다는 결정서를 발표했다"(『조선중앙통신』, 2015.10.30).

건이었으며, 그것도 갑작스럽게 결정되어 주목을 받았다. 왜냐하면 김일성사회주의청년동맹이 당정치국 회의의 결정서가 나오자, 2015년 10월 15일 전원회의에서 공고한 "2016년 1월 9차 대회 개최"[29] 계획을 2016년 5월 7차 당대회 이후로 변경한 것에서 잘 알 수 있다. 이는 최소한 10월 15일 청년동맹 전원회의 이전까지는 7차 당대회 소집이 결정되지 않았으며, 당대회 소집결정은 10월 16일부터 30일까지 사이에 결정되었다는 사실을 반증한다.

따라서 김정은이 갑작스럽게 당대회 개최를 결정하게 된 이유로는 그 보름사이에 정세와 관련한 결정적 보고가 있었을 가능성이 크며, 그것은 ① 대대적인 권력구조 개편 ② 수소탄 실험 계획[30] 등과 같은 초대형 현안보고를 상정해 볼 수 있다. 즉 김정은이 당대회 소집을 결정한 것은 김정은표 권력구조와 수소탄 실험(4차 핵실험)이 준비되고 있는 상황에서 핵실험 성공 이후 북한의 권력구조 전면 개편, 새로운 정책노선 방향을 모색하려는 의도가 있었던 것으로 추정할 수 있다. △ 핵을 개발하는 과정과 △ 핵을 보유한 상태에서의 정책은 완전히 다른 것이기 때문이다.

통상 당대회 소집이 결정되면 당조직지도부 주관으로 각급 기관에서 파견된 당대회 준비실무소조(T/F)가 결성되어, 당대회와 당대회 기간중 사업전반을 총결산하고 향후 권력구조, 정책방향 등에 대한 새로운 가이드라인을 설정한 후 사업총화보고 및 당대회 결정서 등을 준비한다. 당대회가 종료되면 각급 당조직과 국가기관·단체들은 이에 기

---

29) "지난 15일 평양에서 열린 김일성사회주의 청년동맹 중앙위원회 제57차 전원회의에서 제9차 대회를 동맹 창립 70돌을 맞아 2016년 1월 평양에서 소집하기로 결정했다"(『조선중앙통신』, 2015.10.16).
30) 북한은 두 달 후인 2016년 1월 6일 4차 핵실험을 실시하고 첫 수소탄 시험성공을 주장하였다.

초하여 사업추진 계획을 세우고 이행해 나가게 되며, 집행과정에서 상황변화를 반영하여 수정해 나간다(탈북민 김두진).

따라서 소분과로 '핵정책 검토 상무조'가 운영되었을 가능성이 크다. 여기에서는 핵·미사일 개발 완료 시점과 방법, 핵개발 완료 이후 정책 방향 등과 관련 다양한 시나리오를 상정한 후 대책을 수립하였을 것으로 추정된다. 여기서 중점 논의된 것이 핵개발이 완료되었을 경우, 경제·핵건설 병진노선의 운용 문제였을 것이다. 즉 핵을 보유한 상태에서 병진노선의 축을 경제로 옮기기 위해서는 전략전술적으로 비핵화 원칙을 표방한 후 남북대화와 대미협상을 추진하는 문제 등이 검토되었을 가능성이 크다.[31)]

이러한 추론은 2016년 7월 한국으로 귀순한 전 영국주재 공사 태영호가 "김정은이 2017년 말까지 핵개발을 완료하라"고 지시했다[32)]고 증언한데서 뒷받침된다. 김정은이 핵개발 완료 시점을 2017년 말로 설정한 것은 ① 북한의 핵·미사일 개발 속도 ② 2016년 美대선기간 중 북한 도발에 대한 미국의 강력대응 한계와 新행정부의 대북라인 완성(통상 6개월-1년 소요) ③ 2017년 12월 한국의 대통령 선거 등을 종합적으로 고려한 것으로 평가된다. 실제로 지난 7차 당대회에서는 김정은이 핵보유국의 위상과 함께 그에 걸맞은 대외관계의 변화 필요성을 강조했다.

핵무기 연구부문에서는 세차례의 지하핵시험과 첫 수소탄 시험을 성공적으로 진행함으로써 우리나라를 세계적인 핵강국의 전렬에 당당히 올려세우고, 미제의 피비린내 나는 침략과 핵위협의 력사에 종지부를 찍게 한

31) 이후 핵·미사일 능력을 강화하는 가운데 세부전술을 지속 검토하였을 것이다.
32) 태영호는 12월 27일 통일부출입기자 간담회에서 동 발언을 하며 "2016-2017년은 한·미가 국내 정치일정 때문에 핵개발을 저지할 물리적, 군사적 조치를 하지 못할 것이라는 타산이 깔렸다"고 설명했다(『연합뉴스』, 2017.12.27).

자랑찬 승리를 이룩하였습니다. 자주의 강국, 핵보유국의 지위에 맞게 대
외관계 발전에서 새로운 장을 열어 나가야 합니다. 시대는 달라지고 우리
나라의 지위도 달라졌습니다. 우리 공화국이 존엄높은 자주의 강국, 핵강
국의 지위에 당당히 올라선 만큼 그에 맞게 대외관계를 발전시켜 나가야
합니다(김정은의 7차 당대회 사업총화보고/조선중앙년감, 2017: 8, 36).

또한 북한이 7차 당대회 직후인 2016년 7월 6일 정부대변인 성명으로
'한반도 비핵화를 위한 5대 조건'으로 ① 남한내 미국핵무기 공개 ② 남
한내 모든 핵기지 철폐 및 검증 ③ 미국 핵타격 수단(전략폭격기)의 한
반도 전개 금지 보장 ④ 대북한 핵무기 사용 및 위협금지 약속 ⑤ 주한
미군 철수 선포를 제시(『조선중앙통신』, 2016.7.6)한 것이 중요한 증좌
이다. 북한이 핵개발에 총력(all-in)을 경주하고 있을 시기에 정반대의
개념인 '비핵화' 조건을 언급한 것은 북한이 내부적으로 핵개발 성공이
후 전략전술을 이미 검토[33]하고 있었음을 입증해 주는 것이다.

이어, 2017년 1월 1일 김정은은 신년사를 통해 핵·미사일 개발이 '마
무리 단계'에 있음을 강조하는 가운데, 주민들의 어려움을 거론하며 자
책하는 이례적인 모습을 보였다. 이러한 동향은 핵개발에 박차를 가하
는 가운데 경제문제에도 관심을 돌리지 않을 수 없는 김정은의 딜레마
와 고심을 시사해 주는 것이었다.

제국주의자들의 날로 악랄해지는 핵전쟁위협에 대처한 우리의 첫 수소

---

[33] 우리 정부는 7월 7일 외교부 대변인 정례브리핑을 통해 "북한이 북핵문제의 선결조
건으로 존재하지도 않는 핵위협을 사실인 것처럼 호도하거나 주한미군 철수 등 우
리 안보의 근간인 한미동맹 훼손을 시도하는 등 억지주장을 하는 것은 자신들의 책
임을 전가해서 국제사회의 대북제재 압박 모멘텀을 이완시키고자 하는 기만적인 술
책이며 결코 용납할 수 없다"고 정면 반박했다(『뉴스1』, 2017.7.7).

탄(수소폭탄) 시험과 각이한 공격수단들의 시험발사, 핵탄두 폭발시험이 성공적으로 진행되었으며, 첨단무장장비 연구개발사업이 활발해지고 대륙간탄도로켓 시험발사 준비사업이 마감단계에 이른 것을 비롯하여 국방력 강화를 위한 경이적인 사변들이 다계단으로, 연발적으로 이룩 (중략) 동지들! 또 한해를 시작하는 이 자리에 서고 보니 나를 굳게 믿어주고 한마음 한뜻으로 열렬히 지지해주는 세상에서 제일 좋은 우리 인민을 어떻게 하면 신성히 더 높이 떠받들 수 있겠는가 하는 근심으로 마음이 무거워집니다. 언제나 늘 마음뿐이였고 능력이 따라서지 못하는 안타까움과 자책 속에 지난 한해를 보냈는데 올해에는 더욱 분발하고 전심전력하여 인민을 위해 더 많은 일을 찾아할 결심을 가다듬게 됩니다(『로동신문』, 2017.1.1).

다음으로 주목할 시점은 2017년 10월 7일 개최한 당 7기 2차 전원회의이다. 동 회의에서는 '조성된 정세에 대처한 당면한 몇 가지 과업에 대하여'와 '조직문제'를 의제로 상정하였는데, 조직문제는 7차 당대회에서 큰 틀에서의 새로운 권력구조를 이미 만들었기 때문에 당면 정세문제 토의·결정이 주된 목적이었을 것으로 추정된다. 9월 3일 6차 핵실험 이후 미국의 강화된 제재압박에 대처하고, 특히 여섯 차례의 핵실험으로 더 이상의 추가 실험이 필요없는 상황에서 핵개발 완료 선언과 대미협상 등 향후 전략전술 방향을 최종적으로 결의하였을 것으로 추정된다. 즉 핵·미사일 개발의 최종단계라고 할 수 있는 '미국을 사정권으로 하는 ICBM 시험발사를 빠른 시일 내 실시한 후 핵개발 완료를 선언을 한다'는 전략전술을 도출하였을 가능성이 크다.[34]

---

34) 국가안보전략연구원은 2017년 10월 10일 언론 참고자료를 배포하고 "동 회의가 비상시국에 대응하기 위한 긴급회의 성격으로 개최되었으며, 국제사회의 대북제재 강도가 최고조로 달한 상황에서 체제정비를 통한 경제·외교적 지구전 준비를 시사해준다"고 평가하였다(『세계일보』, 2017.10.10).

이런 시나리오에 입각하여, 북한은 2017년 11월 29일 화성15호 미사일을 발사한 후 성공을 주장하며 핵개발 완료를 선언하였다. 동발사는 정각이 아닌 고각발사로 진행되었으며, 탄두 소형화·대기권 재진입 기술 등은 여전히 의문으로 남았다. 이런 상황임에도 불구하고 북한이 핵개발 완료를 조기에 선언한 것은 앞에서 언급한 〈김정은의 2017년 말까지 핵개발 완료〉 구상과 서울에서 평창동계올림픽이 개최되는 2018년이 '비핵화 협상으로 정책을 전환하기 위한 최적의 시기'라는 판단에 기초한 것이라고 평가된다.

이후 김정은의 최종 결단은 2017년 12월 초에 있었던 김정은의 백두산 등정[35]에서 이루어졌다고 판단된다.

> 최고령도자 동지께서는 장군봉 마루에 거연히 서시어 백두의 신념과 의지로 순간도 굴함없이 국가 핵무력 완성의 역사적 대업을 빛나게 실현해 오신 격동의 나날들을 감회깊이 회억하셨다(『조선중앙통신』, 2017.12.9).

2018년 비핵화 협상으로의 정책 대전환은 북한의 장기 로드맵과 국제사회 대북제재의 복합 산물

이렇게 결심을 굳힌 김정은은 2018년 1월 1일 신년사를 통해 평창동계올림픽 참가 의사를 공개적으로 선언한 데 이어, 3월 5일 방북한 우리 측 특사단에게 한반도 비핵화 논의를 위한 미북회담 주선을 당부함으로써 대미협상의 물꼬를 틔웠다.

이후 북한은 4.27 판문점 남북정상회담 직전인 4월 20일에 당 7기 3차

---

35) 김정은은 중요한 결정을 앞두고 백두산을 찾는 습관이 있는데, 2013년 12월 장성택 처형 직전 및 2014년 11월 김정일 3주기 탈상을 앞두고 백두산을 등정한 바 있다.

전원회의를 개최하고 "핵실험과 대륙간탄도미사일 시험발사 중지, 함경북도 길주군 풍계리 핵실험장 폐기, 경제건설 총력 집중 등의 내용을 담은 '경제건설과 핵무력건설 병진노선의 위대한 승리를 선포함에 대하여' 결정서를 통해 〈경제중심 노선〉으로 전환을 선포하였다"(『로동신문』, 2018.4.21).

따라서 2018년부터 진행되고 있는 북한의 비핵화 협상 정책은 장기간 검토해온 로드맵과 국제사회의 대북제재 강화가 맞물려 취해진 전략전술적 결정으로서 정권안정과 체제발전을 함께 확보하려는 김정은 구상의 본격화, 핵개발에 이은 또다른 승부수라고 할 수 있다.

비핵화 개념과 핵심당사국 입장

비핵화의 사전적 정의는 핵무기를 폐기하는 것을 의미한다. 남과 북 사이에는 이미 1992년 한반도비핵화 공동선언(남북), 1994년 제네바기본합의서(미북), 2005년 9.19공동선언(남북한 및 미중일러 등 6개국) 등을 통해 비핵화를 추진하였으나, 검증 방법 등 이행과정에서의 이견으로 인해 중지·사문화되었으며 지금은 새로운 협상이 진행 중에 있다.

북한은 한반도 비핵화, 한미는 북한 비핵화에 방점

특히 전략전술적 개념의 비핵화는 남과 북이 전혀 다르게 사용하고 있다. 같은 용어를 사용하지만 북한은 '조선반도(한반도) 비핵화', 한국과 미국은 '북한 비핵화'에 방점을 두고 있다.[36]

즉 한미당국은 1992년 한반도 비핵화공동선언에 의거하여 미국의 전술핵이 모두 철수되었기 때문에 남한의 비핵화는 이미 달성되었으며 '북한 비핵화'만 이뤄지면 된다는 관점이다. 실제적으로 그동안 남과 북 사이에 합의된 한반도 비핵화 공동선언과 미북 제네바기본합의서는 물론 6자회담 참가국이 공동으로 서명한 9.19공동선언은 북한의 비핵화와 이에 대응한 유관국의 상응조치로 구성되어 있다.

그러나 북한은 미국이 김정은과 주요 핵시설을 타격목표로 설정하고 항공모함·핵잠수함·전략폭격기들이 한반도 근해와 영공으로 상시 전개하고 있는 상황을 들어, 완전한 비핵화를 위해서는 종전선언에 합의하고 미국 전략자산의 한반도 전개 금지와 주한미군 철수를 통해 한반도의 긴장요인이 원천적으로 제거되어야 하며, 최종적으로는 평화협정을 체결해야만 비로소 한반도 비핵화가 달성된다는 주장37)을 하고 있다.

---

36) 이 같은 동상이몽적인 해석과 관련 대표적 사례가 정의용 국가안보실장이 대북특사 방문(2020.3) 이후 트럼프에게 김정은의 비핵화 의지를 전달하는 과정이라고 할 수 있다. 정실장이 귀환 후 2018년 3월 7일 발표한 특사 방북결과 언론 발표문과 이후 미국으로 건너가 트럼프 대통령을 면담한 후 발표한 언론 브리핑은 '비핵화'라는 세 글자는 같지만, 완전히 다른 개념이 내재되어 있는 것이다. 따라서 북한과 미국(한국)은 서로 완전히 다른 생각을 가지고 비핵화 협상에 임하였다고 할 수 있다. 즉 〈특사 방북결과 언론 발표문〉 3항은 "북측(김정은)은 한반도 비핵화 의지를 분명히 하였으며 북한에 대한 군사적 위협이 해소되고 북한의 체제안전이 보장된다면 핵을 보유할 이유가 없다는 점을 명백히 하였다"였다. 반면, 3월 9일 백악관에서 정실장이 발표한 '언론 브리핑'은 "North Korean leader Kim Jong-un said he is committed to denuclearization. Kim pledged that North Korea will refrain from any further nuclear or missile tests(김정은 위원장은 비핵화 의지가 있으며, 더 이상의 핵 실험이나 미사일 실험을 하지 않겠다)"이다.
김정은이 말한 비핵화는 "핵을 가진 주한미군이 철수한 한반도, 이른바 김일성시대부터 줄곧 강조해온 〈조선반도 비핵지대화론〉"을 언급한 것이었다. 더구나, 북한에 대한 군사적 위협 해소 등 구체적 조건을 단 것이었다. 그러나 트럼프와의 면담 후 정 실장의 브리핑에는 "김정은이 핵을 포기할 의사가 있는 것"으로 단순히 기술되어 있다. 북한은 '한반도 비핵화', 미국과 한국은 '북한 비핵화'를 상정하였으니, 2018년부터 시작된 미북 간 비핵화 회담은 첫 단추부터 잘못 끼워졌다고 할 수 있다(이상은 언론보도와 필자의 생각을 융합하여 정리하였다).
37) 앞쪽에 서술한 북한의 '조선반도 비핵화 5대원칙' 참조.

이러한 개념 정의에 기초하여 북한은 ① 先신뢰조치 後비핵화 ② 단계적·동시적 조치를 강조하면서 정상회담과 실무협상에서 동 기조의 관철을 위해 다각도로 노력하고 있다. 첫째, '先신뢰조치 後비핵화'전략은 남북·미북 간 합의문 리드문(前文)과 목차 배치에서 확연히 나타나고 있다. 2018년 3차례 회담(4.27남북정상회담, 6.12미북정상회담, 9.19남북정상회담)에서의 합의문 구성체계를 분석해 보면 합의문의 성격을 규정하는 리드문은 남북정상회담에서는 핵이나 비핵화라는 표현이 없으며, 미북정상회담에서는 조건절 문구로 순서(先 신뢰구축 後 비핵화)를 명백하게 해놓았다. 합의문 세부조항은 남북 및 미북회담 합의문 모두에서 관계발전과 평화체제 구축 관련 조항이 비핵화 조항보다 앞쪽에 위치해 있다.

　　새로운 북미관계의 수립이 한반도와 세계의 평화와 번영에 기여하고 상호 신뢰구축이 한반도의 비핵화를 촉진할 수 있음을 인식하면서 트럼프 대통령과 김정은 위원장은 다음과 같은 내용을 선언한다(6.12 미북정상회담 합의문; 『연합뉴스』, 2018.6.13).

둘째, '단계적·동시적 조치'와 관련해서는 미국이 주장하고 있는 CVID 또는 FFVD[38])를 위한 북한의 핵리스트 제출·검증이 먼저 취해져야 한다는 요지의 '先비핵화 後관계발전'의 일괄타결 방식을 일방적·강도적 조치(2018.7.8 외무성 대변인 성명)라고 강하게 반박하면서 북한의 풍계리 핵실험장, 동창리 미사일시험장, 영변 핵시설 폐쇄와 미국

---

38) CVID는 완전하고, 검증 가능하고, 불가역적인 비핵화(Complete, Verifiable, Irreversible Dismantlement), FFVD는 최종적이고 완전히 검증된 비핵화(Final, Fully Verified Denuclearization)의 준말이다.

의 대북제재 순차 해제와 같은 '건(件) 對 건(件)'의 단계별 상응조치를 주장하고 있다.

> 남과 북은 한반도를 핵무기와 핵위협이 없는 평화의 터전으로 만들어 나가야하며 이를 위해 필요한 실질적인 진전을 조속히 이루어 나가야 한 다는데 인식을 같이 하였다. ① 북측은 동창리 엔진시험장과 미사일발사 대를 유관국 전문가들의 참관 하에 우선 영구적으로 폐기하기로 하였다. ②북측은 미국이 6·12 북미공동성명의 정신에 따라 상응조치를 취하면 영변 핵시설의 영구적 폐기와 같은 추가적인 조치를 계속 취해 나갈 용의 가 있음을 표명하였다(2018.9.19 제3차 평양 남북정상회담 공동선언문 5조).

한편, 김정은은 중국과의 관계복원을 통해 미북협상의 지렛대로 활 용하고 있다. 최근 북중관계의 재밀착은 대미협상 후견국이 필요한 북 한의 입장과 중국의 전통적인 북한 완충지대론·시진핑의 일대일로 정 책에서의 북한 역할 등의 이해관계가 서로 일치한데서 기인한다. 특히 중국은 그동안 그들이 계속 강조해왔던 쌍중단(북한의 핵도발과 한미 합동군사훈련 동시중단)과 쌍궤병행(비핵화와 평화협정체결 논의 동 시진행)의 대한반도 전략이 실질적으로 이행되고 있는 데서도 고무를 받고 있다.

미국 입장: 최종적이고 완전히 검증된 비핵화(FFVD)

미국의 입장은 부시 1기 행정부 이후 줄곧 CVID, 즉 완전하고 검증 가능하며 불가역적인 비핵화(Complete, Verifiable, Irreversible Dismantlement) 였다.

그러다가 2018년 5월 폼페이오 국무장관이 취임사를 통해 북한이 거부감을 보이는 CVID라는 표현을 사용하지 않고 PVID(영구적이고 검증 가능하며 불가역적인 비핵화)라는 용어를 사용하였다. 영구적(permanent)이라는 표현을 통해 비핵화에 대한 결연한 의지를 보인 것이었다. 그러나 미 국무부 대변인 헤더 나워트는 7월 2일 폼페이오의 3차 방북(2018.7)을 앞두고 보다 현실적인 용어인 FFVD, 즉 최종적이고 충분히 검증된 비핵화(Final, Fully Verified Denuclearization) 용어로 대체하면서 지금은 FFVD가 미국의 북한 비핵화 방안을 상징하는 표현이 되었다.[39]

이러한 목표를 가능한 빠른 시일 내 실현[40]하기 위해 트럼프 행정부는 빅딜(big deal)에 기초한 협상을 추진하였으며 강력한 제재를 위한 중국역할론[41]을 강조하였다. 트럼프에 이어 2021년 1월 출범한 바이든 행정부는 대북정책에 대한 전반적인 재검토(review)를 진행한 후, 압박과 대화를 통한 '선(先) 북핵동결-후(後) 포괄적 비핵화 로드맵 합의와 단계적 이행'을 강조하고 있다.

미국의 북한 비핵화와 관련한 입장은 ① 비핵화의 대상은 북한핵이다 ② 목표는 최종적이고 완전히 검증된 비핵화(FFVD)를 지향한다 ③ 시기는 가능한 빠를수록 좋으나, 시간에 연연해하지 않는다 ④ 방법은 일괄타결을 원칙으로 하되, 북한의 단계적·동시적 조치 주장과의 접점을 모색한다 ⑤ 협상과는 별도로 대북제재(중국역할 중요) 틀은 계

---

39) 1차 미북정상회담(2018.6.12)에서는 '완전한 비핵화'(CD) 표현이 공동성명에 명시되었으며, 2차 미북정상회담(2019.2.27-28)에서는 김정은이 단계적 비핵화안, 트럼프는 빅딜안을 제시하고 합의 도출을 시도하였으나 결렬되었다.

40) 트럼프 대통령은 "핵실험이 없는 한 비핵화는 얼마나 오래 걸리든지 상관없다" 면서 시간보다는 실질적인 조치가 중요함을 강조하였다(『중앙일보』, 2018.10.30).

41) 트럼프는 대북제재의 관건은 중국이라는 판단하에 북한이 비핵화에 대해 지지부진한 입장을 보일 때마다 중국의 입김이 작용했다고 공개적으로 비판하였다. 반면에 중국은 역할한계론으로 대응하였다.

속 유지한다는 등 5가지로 요약된다.

북한 입장: 先신뢰구축 後비핵화 / 단계적·동시적 조치

북한은 2018년 3월 방북한 우리 측 특사단에게 비핵화 의지를 표명
한 이후 비핵화를 추진해 나갈 것임을 수시로 밝히고 있다. 김정은은
국제사회가 자신의 의지를 믿지 않는데 대해 답답함을 표출[42]하였으
며, 2018년 9월 3차 남북정상회담과 2019년 신년사에서는 육성으로 비
핵화를 직접 언급[43]하기도 하였다. 그러나 미국이 요구하는 비핵화 일
정과 핵 리스트 제출 등 문제에 대해서는 신뢰와 상응조치 미흡을 이
유로 계속 주저하는 가운데, 단계적·동시적 조치에 합의할 것을 강조
하고 있다. 즉 미국의 신뢰를 확인하지 않은 상태에서 핵무기 등 과거
핵에 대한 폐기를 할 수 없으며, 먼저 북한의 영변핵시설 폐쇄와 미국
의 대북제재 해제를 상호 등가교환(2019.2. 2차 미북정상회담에서 제
시)하는 과정을 통해 신뢰를 구축한 이후 본격적으로 '조선반도(한반
도) 비핵화' 문제를 다루어 나갈 것을 주장하고 있다.

비핵화 시기 문제에 대해서는 가급적 빨리 마무리하고 경제건설에
매진하고 싶다[44]는 등의 발언이 간접적으로 전해지고 있으나, 김정은

---

42) 정의용 청와대 국가안보실장은 6일 대북특사 방북(2018.9.5) 결과 브리핑에서 "김정
    은 위원장은 자신의 비핵화 의지가 분명하다고 여러 차례 천명했다고 강조하면서,
    이런 의지에 대한 국제사회 일부의 의문 제기에 답답함과 국제사회의 평가가 인색
    한데 대한 어려움도 토로했다"며 "비핵화에 필요한 조치를 선제적으로 실천해 나갔
    는데 선의를 선의로 받아들이면 좋겠다고 말했다"고 전했다(『한겨레』, 2018.9.6).
43) "조선반도를 핵무기도 핵위협도 없는 평화의 땅"(2018.9.18 3차 남북정상회담 공동기
    자회견 시 김정은 발언)/"조미사이에 새로운 관계수립과 한반도 평화체제를 구축하
    고 완전한 비핵화로 나가는 것은 공화국의 불변한 입장"(2019년 김정은 신년사).
44) 문재인 대통령은 9월 20일 정상회담 결과 대국민보고에서 "김정은 국무위원장이 가
    능한 빠른 시기에 완전한 비핵화를 끝내고 경제발전에 집중하고 싶다고 말했다"고

또는 북한대표단이 직접 공개적으로 시한을 언급한 사례는 없다. 이처럼 북한은 대내외 정세변화 추이를 주시하면서 미국의 상응조치를 강조하는 방법, 일종의 살라미 전술을 통해 명분과 실리를 동시에 도모해 나가는 속도조절 전술을 구사해 오고 있다. 이와 병행하여 비핵화협상과는 별도로 미국이 대북적대 시 정책 철회를 압박하면서 핵능력을 끊임없이 증강시켜 왔다.

새로운 조미관계 수립의 열쇠는 미국이 대조선 적대시 정책을 철회하는 데 있으며, 앞으로도 강대강, 선대선의 원칙에서 미국을 상대할 것이다 (2021.1.7. 김정은의 8차당대회 사업총화보고).

북한의 비핵화 관련 입장과 전략전술은 ① 비핵화의 대상은 한반도 전역이다 ② 목표는 단기적으로 대북제재 해제, 최종적으로는 평화협정 체결·영구적 체제안전보장 확보를 지향한다 ③ 시기는 대내외 상황변화에 따라 속도를 조절한다 ④ 방법은 단계적·동시적 조치를 근간으로 하되, 협상동력 유지와 주도권 장악을 위한 조건 없는 선제조치와 압박전술을 가미한다 ⑤ 협상과 병행하여 파키스탄식의 핵보유국 가능성을 지속 모색한다 등 5가지로 대별할 수 있다.

한국·중국의 입장: 중재 및 촉진자 역할

한국은 문재인 대통령의 '한반도 운전자론'[45])에 입각하여, 남북관계

전했다. 문 대통령은 "다만 6.12미북정상회담에서의 4개 합의사항이 함께 이행돼야 한다"며 "미국이 그 정신에 따라 상응하는 조치를 취해준다면 (북이) 영변핵시설의 영구적 폐기를 포함한 추가적인 비핵화 조치를 계속 취해나갈 용의가 있음을 표명했다"고 말했다(『머니투데이』, 2018.9.20).

복원과 발전의 당사자, 미북 핵협상(첨부의 〈표 13: 비핵화관련 북한·미국의 기본입장〉 참조) 국면에서의 중재자·촉진자로서의 역할에 주력하고 있다. 대북특사 파견 및 북한특사단 접견, 남북정상회담, 한미 정상 간 회담과 수시 전화통화 등을 통해 비핵화 및 한반도 평화체제 구축 목표 달성을 위해 노력하고 있다.

문재인 정부는 핵문제는 미국이 최종 당사자라는 관점에서 미국과의 전략적 동맹을 굳건히 하면서 북한입장도 가미하는 전략을 구사하고 있다. 따라서 비핵화의 대상은 북한이며, 목표는 최종적이고 완전한 비핵화(FFVD)라는 미국의 입장을 존중하면서, 북한의 부분적 제재해제 등을 통한 신뢰구축 및 단계적·동시적 상응조치를 요구를 미국이 어느 정도 수용하여 비핵화 협상이 중단없이 진행되도록 하는데 주력하고 있다. 이런 가운데, 국제사회의 제재규정 준수와 함께 동서해선 철도연결·개성공단과 금강산관광 재개 등 북한과의 교류협력도 확대해 나가려는 정책을 추진하고 있다. 이는 미북협상 결과를 피동적으로 기다릴 것이 아니라, 남북관계 발전을 통해 비핵화 협상국면의 진전을 추동하고, 그 진척된 비핵화가 다시 남북관계 발전에 힘을 실어주는 선순환의 사이클이 착근되도록 하려는 것이다.

한편 중국은 국제사회와 보조를 맞추기 위해 대북제재의 가속 페달을 밟아왔으나, 미중 무역전쟁과 북한이 대미협상에 나오는 등 상황이 급변함에 따라 북중정상회담과 지원약속을 통해 한반도의 핵심이익 당사자로 남으려고 노력[46]하고 있다. 향후 중국은 북한의 제1후원국,

---

45) '한반도 운전자론'은 2017년 5월 취임한 문재인 대통령이 "북한 핵과 미사일 문제 해결을 추진하는 과정에서 한반도의 주인은 우리 자신이며, 한국이 주변국을 비롯한 국제사회에서 중심적인 역할을 해야 한다"고 강조하면서 문정부의 대북정책 방향을 상징하는 표현이 되었으며, 2019년 3.1절 경축사를 통해 '신한반도체제론'으로 발전하였다.

그리고 평화협정 체결 등의 다자협상 과정에서 남북한, 미국과 함께 제4당사자로 자리매김하는데 외교역량을 집중할 것으로 판단된다. 그러나 미북정상회담 이후 김정은의 대미 '직거래 방침'에 따라 한국과 중국의 운신폭은 좁아지고 있다.

비핵화 협상 전망 – 북한의 「변수형 비핵화 전략」

先後 관계 접점 모색이 관건

북한의 핵정책, 정확히 말해 비핵화 가능성에 대해서는 북한이 핵을 절대 포기하지 않을 것이라는 〈회의론적인 시각〉과 북한과 유관국 간의 협상을 통해 비핵화에 도달할 것이라는 〈낙관적 관측〉이 공존하고 있다. 그렇지만 분명한 것은 북한 핵문제는 헌법에 핵보유국을 명시한 김정은 정권을 상대해야 하고, 한국을 비롯하여 미국·중국 등 이해당사국들의 국익이 첨예하게 교차되고 있어 해결이 쉽지 않은 복합적·국제적인 빅이슈이라는 점이다.

즉 ① 북한의 체제안전 보장과 경제개발 기대 ② 한국의 항구적인 한반도평화체제 기반 구축 의지 ③ 미국의 NPT체제 유지(동북아 핵도미노 방지) 및 중국의 패권주의 움직임 제어 전략 ④ 중국의 한반도 핵

---

46) 중국은 "먼저 정전상태가 해소된 뒤 북한이 정상국가 신분으로 국제사회에 편입돼야 할 것이다. 북미평화조약 체결 또는 대표부나 대사관 설립이 필요하다. 그 다음 비핵화에 진전을 이룬 뒤 최종적으로 각 관련국가가 평화조약을 체결해야 한다"(정지융 중국푸단대 교수, 『중앙일보』, 2018.11.27), "유엔안보리 대북결의를 되돌리는 조항 마련에 시동을 걸어야 한다"(쿵쉬안유 중국외교부 부부장, 『연합뉴스』, 2018.12.1) 등으로 북한의 先신뢰구축 입장을 기본적으로 지지하고 있다.

심당사자 지위 유지와 미북관계 증진 견제 등의 입장이 교차하고 있는, 다시 말하면 탈냉전·신냉전이 함께 어우러져 있는 메가톤급 외교이슈라는 점이다.

전술한 바와 같이 김정은의 비핵화로의 정책변화는 7차 당대회를 기점으로 김정은표의 새로운 권력구조와 정책의 청사진을 설계하면서부터 준비되었으며, 대북제재가 강화되면서 실제적으로 추진되었다. 김정은 입장에서 최고의 목표이자 선택은 '핵보유 사회주의 강국 건설'이다. 그러나 핵보유를 고집할 경우에는 그럭저럭 버티기로 체제를 연명해 나갈 수는 있겠으나, 경제강국 건설을 통한 주민 기대감 충족과 사회주의 강국 건설은 요원하였다. 오히려 강화된 대북제재로 인해 정권이 위험에 처할 가능성이 커지고 있었다. 따라서 차선의 선택은 핵을 보유한 상태에서 '비핵화 의지'를 표명하고 협상을 진행함으로써, 대북제재압박 강화와 군사공격의 가능성에서 벗어나 경제개발을 추진하고 정상국가로 진입해 나가는 것이었다.

향후 미북 간 비핵화 협상은 북한이 요구하는 한미합동군사훈련 중단, 대북제재 완화 등을 포함한 '先 신뢰조치' 주장과 미국이 주장하는 비핵화 타임테이블 및 북핵 리스트 제출, 검증과 같은 '先 비핵화' 조치가 어떤 선에서 타협안이 만들어져 추진되느냐에 달려있다고 판단된다.

북한식 속도조절 프로세스

따라서 지금 북한이 내부적으로 지향하는 최대 목표는 〈핵보유국 지위 확보·경제 활성화〉이며, 최소한의 목표는 〈비핵화와 체제안전보장 간의 등가교환〉이라고 할 수 있다. 따라서 이 같은 목표를 실현하기 위해 추진 중인 비핵화 정책은 『변수형 비핵화 전략』(VDS: Variable Denuclearization Strategy)이라고 개념화 할 수 있다.

동 전략의 개념은 비핵화 의지를 표명하고 추진해 나가되, 변수(상황변화)에 따라 언제든지 핵보유국 전략으로 전환할 수 있다는 의미이다. 여기서 변수(V: variable)가 갖는 의미는 CVID의 불가역적(I: irrevisible)의 반대 개념인 가역적(R: revisible)과 비교해 볼 때, 보다 근원적이고 광의의 개념이다. '가역적'이라는 용어가 협상중단·미사일 발사기지 복구 등 비핵화 조치의 유예 또는 과거 핵개발 국면에서 취했던 일정 수준으로의 회귀를 의미한다면, '변수형'은 단순 회귀의 수준이 아니라 비핵화 핵협상의 전면 중단·ICBM 실거리발사·핵무기 실전배치 공개 등 핵보유국 재추진 전략까지를 포함한다.

북한이 2018년부터 추진하고 있는 비핵화 정책은 일단 미국·한국과의 협상을 통해 제재강화·군사공격을 예방하면서, 핵폐기는 단계적·동시적 상응조치를 거쳐 한미합동군사훈련 영구중단·평화협정 체결·미북수교 등의 체제안전보장 목표가 달성되는 최종적 순간에 실행한다. 그렇지만 협상 또는 이행기간 중 한국·미국 내 대북정책 변화 등 특이상황이 발생할 경우 바뀌어진 경제외교적 여건과 확보한 인프라를 기반으로 〈파키스탄식 핵보유국〉 지위를 추구할 여지를 남겨두는 복합적 전략전술이다(첨부의 〈표 14: 북한의 『변수형 비핵화 전략』(VDS) 개관〉 참조).

북한이 이 같은 『변수형 비핵화 전략』을 추진하고 있다는 근거와 추론은 다음과 같다. 먼저 북한이 핵을 포기하기 어려운 측면을 살펴보고, 그 다음 비핵화 추진 방향과 그 과정에서의 주요 변수를 고찰해 본다.

북한이 핵을 포기하기 어려운 이유는 다음의 7가지로 요약된다. 첫째, 핵보유 국가 실현은 김일성·김정일의 유훈이고 일종의 국시(國是)이기 때문이다. 북한은 그동안 김부자의 교시와 유훈을 이야기하며 '김정은 = 북한 = 핵무기 = 체제안전'이라는 등식을 통해 주민들에게 김정은체제의 자긍심을 심어왔기 때문에 핵을 포기하는 것은 북한 주민들에게 일종의 정체성 혼란을 불러일으킬 수도 있다. 이러한 상황은 일종의 '독없는 전갈'과 같은 처지로 인식될 수 있다. 탈북민 증언에 의하면, 최근 북한 선전당국은 내부적으로 "남북·미북정상회담도 북한이 핵을 가지고 있기 때문에 이뤄졌다고 하면서, 김정은의 위대성을 선전하고 있다"(탈북민 김일규)고 한다.

둘째, 역사적으로 핵무기를 자체로 제작한 국가가 핵무기를 포기한 사례가 1993년 남아공을 제외하고는 없다는 점이다. 남아공의 비핵화는 구소련 붕괴로 안보위협이 사라진 가운데, 흑인 만델라 정부로의 권력이양 과정에서 핵무기 탈취 가능성 우려 등 특수한 환경 아래에서 이루진 것이었다.

셋째, 미국이 침공하거나 내란이 일어나는 급변 상황에 능동적으로 대처할 수 없다. 북한 사회는 6.25전쟁 이래 미국의 군사공격·전쟁에 대한 '피포위 의식'이 지배해 오고 있다. 게다가 북한은 이라크·리비아 사태의 교훈[47]을 늘 교양해왔다. 푸틴 러시아 대통령도 2017년 9월 5일 신흥경제 5개국(BRICS) 정상회의 폐막 기자회견에서 "북한은 풀뿌리를 먹는 한이 있어도 체제가 안전하다고 느끼지 못한다면 핵 프로그램을

---

47) 최선희 외무성 부상은 2018년 5월 24일 "리비아의 전철을 밟지 않기 위해 우리는 값비싼 대가를 치르며 믿음직한 힘을 키웠다"고 하면서 안전보장 우선 입장을 굽히지 않았다. 그리고 한 고위층 탈북민은 "이라크의 후세인이나 리비아의 카다피나 대미 경각심을 늦추고 일방적 요구를 받아들였다가 속수무책으로 무너졌다는게 북한지도부의 인식이어서 핵을 내놓겠지만 대신 안전하다고 믿을 담보를 동시에 받아내겠다는 것"이라고 말했다(『연합뉴스』, 2018.6.7).

포기하지 않을 것"이라고 하면서 그 근거로 "이라크·리비아에 대한 미국의 군사적 개입과 결과적인 체제전복"을 거론한 바 있었다(『중앙일보』, 2017.10.21).

넷째, 2018년 4월 20일 당 7기 3차 전원회의에서 '병진노선의 승리'와 '경제중심노선'으로의 전환을 선포하였다. 그렇지만 추가 핵·미사일 시험 중단, 풍계리 핵실험장 폐기 등 현재핵 동결과 미래핵 폐기에 대해서만 언급하였고, 핵무기·장거리미사일 등 과거핵의 처리여부에 대해서는 침묵하였다.

다섯째, 최근까지도 북한은 핵무기를 '미국을 쓸어낼 정의의 보검' '후손만대에 물려줄 보검 등으로 이라고 지속 선전하고 있다.

> 우리의 핵무력은 핵악마를 행성에서 영영 쓸어버리기 위한 정의의 보검이다(『로동신문』, 2018.3.6). 김정은동지께서 평화수호의 강력한 보검을 마련해 주심으로써 후손들은 다시는 고난의 행군과 같은 처절한 고생을 겪지 않고 전쟁의 불구름을 영원히 모르게 되었다[48](『로동신문』, 2018.9.8). 자위적 핵억지력으로 우리의 안전과 미래는 영원히 굳건하게 담보될 것이다(『김정은연설』, 2020.7.27).

김정은이 2018년 4월 방북한 폼페이오 미 국무장관에게 "내 아이들이 핵을 지닌 채 평생 살기를 원하지 않는다"고 말한 것은 북한 비핵화 의지를 강조한 것으로만 해석해서는 안되며, '북핵과 미국의 핵우산이 함께 철폐된 한반도'를 상정한 발언이라는 점을 인식해야 한다.

여섯째, 무엇보다도 북한이 비핵화 협상이 진행되는 가운데서도 핵

---

48) 북한정권 창설 70주년을 기념해 당중앙위원회 등 5대 권력기관이 김정은에게 올리는 공동축하문(9.7) 내용을 보도한 것이다.

·미사일 능력을 계속 강화하고 있는 점이다. 김정은은 2018년 신년사를 통해 공개적으로 "핵탄두와 탄도미사일을 대량생산하고 배치에 속도를 높여야 한다"는 지시를 하달한 바 있으며,[49] 2018년 7월 25일 폼페이오 미 국무장관이 상원 외교위원회에 출석하여 "북한은 여전히 핵물질 생산활동을 지속하고 있다"고 보고한 바 있다. 급기야 김정은은 2021년 1월 8차 당대회 사업총화보고 시 핵무력 필요성과 실태를 상세하게 적시한 후 열병식(1.14)을 통해 고도화된 다종다기한 핵·미사일을 선보였다.

> '화성포' 계열의 중·장거리탄도미사일, 북극성 계열의 수중 및 지상발사탄도미사일, 핵무기 소형경량화, 초대형수소탄개발 완성으로 국가 핵무력 완성의 역사적 대업을 선포한 것은 민족사적 공적이다(『김정은 8차 당대회 사업총화보고』, 2021.1.5).

일곱째, 북한의 핵개발은 경제난으로 인해 노후화된 전력을 현대화하기 어려운 국면에서 비대칭 무기를 통해 남한과의 군사력 경쟁에서 절대 우위를 확보하려는 군사전술에 기인한다.

지금까지 살펴본 것처럼 북한은 핵 보유를 고집할 개연성이 상당히 크다.[50] 그러나 북한은 국제사회의 대북제재가 갈수록 강화되는 상황하에서 대결적 자세를 계속 취할 경우, 오히려 핵을 안고 죽을 수도 있다는 판단하에 다양한 변수를 설정하여 핵·미사일을 협상에 활용하는 전술로 전환하였다.

---

49) 2019년 신년사에서도 "핵무기를 생산도, 사용도, 시험도, 전파도 하지 않겠다"고 언급했으나, 핵폐기나 배비중단 관련 발언은 없었다.

50) 미국의 국가정보국(DNI) 댄 코츠 국장은 2019년 1월 19일 상원 외교위원회에 출석하여 "북한이 정권생존의 핵심으로 간주하고 있어 핵무기를 포기하지 않을 것으로 본다"고 증언하였다.

이러한 비핵화 전략에서의 변수는 단기·장기·최종의 3가지로 나눠 볼 수 있다. 단기적으로는 대북제재 부분 해제, 미국 전략자산 한반도 전개, 한미합동군사훈련 중지, 2022년 3월 한국대선 등이 작용할 것이며 중장기적으로는 종전선언 채택, 유엔사 지위 등 정전체제 지속 여부, 제재 해제와 남북경협의 속도와 폭, 핵시설 검증 방법 등이 중요변수로 작용할 것으로 예상된다. 그리고 최종적으로는 평화협정 체결·미북 간 공식 외교관계 수립·주한미군 철수를 통한 완전한 체제안전 보장이 될 것이다.

북한의 이러한 변수형 비핵화 전략은 전술한 2016년 7월 6일 공화국 정부 대변인 성명으로 천명한 '한반도 비핵화를 위한 5대조건'에 이어, 최룡해 최고인민회의 상임위원장의 비동맹운동회의 연설에도 고스란히 드러난다.

> 미국이 우리의 제도 안전을 불안하게 하고 발전을 방해하는 대조선적 대시 정책을 깨끗하고 의심할 여지가 없이 되돌릴 수 없게 철회하기 위한 실제적인 조치들을 취할 때에야 미국과 비핵화 논의도 할 수 있다......북남관계 개선은 남조선 당국이 민족공동의 이익을 침해하는 외세의존 정책에 종지부를 찍고 민족앞에 지난 자기의 책임을 다할때에만 이뤄질수 있다(2019.10.26 최룡해의 제18차 비동맹운동 회의 연설; 『조선중앙통신』, 2019.10.29).

향후 이러한 변수들이 북한 및 국제정세, 유관국 지도자들의 심리구조 등과 융합작용을 일으킬 것으로 보이며, 그 반응이 일시적·전술적인 가역(reversible) 조치의 수준에서 머물지, 아니면 핵보유국 전략으로 돌아설지(turn) 여부가 초미의 관심사로 대두될 것이다.

김정은의 입장에서 『변수형 비핵화 전략』(VDS)은 다음의 10가지 정도의 이점을 가지고 있다.

즉 ① 비핵화 추진 의지를 보이는 것만으로 〈명분에서 우위〉를 점령할 수 있다 ② 미국의 〈제재강화·군사공격을 예방〉할 수 있다 ③ 중·러와의 관계복원과 남한과의 〈교류협력 기반〉을 조성할 수 있다 ④ 단기적으로는 〈대북제재의 숨통〉을 틔우고, 궁극적으로는 제재완화를 가져올 수 있다 ⑤ 비핵화 협상기간 중에도 내밀적으로 〈핵·미사일 능력을 제고〉시킬 수 있다 ⑥ 북한의 비핵화 해법인 〈단계적·동시적 조치 틀(frame)〉로 자연스럽게 한국과 미국을 끌어 들일 수 있다[51] ⑦ 협상과정에서 한국과 미국 사이에 갈등을 조성할 수 있다 ⑧ 협상을 진행하는 과정에 대북제재 해제·남북경협 진전 등 확실한 〈실리〉를 챙길 수 있다 ⑨ 변수를 둘러싼 공방이 발생할 경우 일시적인 가역(reversible) 조치 또는 완전한 회귀(return)를 〈선택〉할 수 있다 ⑩ 무엇보다도 변수의 진행과 관련 〈비핵화 완료 또는 핵보유국 재선포〉 옵션을 최종적으로 선택할 수 있다는 점이다. 한마디로, 김정은 입장에서는 『변수형 비핵화 전략』은 '바둑의 꽃놀이 패'같은 것이라고 할 수 있다.

실제적으로 김정은은 비핵화 의사를 표명한 이후 다양한 성과를 거양하였다. 트럼프를 비롯한 각국 지도자들과의 연쇄 정상회담을 통해 글로벌리더로 완전히 자리매김하였다. 톱다운식의 포괄적 합의를 통

---

51) 남과 북은 3차 남북정상회담 합의문에 북한의 단계적·동시적인 조치를 상징하는 문구인 '상응 조치'라는 용어를 삽입하였으며, 트럼프 대통령도 북한의 미사일기지 해체·(미국의 상응조치가 있을 경우) 영변 핵시설 영구폐기 합의에 대해 긍정적으로 평가하였다. 그렇지만 동창리 미사일발사 기지는 이미 북한이 ICBM 이동발사대 시스템을 개발했기 때문에 효용성이 크지 않은 시설인데다 6.12미북정상회담에서 이미 합의했던 사안을 재강조한 것이며, 영변 핵시설 영구폐기 문제도 제1차 핵위기 시 IAEA 사찰단이 검증을 한 바 있고, 2009년대 이후 북한이 우라늄탄 개발을 병행하고 있기 때문에 이미 용도를 다한 시설물이라고 할 수 있다. 북한의 이 같은 제의는 특유의 재탕삼탕 우려먹기, 화제 전환(핵리스트 제출 및 검증 흐리기) 전술의 일환이다.

해 우리군의 조기경보 능력을 약화시키고 키리졸브 등 3대 한미합동군 사훈련을 사실상 유명무실하게 만들었다. 특히 핵탄두와 미사일 역량을 지속 강화하면서 한미합동군사훈련, 한국의 교류협력 의지, 트럼프의 재선전략의 틈(변수)을 이용하여 잠수함발사탄도미사일(SLBM), 이스칸데르형 신형단거리탄도미사일(사거리 600Km), 신형 대구경 조종 방사포(사거리 250Km) 등 공격용 무기개발을 완료함으로써 대남 비대칭 군사력에서의 절대적 우위를 확보하였다.

반대로 비핵화를 거부할 경우에는 대북제재 강화로 경제사정이 악화될 수 있으며, 미국을 자극할 경우 레짐 체인지(regime change)를 자극할 수 있다.

그렇지만 이마저도 △ 북한이 1990년대 위기를 '고난의 행군'정신으로 극복한 사례 △ 최근 북한주민들이 비공식경제를 통해서 생계를 유지해 나가고 있는 점 △ 중국이 김정은정권의 후원자임을 자처하고 있는 상황 △ 특히 8차 당대회에서 자력갱생 원칙에 기초한 지구전 체제를 구축한 점 등을 고려해볼 때 체제목표 달성을 위해서라면 이 같은 내외적 어려움은 충분히 감내할 수 있는 사안이다. 그리고 군사옵션은 북한의 책임이 확실했던 핵·미사일개발 국면에서도 적용의 실효성과 파급영향을 둘러싸고 다양한 문제점이 지적된바 있으며, 비핵화 협상이 결렬된 상황에서는 북한의 보복능력 증대와 그 책임소재를 둘러싼 논쟁, 중·러 등 유관국의 반발 등이 만만치 않을 것이기 때문에 쉽사리 선택할 수 있는 카드도 아니다.

결론적으로 북한의 비핵화 정책은 그 이름과는 달리 '단기-중기-최종 변수를 통한 속도조절을 통해 핵을 계속 보유하려는 전략적술'로 판단된다. 즉 "① 비핵화는 한다"로 군사공격과 제재강화를 예방하고(*명분*

확보: 빰 못때리게) ② 그렇지만 "방식과 속도는 북한이 결정"함으로써 체제안전과 경제지원을 확보한(*실리도모: 꿩먹고 알먹고*) ③ 특히 "협상과정에서 변수가 충족되지 않거나, 한국과 미국에 반북정권이 출범하는 등 상황이 악화되면 더 나아진 경제외교적 여건을 가진 채 파키스탄식 핵보유국이 된다"(*최후 안전판 구축*)를 기조로 하는 김정은의, 김정은에 의한, 김정은을 위한 변수형 복합전략이다. 즉 김정은이 2019년 2월 하노이 외교대참사 이후 △비핵화 협상 데드라인을 12월 말로 규정하고 미국의 대양보를 강하게 압박한 것 △ 2020년 초 핵-미사일 시험 모라토리움 폐기를 선언한 다음 자력갱생과 신전략무기에 기초한 〈새로운 길〉을 가겠다고 선포한 것 △ 2020년 10월 10일 당창건 75주년과 2021년 1월 8차 당대회 기념 열병식에서 미국을 사정권으로 하는 신형 ICBM과 SLBM을 공개한 점 등은 미국과의 대타협을 노린 압박, 승부수, 지구전이라고 할 수 있다. 대결도 협상의 또 다른 과정이기 때문이다. 김정은은 여건이 성숙되면 또다시 〈변수형 비핵화 전략〉에 기초하여 비핵화 카드를 활용할 가능성이 크다. 〈변수형 비핵화 전략〉은 말과는 달리 '꿩먹고 알먹는' 不비핵화를 노린 전략전술이기 때문이다. 특히 핵을 개발 중일 때는 물론이고 핵개발을 완료했을 때도 활용할 수 있는 비장의 무기이다. 따라서 향후 미북 간에는 완전한 비핵화 對 제재해제 · 경제지원 방법론과 접점모색을 둘러싼 공방과 기싸움52)이 다양한 수준에서 전개될 것으로 예상된다.

---

52) 김정은이 2019년 2월 하노이에서 개최된 미북정상회담에서 '영변 핵시설 폐기vs대북제재 해제'를 집요하게 요구하였으나, 국내 정치문제로 코너에 몰려있던 트럼프가 '영변+α'를 입장을 끝까지 견지함으로써 노딜(no deal)로 회담이 결렬되었다.

9장

소 결(Ⅲ)

정책에 대한 정의는 매우 다양하다. 관점에 따라 "문제해결을 위해 사회변화를 전제로 한 정부활동"(Lasswel), "목적과 가치, 전략을 포함한 큰 규모의 계획"(Lasswel & Kaplan), "특정목적을 지닌 정부활동을 지배하는 원리"(Boulding), "희소한 사회적 가치의 권위적 배분"(Easton) 등으로 정의하고 있다(류지성, 2012: 38~39).

이번 글은 이러한 정책의 전통적인 정의와 함께 정책이 권력 장악과 공고화 과정에 있어서 중요한 메커니즘의 하나라는 관점, 즉 막스 베버의 3가지 지배형태의 하나인 '카리스마적 지배'를 보완해 주는 기재로서, 그리고 찰스 메리엄이 분류한 지도자 상징조작 기법의 하나인 '크레덴다'(credenda: 신뢰)의 중요한 구성요소라는 관점에서 접근하였다.
다시 말하면, 정책은 국가의 최고지도자가 자신의 예지력과 실천력을 보여줄 수 있는 좋은 수단(tool)이며, 정책 기획과 실행 과정을 통해 자신의 권력 정당성과 기반을 강화해나가는 데 매우 유용하다는 것이다.

김정은, 핵개발 · 비핵화 등 이슈 주도

김정은은 예상보다 이른 김정일의 사망으로 후계수업 기간이 충분하지 않은 상태에서 세습의 형태로 젊은 나이에 최고지도자에 오름에 따라, 정통성의 기반이 취약한데다 국정운영 경험도 매우 부족하였다. 이에 따라 김정은은 김정일이 생전에 미리 구축해 놓은 후계체제 기반과 10월 8일 유훈에 기초하여 군 최고사령관 등 당정군 최고직위에 신속하게 취임하고, 당우위체계 복원, 권력층 인물 본보기식 숙청, 백두혈통 우상화, 김정일과의 차별화 등을 통해 권력승계의 정당성과 최고지도자로서의 이미지를 조작 · 강화해 나갔다.

북한의 이러한 노력으로 인해, 김정은의 권력은 외형적(hardware)으로는 어느 정도 안정적 모습을 갖추었으나, 내면적(software)으로는 만성적인 경제난과 비사회주의 사조 확산 등의 불안요인이 내연 · 확산되고 있었다.

이러한 상황에서 김정은이 자신의 집권기반 공고화 및 김씨일가의 영구집권을 도모하기 위해 선택한 것이 과감하고 도전적인 △ 핵 · 미사일 개발 총력 경주 △ 최근의 비핵화 협상 정책이다.

김정은은 집권하자마자 체제목표를 김정일시대의 '강성대국'에서 '강성국가'로 현실화하였다.[53] 슬로건의 단 한 글자를 바꾼 것이지만, 강성국가 또는 강성부흥이라는 표현을 쓰기 시작한 것은 전임자의 "2012년도 강성대국 건설 목표"를 자연스럽게 폐기한 것이었고, 김정은의 세계관이 보다 현실적 · 실용적이라는 점을 시사해 주는 것이었다.

---

53) 지난해는 강성국가 건설에서 대혁신, 대비약이 일어난 승리의 한해였다. (중략) 올해는 김정일 동지의 강성부흥 구상이 빛나는 결실을 맺게 되는 해, 김일성조선의 대진군이 시작되는 장엄한 대진군의 해이다(2012년 신년공동사설/『로동신문』, 2012.1.1).

그리고 대남전략에서는 한반도 적화통일 노선을 규정하고 있는 당 규약의 "전국적 범위에서의 민족해방민주주의혁명 수행" 표현을 그대로 계승하면서, 전술적으로는 先정권안정을 위해 사실상의 투코리아(de facto Two Korea) 정책을 추진해왔다. 즉 집권초기에는 권력기반 공고화를 위해 체제안전판인 핵·미사일 개발에 총력을 경주하면서 개성공단 폐쇄, DMZ 목함지뢰 도발 등의 긴장 조성을 통한 내부체제 결속을 최우선시하였다. 핵개발 완료를 선언(2017.11)한 이후에는 남한의 외세의존정책 철회 압박과 미국과의 비핵화 협상을 통한 줄다리기를 계속해 나가고 있다.

이러한 김정은의 대남혁명전략전술은 김일성·김정일의 유훈이자 전통적인 대남노선인 '남조선혁명을 통한 공산화통일'은 당분간 물밑에 두고 핵과 통일전선 역량 기반을 강화하려는 전술이며, 향후 비핵화 협상의 향배에 따라 그 수준이 달라질 것으로 예상된다. 또한 당규약, 헌법, 유일령도체계 확립을 위한 10대원칙 등 북한의 최고 규범에 '김정은을 중심으로 한 주체혁명위업 계승 완성' '대를 이은 백두혈통 세습' 등을 명문화하여 김씨일가의 영구집권을 정당화하였다.

김정은은 집권 이후 이러한 〈사회주의 강국 건설〉, 〈先 한반도평화체제 구축 後 통일추구로의 대남혁명전략 현실화〉, 〈김씨일가의 영구집권 기반 구축〉의 체제운영 목표 달성을 위해 ① 정권안정을 최우선시하는 고슴도치 전술 ② 체제안전판 확보를 위한 핵·미사일 개발 ③ 민심 관리를 위한 시장경제요소 도입 확대 등의 정책을 추진해 왔으며, 2017년 11월 핵개발 완료를 선언한 이후부터는 남북 교류협력 확대와 미북 비핵화 협상을 통해 정상국가·경제난 타개를 위한 여건 조성을 적극 도모하고 있다.

특히 김정일은 핵개발·비핵화 정책을 통해 간부와 주민들의 관심을 외부로 전환시키는 가운데 군사외교 지도자로서의 카리스마 과시, 자신을 중심으로 한 결집 등을 도모하는 결정적인 수단으로 활용하고 있다. 즉 집권 이후 4차례의 핵실험과 100여 차례가 넘는 미사일 시험발사, 특히 미국을 사정권으로 하는 핵탄두를 탑재한 화성15호 ICBM발사의 성공(2017.11.29 북한 주장)은 김정은을 '강단있는 지도자'로 각인시키기에 충분하였다. 또한 생산현장의 자율권 보장과 장마당·경제특구 등 시장친화적 조치 확대는 주민들의 불만을 제어하면서 자신을 '친인민적인 지도자'로 각인시키는데 크게 기여하였다. 그리고 최근의 비핵화 협상으로의 정책 전환은 개혁개방에 대한 주민기대감 조성과 자신을 '글로벌 지도자, 통일 지도자'로 인식시키는 효과는 물론이고 지속적인 권력기반 강화에 활용할 수 있는 수단을 가지게 되었다.

한편 당면 현안인 북한의 비핵화로의 정책전환과 관련 그 배경과 김정은의 전략을 살펴보면 다음과 같다.

먼저 비핵화 문제를 검토하기 시작한 것은 2016년 5월 36년 만에 개최한 7차 당대회를 기점으로 보아야 할 것이다. 당우위체계의 북한에서 당대회는 기본적으로 지난시기 노선의 총결산과 새로운 총노선을 설계하는 회의라는 성격이 있는데다, 태영호 前 영국주재 공사가 "김정은이 2017년까지 핵개발을 완료하라고 지시하였으며, 당대회에 즈음하여 해외공관장들을 불러 모아놓고 핵개발 이후의 사업방향에 대해 의견을 허심탄회하게 개진하라고 했다"고 증언한 것이 이를 뒷받침한다.

김정은이 이미 핵개발 완료시점을 2017년 말로 설정한 것은 첫째, 북한의 핵개발 진척도 둘째, 2017년이 미국 新행정부의 대북라인 재편과 정책 검토기간이라는 점(북 도발에 대한 맞대응 한계) 셋째, 2017년 말 한국의 대통령 선거 등을 종합적으로 고려한 조치로 평가된다. 이러한 추론은 실제로 당대회 보고를 통해 김정은이 "핵보유국의 지위에 맞게 대외관계 발전에서 새로운 장을 열어나가자"고 강조한 점과 당대회 직후인 2016년 7월 6일 정부대변인 성명으로 ① 남한 내 미국핵무기 공개 ② 남한 내 모든 핵기지 철폐·검증 ③ 미국 핵타격 수단의 한반도 전개 금지 ④ 대북한 핵무기 사용 및 위협금지 약속 ⑤ 주한미군 철수 선포 등을 한반도 비핵화를 위한 5대 조건으로 제시한 것이 중요한 증좌이다. 왜냐하면 북한이 핵개발에 총력을 경주하고 있는 시기임에도 불구하고 비핵화의 조건을 언급한 것은, 북한이 내부적으로 핵개발 성공이후 비핵화로의 이행을 중요한 전략전술로 검토하고 있었음을 시사해 주기 때문이다.

이후 북한은 2017년 신년사("핵·미사일 개발 마감단계"), 2017년 10월 당 7기2차 전원회의("조성된 정세에 대한 당면한 몇 가지 과업에 대하여"), 2017년 11월 핵개발 완료 선언("고각발사의 한계점에도 불구하고 조기완료 선언"), 2018년 12월 김정은의 백두산 단독등정("핵무력 완성의 대업을 회억"), 2018년 신년사("핵무력 실전배치 지시 및 평창동계올림픽 참가 의사표명"), 2018년 2월("평창동계올림픽 참가"), 2018년 3월("대북특사단 방북시 비핵화 의지 표명"), 2021년 1월 8차 당대회("핵·미사일 능력 대거 과시로 미국을 압박") 등을 주요 계기로 활용하였다. 이 같은 김정은의 핵정책 전환은 핵정책 장기로드맵을 준비한 상황에서 국제사회의 대북제재가 시간이 갈수록 강화되어 경제난과 외교적 고립이 심화되어 가고 있는 현실을 타개해 나가기 위한 것이라고 평가된다.

비핵화 협상의 진행 동향을 보면 앞으로 넘어야 할 산이 아직 많다. 무엇보다 비핵화의 개념과 방법 등이 완전히 다르다.

첫째 대상을 보면 북한은 한반도 전역, 미국은 북한 비핵화를 상정하고 있다. 둘째, 목표는 북한이 대북제재 해제·평화협정체결 등을 통한 영구적 안전보장에 있는 반면에, 미국은 최종적이고 완전히 검증된 북한 비핵화(FFVD)를 주장하고 있다. 셋째, 북한은 시기에 대해 공식 언급하지 않고 있으며, 미국은 서두르지는 않지만 가능한 빠른 시일 내 합의를 원하고 있다. 넷째, 방법은 미국이 일괄타결을 선호하나, 북한은 단계적·동시적 조치를 주장하고 있다. 북한의 입장을 받아들일지라도 단계별 세부 상응조치에 대한 시각이 매우 다르다. 다섯째, 기타 중요한 변수는 북한의 핵보유국 암중모색과 미국의 대중공조를 통한 대북제재 강화 또는 필요시 군사옵션 사용 등이다.

북한은 비핵화 의지 표명에도 불구하고, 이미 보유한 핵을 쉽게 내려놓지는 않을 것으로 보인다. 따라서 현재 추진 중인 비핵화는 언제든지 그 목표와 시기·방법 등을 변화시킬 수 있는 『변수형 비핵화 전략』(VDS: Variable Denuclearization Strategy)이라고 판단된다.

즉 비핵화 원칙 표명으로 〈명분에서의 우위〉를 확보한 가운데 미국의 압박강화·군사공격을 일단 예방하고, 핵폐기는 단계적·동시적 상응조치를 거쳐 한미합동군사훈련 영구중단·평화협정 체결·미북수교 등의 체제안전보장 목표가 달성되는 최종적 순간에 실행하는 전략이다.[54]

특히 협상이나 이행기간 중 한국·미국 내 대북정책 변화 등 특이상황이 발생하면 보다 나아진 경제·외교적 여건을 확보한 상태에서 조용한 핵개발 전략을 추진한 〈파키스탄식 모델〉로 돌아서는 여지를 두는 복합적 전략전술이라고 평가한다. 이러한 『변수형 비핵화 전략』에 기초하여, 김정은은 트럼프와 1, 2차 정상회담을 통해 〈사실상의 핵보

---

[54] 김정은은 2021년 8차 당대회 사업총화보고를 통해 한국에 대해 남북관계 회복을 위한 전제 조건으로 첨단군사장비 반입과 한미합동군사훈련 중지를 요구하고, 미국에게는 대북적대 시 정책 철회를 압박하면서 "강대강 선대선으로 대응해 나가겠다"고 위협하였다.

유국)으로 자리매김하는데 거의 성공했다.

향후 북한은 자력갱생 원칙 관철, 중·러 등과의 협력 강화, 미사일 시험발사 등 다양한 벼랑끝 전술을 통해 그들이 주장하는 단계적·동시적 조치의 협상틀로 미국을 다시 끌어들이는데 주력해 나갈 것으로 보인다. 이와 함께 우리 정부에 대해서는 〈우리민족끼리〉정신에 기초한 남북합의 적극 실천을 독려할 것으로 보인다.

남조선 당국은 외세의존 정책에 종지부를 찍고 모든 것을 남북관계 개선에 복종시켜야 한다. 오지랖 넓은 '중재자', '촉진자' 행세를 할 것이 아니라 민족의 일원으로서 제정신을 가지고 제가 할 소리는 당당히 하면서 민족의 이익을 옹호하는 당사자가 되어야 한다(2019.4, 최고인민회의 제14기 1차회의에서의 김정은 시정연설).

남조선 당국과 더이상 마주앉을 일도, 논의할 문제도 없다. 대남사업을 철저히 대적사업으로 전환해야 한다(2020.6, 대남사업부서 사업총화회의 시 김여정 발언).

북남관계가 회복되고 활성화되는가 못되는가 하는 것은 전적으로 남조선당국의 태도여하에 달려있으며 대가는 지불한 것만큼, 노력한 것만큼 받게 되어있다(2021.1 8차 당대회 사업총화보고 시 김정은 발언).

이는 단기성과(제재 해제, 남한정부 길들이기, 도발명분 축적) 도출은 물론이고 협상이 장기화(持久戰)되는 국면에도 대비해 나가는 전략전술적 행보이다.

이에 대해, 미국은 대북제재의 고삐를 계속 조이면서 핵 리스트 신고

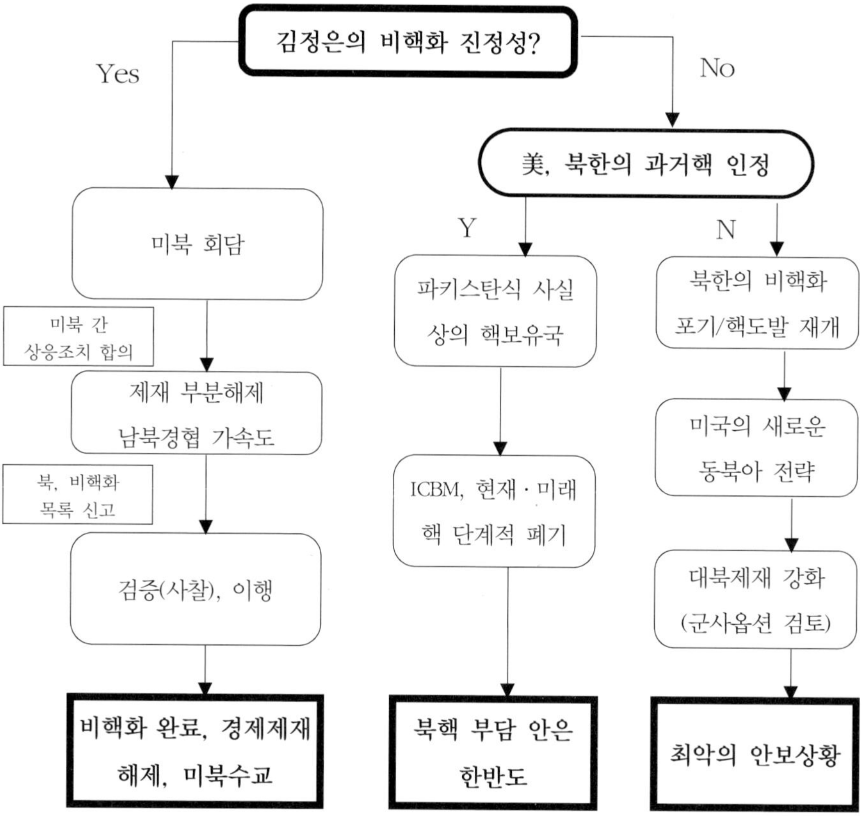
김정은의 비핵화 진정성?
Yes
No
美, 북한의 과거핵 인정
미북 회담
미북 간
상응조치 합의
제재 부분해제
남북경협 가속도
북, 비핵화
목록 신고
검증(사찰), 이행
비핵화 완료, 경제제재
해제, 미북수교
Y
N
파키스탄식 사실
상의 핵보유국
ICBM, 현재 · 미래
핵 단계적 폐기
북핵 부담 안은
한반도
북한의 비핵화
포기/핵도발 재개
미국의 새로운
동북아 전략
대북제재 강화
(군사옵션 검토)
최악의 안보상황

북한 핵무장(2017년 말) 이전		북한 핵무장 이후(현재)
○ 핵 · 미사일(위성) 개발 당위성 주장 - 개발완료 조기 선언(2017.11) ○ 대북제재 강화 및 군사옵션에 대한 불안감	북한	○ 10-20개 핵탄두 보유(日나가사키대학 평가)/동경 등 타격가능 * 2020년까지 160개 보유 가능(한용섭) ○ 단계적 · 동시적 비핵화 해법
○ 빅뱅식 일괄타결 주장 - CVID · FFVD의 완전한 비핵화 ○ 북한에 대한 군사옵션 검토	미국	○ 빅딜 원칙/北의 단계 · 동시적 주장 접점 모색 ○ 대북 군사옵션 실효성 상실 ○ 김정은 달래기/경제옵션 유효

〈그림 5〉 북한 비핵화 시나리오 흐름도

-검증-폐기시기와 방법을 둘러싼 접점모색을 도모해 나갈 것으로 전망 된다.[55]

민심 · 국제여론 관리에 성공

한편 김정은의 정책수행에 대한 주민인식과 관련, 북한은 철저한 상호감시 체계가 작동하는 사회이기 때문에 구체적으로 확인하기는 어렵다. 탈북민들의 증언을 종합해 보면, 대체적으로 고위간부들은 신념에 의한 충성이든, 기득권 유지를 위한 가식적인 충성이든 최고지도자에게 맹종하는 성향이다. 그리고 중간간부들도 지위상 대체적으로 순종적인게 일반적이다. 이런 경향은 일반주민들도 마찬가지이다. 이들은 사상교양에 세뇌되어 있는데다가, 생계만 꾸려 나갈 수 있게 해주면 불만이 없기 때문에 정치에는 무관심하며, 최고지도자에게는 무조건 충성을 한다. 경제난으로 생활고를 겪고 있지만, 불만이 있더라도 중간간부들의 탓으로 돌리는 게 일반적이다.

따라서 북한사회는 이른바 '고난의 행군' 이후 개별 단위 및 개인들의 자생력이 생긴데다가 김정은이 집권한 이후 장마당 확대 묵인 및 인센티브제 도입, 변화에 대한 새로운 기대감 주입 등을 고려해 볼 때 김정은에 대한 지지도는 상당한 수준에 있을 것으로 보인다. 물론 비핵화에 진척이 없다면 이러한 기대감이 오히려 반작용을 일으킬 가능성도 배제할 수 없다. 실제로 남북정상회담 이후 북한 내부에는 "변화

---

55) 〈그림 5〉 북한 비핵화 시나리오 흐름도는 「최악으로 치달을 수 있는 북 비핵화 시나리오-김민석의 Mr. 밀리터리」(『중앙일보』, 2018.6.15)의 26면 표를 기초로 수정 · 보완한 것이다.

가 많을 줄로 알았는데 별로 변한 게 없다"는 반응도 일부 나타나고 있다고 한다(탈북민 김일규).

김정은에 대한 인식변화는 한국 및 국제사회에서 확연히 나타나고 있다. 즉 김정은이 국제무대에 등장한 2018년 이후 그를 직접 만난 문재인·트럼프 대통령과 동정을 보도하는 언론들이 그를 합리적인 지도자, 스마트한 인물, 똑똑하고 훌륭한 협상가 등으로 평가함에 따라 그에 대한 기존의 독재자, 전쟁광, 인권유린자 등의 부정적 이미지는 묻혀버리는 등 외부 환경이 상당히 개선되었다.

이러한 사실은 트럼프의 2017년(로켓맨/북한 완전 파괴)·2018년(김정은의 용기·조치에 감사/대담한 평화) 유엔총회 연설문을 비교해 보면 확연히 드러나고 있다.

또한 여론조사 결과에도 잘 나타나고 있다. 2018년 4월 1차 판문점 남북정상회담 이후 MBC가 실시한 여론조사에서 "김정은이 정상회담에서 보인 행동이나 발언에 신뢰가 가느냐"는 설문에 "매우 신뢰가 간다 17.1%, 대체로 신뢰가 간다 60.5%"로 긍정평가가 77.5%나 되었다(『MBC』, 2018.4.30). 그리고 3차 평양남북정상회담 실시 이후 MBC여론조사에서는 "김정은 서울답방"에 대한 설문에 "82.8%가 찬성한다"고 응답했으며, "김정은에 대한 신뢰도"에 대한 질문에서는 "신뢰가 간다는 긍정평가가 67.8%", "신뢰가 가지 않는다는 부정평가는 29.6%"로 나왔다(『미디어오늘』, 2018.9.25). 이는 민주평통이 지난 2014년 실시한 여론조사에서 국민 10명 중 9명(91%)이 김정은에 대해 "신뢰하지 않는다"고 답변(『KBS』, 2014.12.4)한 것과 비교하면 엄청난 변화이다.

이러한 긍정적인 평가는[56] 김정은에게 자신감을 불어넣어 비핵화를

56) 물론 김정은 답방 찬반여부 조사에서 "41.6%가 반대"하는 결과(2019.9.30, 서울신문)도 있었으며, "미국인의 86%가 김정은을 신뢰하지 않는다"는 미국의 여론조사

포함한 대내외 정책을 보다 탄력적으로 취해 나갈 수 있게 할 뿐 아니라, 외부로부터의 소식이 북한주민들에게 다양한 채널로 유입되고 있는 환경 속에서 국내-해외 간의 선순환이 일어날 수 있기 때문에 권력기반 공고화에 어떠한 형태로든 긍정적 영향을 미칠 것으로 평가된다.

결론적으로 김정은은 젊은 독재자임에도 불구하고 체제목표를 전통과 변화를 고려하여 현실적으로 조정하고 정책의 계승과 발전, 특히 미국과의 판갈이 싸움을 거치며 북한을 사실상의 핵보유국 지위에 올려놓았다. 그리고 국제사회의 대북제재 강화로 어려워진 경제난은 장마당 등 비공식경제 활동 허용 확대를 통해 돌파해 나가고 있다. 특히 2018년부터는 핵을 보유한 자신감을 바탕으로 비핵화 협상을 전개하면서 정상국가 지도자로 자리매김해 나가고 있으며, 자신의 꿈인 김씨일가가 영구집권하는 사회주의 강국건설이라는 북한몽(夢) 실현을 위한 기반을 구축하였다. 향후 비핵화 협상의 진행 과정에서 지난 제2차 미북정상회담과 같은 돌출변수가 발생할 가능성을 배제할 수는 없지만, 김정은은 정책의제 선점과 강력한 드라이브를 통해 창출한 카리스마(charisma)와 향후 보다 강화된 상징조작, 세대교체, 개혁·개방정책 등을 통해 정치권력 기반을 더욱 공고화해 나갈 것으로 전망된다.

따라서 우리 정부는 북한의 핵정책과 주변국들의 한반도 비핵화에 대한 전략전술, 나아가 신한반도체제의 주도권을 둘러싼 신경전[57]이

(2019.8.24, 조선일보)도 있었다. 따라서, 김정은에 대한 선호도는 설문조사 당시의 김정은의 대외-대남 정책이 상당한 영향을 미친다고 봐야 할 것이다.

57) 북한의 김여정은 우리 측의 대북전단 살포 금지를 압박하기 위해 "모든 남북간 연락채널을 폐기하고, 대남업무를 대적사업으로 전환할 것"을 지시(2020.6.9)하였다. 이어 개성남북공동연락사무소를 폭파(6.16)를 주도하였다. 그러나 김정은은 추가 대남 군사행동계획 보류를 지시(6.23)하였으며, 10월 10일 열병식 기념연설에서는 "사랑하는 남녘의 동포들에게도 따뜻한 이 마음을 정히 보내며 하루빨리 보건위기가 극

녹록치 않을 것임을 분명히 인식한 가운데, 긴 호흡을 가지고 〈비핵화〉라는 본질에 더욱 집중해야 한다.

이를 위해서는 미국이 북측에 제시했던 비핵화와 경제개발 지원 빅딜안과 1900년대 이후 남북-미북 간 체결한 합의서에 기초하여 완전한 비핵화(CVID)를 위한 로드맵, 가칭 〈BH 프로세스; 포괄적 로드맵 + 단계적 이행안〉을 성안하여, 미국-북한과 조율해 나가야 한다.

이런 과정에서 중요한 것은 우선순위(priority)이다. 미국과의 의견 조율과 북한의 성실한 비핵화 촉구가 먼저이며, 북한 측 의견수용과 경협(제재해제)진척은 그 다음 문제라는 점을 잊지 말아야 한다.

북한과 한·미가 비핵화라는 용어는 같이 쓰고 있지만 △ 대상(북핵 vs 한반도) △ 목표(제재해제, 안전보장 vs FFVD) △ 방법(단계적, 동시적 vs 빅딜식 일괄타결) △ 시기(속도 조절 vs 가능한 빠른 시일 내) 등에 있어 엄청난 간극을 보이고 있다. 북한은 단기-중장기-최종변수의 변수형 비핵화 전략전술을 구사하고 있으며, 중국과 러시아는 북한의 뒷배를 봐주면서 한반도 체스판을 더욱 복잡하게 만들고 있다. 그야말로 넘어야 할 산이 '첩첩산중'이다.

향후 비핵화 실무협상 과정에서는 과거 1994년 제네바합의나 2005년 9.19공동성명 때와는 전혀 다른 상황이 전개될 것이다. 북한이 '북한 비핵화'가 아닌 '한반도 비핵화' 로드맵 성안을 주장하며 안전 보장과 제재 해제를 동시에 요구할 것이기 때문이다. 쉽지 않은 과정이 예상된다. 우리 정부는 당당함과 치밀한 준비를 통해 이니셔티브를 쥐지 못하면 과거에 경험했던 것처럼 조연자, 단순 이행자로 전락될 수 있다.

이를 위해서는 ① 先 포괄적 로드맵 합의 → 後 단계적 이행 관철

복되고 북과 남이 다시 두손을 마주 잡는 날이 찾아오기를 기원한다"고 언급하는 등 한국정부를 들었다 놨다 하고 있다.

(snapback 조항 필수) ② 핵무기 폐기를 정공법으로 제기(북한이 비핵화를 천명했으므로, 보유한 핵무기 또는 핵물질을 100으로 한다면 1단계 30%, 2단계 50%, 3단계 20% 식으로 나누어 실행해야 진정성을 확인할 수 있다는 논리) ③ 북한의 핵보유 정책으로의 회귀에 대비한 플랜 B(미국과의 나토식 핵공유 등) 시나리오를 가지고 대처해 나가야 한다.

특히 우리의 국가이익이 심각하게 침해되는 상황, △ 북한의 무력도발 등 긴장 조성 △ 미북 간 반쪽 비핵화 타협 △ 미국의 대북군사공격 시나리오 재검토 등 비관적 상황(cases)에 대해서도 그 대비책[58]을 함께 수립해야 할 것이다.

---

[58] 북한이 핵·미사일 개발 성공에 대한 자신감을 기초로 한반도의 판을 크게 흔드는 술수를 부릴 가능성, 즉 남남갈등과 한미균열을 노린 상하층 통일전선공작을 대대적으로 전개할 가능성도 배제할 수 없다.

제5부

맺음말

군주는
법(法)·술(術)·세(勢)의 3가지 통치도구를
가져야 한다. (韓非子)

문제를 토론할 때는
반드시 실제에서 출발해야 하고
정의를 내리는 것으로부터 출발해서는 안된다. (마오쩌둥)

북한은 1945년 해방 이후 전형적인 점령공산국가(소비에트식 인민민주주의국가)로 출범했으나 점차 김일성 1인지배 전체주의국가로 변해 갔으며, 수령론·후계자론·유일사상체계 등의 이론정립 과정을 거쳐 지도자의 세습제를 갖춘 종교국가, 신정체제로 진화하였다(전현준·김병로, 2000; 이상우, 2017).

북한의 2대 수령인 김정일이 2011년 12월 17일 갑작스럽게 사망하였다. 이후 전 세계의 이목이 한반도로 집중되는 가운데, 2009년 1월 후계자로 내정되어 정치수업을 받고 있던 27세의 김정은이 북한의 새로운 최고지도자로 등극하였다. 이로써 북한에서는 사회주의체제에서 유례를 찾아볼 수 없는 3대 부자세습정권이 탄생하였다. 국내외 전문가와 언론들은 세습에 대한 비판적 평가와 함께 김정은 체제의 미래에 대해 다양한 전망을 내놓았다. 다수설은 "조기안정에 상당한 어려움을 겪을 것"이라는 시각이었다. 김정은의 젊은 나이와 국정운영 경험 부족, 당면한 경제·외교적 곤궁국면 등이 주요 논거였다. 김정일이 후계수업 10년과 김일성과 공동통치 20년 등 약 30여 년의 정치활동을 했음에도 불구하고, 김일성 사후 3년 탈상(1994-1997)이라는 잠정기를 거쳐 권력을 승계한 사실을 비춰볼 때 어느 정도 일리 있는 관측이었다.

그러나 일반의 예상과는 달리, 김정은은 군 최고사령관을 시작으로 노동당 제1비서, 국방위원회 제1위원장(2012.4) 등 당정군의 최고직위에 초스피드로 취임하면서 국정을 조기에 장악하였다. 특히 2012년 7월 후견인 리영호 군총참모장 숙청, 한국 대선을 앞둔 2012년 12월 대륙간탄도 미사일 시험발사 및 2013년 2월 3차 핵실험(이후 총 4회의 핵실험과 100여 차례의 미사일 시험발사), 2013년 4월 개성공단 근로자 철수, 2013년 12월 후견인이자 고모부 장성택 숙청, 2015년 4월 직접 발탁한 현영철 인민무력부장 공개처형, 2015년 8월 DMZ 목함지뢰 도발, 2016년 5월 36년 만의 7차 당대회 소집, 2017년 11월 핵개발 완료 선언, 2018년 2월 평창동계올림픽 참가, 2018년 3월 방북특사단에 비핵화 가능성 및 미북정상회담 의사 표명, 2018년 이후 남북-미북-북중 정상회담과 미국과의 협상 주도권 싸움 등으로 이슈를 주도하며 세계를 놀라게 하고 있다.

김정은, 정치권력 완전 장악

김정은이 집권 이후 보여준 통치전략은 일대이로(一帶二路), 즉 공포통치로 간부와 주민들을 자신을 중심으로 하는 한 대열(one belt)에 묶어세우고, 핵경제 건설 병진노선(two roads)으로 핵·미사일 개발에 총력을 경주하여 체제의 안전판을 확보하는 것이었다.

이는 체제안전보장 차원을 넘어 정권기반 공고화·김씨일가의 영구집권 기반을 확보하려는 목적이었다. 이를 위해 김정은은 『사회주의 강국 건설 및 한반도 통일』의 체제목표하에서 先 정권안정 추구, 핵개발 및 사실상의 투코리아 지향, 시장경제요소 도입 확대 등의 전술적 통치행위를 통해 체제를 결속하는데 진력하였다. 한편 김정은은 이러한 체제결속과 핵개발의 성공을 기초로 2018년부터 비핵화 및 경제건설 중심노선으로의 과감한 정책 전환을 통해 경제 활성화와 영구적인 체제안전보장 확보를 도모하고 있다.

이번 글은 김정은의 정치권력, 즉 "권력을 어떻게 장악하고 공고화해 나가고 있는가?"라는 물음으로부터 시작되었다. 이를 규명하기 위해 ① 법·제도·인사 측면에서의 제도적 기반 확보 동향 ② 지도자에 대한 언어·비언어적 상징조작 동향 ③ 핵개발·비핵화를 비롯한 정책노선이 갖는 의미 등 3대 카테고리(핵심요인)로 분류하여 권력 장악 및 공고화 과정, 리더십 등을 고찰해 보았다. 이를 통해 확인한 결과는 다음과 같다.

첫째, 김정은이 어린 나이[1]와 3남이라는 핸디캡에도 불구하고 김정남·김정철·김경희·장성택 등을 제치고 후계자로 지명된 것은 제도와 규범, 개인적인 자질·정치환경 등이 복합적으로 작용된 결과이다. 단순세습이 아니라 권력쟁취의 성격이 가미된 승계이다. 즉 김정은 승계는 1) 수령론·후계자론·유일사상(령도)체계를 통해 백두혈통 승계가 기정사실화된 구조하에서 2) 어린 시절부터의 적극적인 성향과 후계수업 기간 중 보여준 정치군사적 자질이 김정일의 마음을 사로잡은

---

1) 전술한 바와 같이 전문가들은 북한을 왕조국가에 비유하고 있다. 따라서 조선국왕 27명의 즉위 나이도 많은 시사점을 준다. 즉 10대 이하가 헌종(8세)·고종(12세) 등 13명이며, 20대가 세종(22세) 등 3명으로 약 60%를 차지하고 있다. 한편 "짐이 곧 국가이다"라는 말로 유명한 프랑스의 루이 14세는 5세에 즉위하여 72년간 통치를 하였다.

점 3) 장남 김정남(외유/일본 밀입국사건)과 차남 김정철(건강 이상/연약한 성격)의 후보군 조기 탈락 4) 2008년 8월 김정일의 갑작스러운 뇌졸중 5) 권력층 내 신민적인 정치문화 등이 결정적으로 작용하였다.

둘째, 김정은이 김정일 사후 빠른 시간 내에 권력을 장악, 공고화해 나가는데 성공한 것은 수령론 등 제도화된 북한특유의 권력이론이 뒷받침된 가운데 법·조직·인사의 제도적 조치와 상징조작, 정책노선 등이 유기적으로 작동된데 기인한다. 특히 이른바 '공포통치'를 통해 김정일이 생전에 마련해준 후견인들과의 공동통치 구도를 조기에 깨뜨리면서 핵·미사일 개발과 비핵화 협상 등을 통한 끊임없는 외부 갈등구조 창출로 내부를 장악한 것이 결정적이었다.

지난 10여 년간의 김정은 권력장악 및 통치 과정에서 대전환점은 2008년 8월 김정일의 와병('후계논의 본격화'), 2011년 12월 김정일의 사망('김정은 단독통치 시작'), 2016년 5월 36년 만에 소집한 7차 당대회('김정은식 新권력구조와 정책노선의 본격화'), 2018년 6월 미북정상회담('글로벌 제관식: 정상국가화'), 2021년 1월 8차 당대회('김정은 친정체제 공고화')[2]라고 할 수 있다.

물론 그 사이에 일어난 2013년 12월 장성택 숙청, 2017년 2월 김정남 암살, 2018년 이후 비핵화로의 정책전환 등도 중요한 계기였다.

셋째, 김정은의 제도적 차원에서의 권력 구축작업은 후계자 시절 (2009.1-2011.12)에는 공식적으로는 당중앙군사위원회 부위원장 자격으

---

2) 김정은 정치10여 년을 同 계기를 중심으로 구분해 보면, 후계수업(1단계: 2008.8-2011.12) → 권력장악 및 공고화(2단계: 2011.12-2016.5) → 유일지배체제 사실상 완성 (3단계: 2016.5-)로 특징지어진다.

로, 비공식적으로는 국가안전보위부 막후지휘를 통해 수행되었다.

　김정은의 트레이드마크가 된 '공포통치'는 동 기간 중 이미 잉태되고 있었다. 김정은은 보위부 지도활동의 첫 사업으로 대남사업일군 사상 재검토에 착수하여 참여정부 시 대남접촉의 최일선에서 활동한 최승철 당통일전선부 부부장·권호웅 남북고위급회담 수석대표를 비롯 6명을 허위보고·남한간첩·부패혐의 등으로 공개총살[3]하였으며, 통일전선부·조평통 등 대남사업부서에 대한 대대적인 검열을 통해 상당 수의 대남전문일군들을 혁명화 또는 정치범수용소로 추방하였다. 일종의 시범케이스 숙청이었다.

　공식집권 이후에는 당규약·헌법 수정을 통해 체제목표와 권력구조를 현실에 맞게 조정한 후 권력 핵심포스트 조기 취임과 지위 강화(당 제1비서·국방위 제1위원장 → 당총비서·국무위원장), 공포통치 강화를 위한 국가안전보위부·당조직지도부 역할 제고, 당 조직과 회의체 정상화 등을 추진하였다. 특히 이런 과정에서 2016년 5월 36년 만에 7차 당대회를 소집하여 당위원장 직제를 신설하고, 이후 최고인민회의 (6.29)에서 국방위원회를 폐지한 후 국무위원회를 새롭게 조직한 것은 김정일시대의 비정상적인 선군통치 노선에서 탈피하여 사회주의체제 기본원리인 '당우위국가 체계'로 회귀하려는 제도적 포석이었다. 혈통 승계 정권의 특성상 전임자를 공개비판 할 수 없는 상황에서 사실상의 선군정치 종식을 선언한 것이었다.

　또한 리영호, 장성택, 현영철을 비롯 당정군 핵심간부 숙청과 김정남

---

3) 탈북민 김하경은 "새로 출범한 이명박 정부가 '참여정부 10.4선언을 계승·이행할 것'이라는 통일전선부의 판단보고와 달리 강경정책을 구사하자 이에 대한 책임을 통일전선부에 돌린 것이다"라고 하면서 "당시 이미 고사총이 처형수단으로 사용되었으며, 시신이 형체도 알아볼 수 없게 되는 장면을 눈앞에서 본 동료들은 며칠 동안 식사도 하지 못했다"고 증언하였다.

암살 등을 통해 잠재적 도전자들을 제거하는 가운데 롤러코스트식 인사·군총정치국 기능 약화, 세대교체를 통해 군부를 완전히 장악[4]하였다.

한편, '유일령도체계 확립을 위한 10대원칙'(2013.6)에 "백두산 절세위인들"(3조4항)이라는 표현을 추가하고 "당과 혁명의 명맥을 백두의 혈통으로 영원히 이어 나가며"(10조2항)를 명시해 김일성 → 김정일 → 김정은으로의 3대세습뿐만 아니라 4대·5대 세습도 가능한 발판을 마련해 놓았다. 이처럼 제도적 차원에서의 권력 기반은 거의 완비되었으며, 김정은의 권력장악 및 공고화에 있어 기본적 토대·힘(power)이 되고 있다.

넷째, 김정은에 대한 상징조작 활동은 후계자 내정과 더불어 '김대장'으로 은유한 찬양노래 〈발걸음〉을 보급하면서부터 시작되었다. 상징조작은 공산주의·전체주의 체제하에서는 지도자의 카리스마 형성을 위한 중요한 수단의 하나이다. 북한이 찬양노래부터 확산시킨 것은 후계자 결정을 외부에 공식화하지 않은 상황에서 주민들에게 자연스럽게 그의 존재를 알리려는 치밀한 사전 포석이었다.

공식 집권 이후에는 〈우리는 당신밖에 모른다〉, 〈그이 없인 못살아〉 등의 노래를 배포하면서, 태양·어버이·위대한 령도자 등으로 호칭하여 김일성·김정일과 버금가는 위상을 부여하기 위해 노력하였다. 이와 함께 백두산 3대장군 위대성과 김정은으로의 승계와 충성을 당부한 김정일의 10월 8일 유훈을 선전하면서, 김정은을 김일성김정일주의 창

---

4) 김정은은 집권 이후 총정치국장 5명, 총참모장 7명, 인민무력상 8명을 기용하였다. 이 같은 잦은 인사교체는 김일성·김정일시대와 극명하게 대비되는데, 인민무력상의 경우 김일성이 집권 46년간 5명, 김정일이 집권 17년 동안 3명만을 기용하였다.

시자로 부각하였다. 또한 김정일생일의 광명성절 지정(2012.2), 김정일 70회(2012.2)·김일성100회(2012.4)생일 등 국가 기념일의 대대적인 경축, 금수산태양궁전법 채택(2013.4) 등을 통해 김정은과 김씨일가의 위대성을 부각 선전하였다. 이러한 전통적인 우상화 활동에서 주목되는 점은 김정은이 자신에 대한 우상화는 최소화하고 가계우상화에 주력한 점인데, 이는 자신보다는 선대의 후광을 활용하는 것이 보다 실효적이라는 판단에 기초한 것이다.

김정은 상징조작에서 가장 주목되고 차별화되는 점은 1) 생모 고용희 우상화 未전개 2) 청년 김일성환생 신드롬 유도 3) 김정일 통치행태와의 차별화를 들 수 있다. 고용희(제주도·조총련 출신)는 김정은정권의 최대 아킬레스건으로, 현재 김정은 생모 대신 부인 리설주를 국모화하는 우회적인 방법을 모색하고 있다.

다음으로 젊은 시절 김일성 모습과 통치스타일을 모방하고 있는 것은 김일성시대의 향수 자극을 통해 부족한 정통성(charisma)을 보전하려는 저의이다. 그리고 부인 리설주 공식행사 대동, 대중연설, 비행기 선호, 공식회의체 활용, 당 우위체계 복원, 당조직지도부장·보위부장를 비롯 주요직위 측근 보임(김정일은 공석으로 두며 직접 관장) 등의 활동은 김정일시대와는 확연히 구분되는 통치행태로서 김정은의 내적인 脫父(out of Kim Jeong-il) 심리를 시사해주고 있다.

이러한 김정은의 내적 심리는 북한 당국의 김정은 = 김일성(외모·행동 모방) 선전방침에도 불구하고 김일성과 같이 찍은 어린 시절의 사진 1장도 공개하지 못하는 현실에서도 뒷받침되는데, 할아버지의 사랑을 못 받은 원망이 김정일에게로 향하고 있을 가능성이 있다.

다섯째, 김정은의 권력구축은 제도적 기반 조성과 상징조작 강화로 외형적(hardware)으로는 어느 정도 안정적 모습을 갖추었으나, 내면적 (software)으로는 경제난 등이 앞을 가로막고 있었다. 김정은은 이러한 상황을 보다 근원적으로 타개하기 위해 공격적인 핵개발 및 비핵화 정책을 추진하고 있다.

김정은은 집권하자마자 체제목표를 김정일의 '강성대국'에서 '강성국가'로 현실화하였으며, 대남전략전술도 당규약의 "전국적 범위에서의 민족해방민주주의혁명 수행" 표현은 그대로 존치하였으나, 전술적으로는 '先정권안정 後대남공세' 즉, 사실상의 투코리아(de facto Two Korea) 전술을 추진해 오고 있다. 이러한 김정은의 전략전술은 김일성·김정일의 유훈이자 전통적인 대남노선인 '남조선혁명을 통한 공산화통일'은 당분간 물밑에 둔 상태에서 한반도 평화체제 구축을 통한 통일전선 역량을 강화하려는 의도이다. 이와 함께 국제사회의 대북제재 국면에서의 주민생계 보장과 민심 관리를 위해 장마당 증설·인센티브제도 도입 확대 등 시장경제요소를 국가경제시스템에 접목하는 정책을 확대 추진해 오고 있다.

특히 초대형 이슈인 핵개발·비핵화 정책을 통해 △ 관심을 외부로 전환시키는 가운데 △ 군사·외교 지도자로서의 카리스마 과시 △ 지도자를 중심으로 한 결집을 적극 도모하고 있다. 이처럼 김정은의 과감하고 혁신적인 정책노선은 자신의 대전략가로서의 풍모를 각인시키고 있으며, 그동안 안주해온 간부들의 사고체계 변화를 강제하고 있다. 물론 한국정부에도 새로운 변화와 남북관계 발전에 대한 기대감5)을

---

5) "우리 두정상은 한반도에서 더이상 전쟁은 없을 것이며, 남북관계를 전면적이고 획기적으로 발전시켜 끊어진 민족의 혈맥을 잇고 공동번영과 자주 통일의 미래를 앞당기자고 굳게 약속했습니다"(문 대통령의 2018년 9월 19일 평양5.1경기장 연설)/"신한반도체제로 담대하게 전환해 통일을 준비해 나가겠다. 한반도에서 평화경제의 시대를 열어 나가겠다"(문 대통령의 2019년 3.1절 경축사)

심어주고 있다.

여섯째, 당면 현안인 비핵화 협상으로의 정책전환은 국제사회의 대북제재에 굴복하여 단기적으로 내린 결정이 아니다. 즉 장기간 검토해 온 '핵개발 이후 정책로드맵'을 기초로 국제사회의 강화된 제재 · 압박을 타개할 필요성이 맞물리면서 내려진 전략적 결단이라고 판단된다.

이 같은 로드맵에 대한 첫 검토시점은 2016년 5월 36년 만에 개최한 7차 당대회가 중요한 분수령이라고 추정된다. 이는 △ 당대회가 지난 시기 사업 총결산과 새로운 총노선을 설계하는 국가(당)의 최고회의라는 성격 △ 김정은이 보고를 통해 "핵보유국 지위에 맞게 새로운 장을 열 것"을 강조한 점 △ 2016년 귀순한 태영호 前영국주재 공사가 "김정은이 2017년까지 핵개발 완료를 지시하였으며, 해외공관장들과 회의를 통해 핵개발 이후의 사업방향에 대해 의견을 청취했다"고 증언한 점 등이 이를 뒷받침한다.

이러한 내부논의는 이후 2016년 7월 한반도 비핵화를 위한 5대 조건을 제시한 북한의 정부대변인 성명, 2017년 11월 핵개발 완료 선언, 2018년 3월 대북특사단 방북 시 비핵화 의지 표명 등으로 이어졌다. 이 같은 김정은의 정책전환은 강화된 대북제재하에서 핵을 안고 죽기보다는, 핵을 활용해서 정권안정과 체제발전을 도모하려는 전술이다.

그러나 김정은이 비핵화 의지를 표명하였음에도 불구하고, 핵을 쉽게 내려놓지는 않을 것으로 판단된다. 왜냐하면 △ 북한사회는 '김정은 = 북한-핵 = 체제안전' 등식이 확고하게 자리 잡고 있고 △ 관련국들의 비핵화 개념에서 차이가 있는데다 △ 비핵화 과정이 오랜 시간을 필요로 하는 특성이 있기 때문이다.

따라서 현재 추진 중인 비핵화는 목표 · 시기 · 방법 등이 언제든지 변화될 수 있는 이른바『변수형 비핵화 전략』(VDS: Variable Denuclearization Strategy)이라고 할 수 있다(〈표 14: 북한의『변수형 비핵화 전략』개관〉 참조).

즉 비핵화 원칙의 표명으로 〈명분에서의 우위〉를 확보한 가운데 미국의 압박강화 · 군사공격을 일단 예방하고, 핵폐기는 단계적 · 동시적 상응조치를 거쳐 한미합동군사훈련 영구중단 · 평화협정 체결 · 미북수교 등의 체제안전보장 목표가 달성되는 최종적 순간에 실행하는 전략이다.

북한의 입장에서는 그동안 핵개발 국면에서의 수세적 · 원칙적 입장에서 벗어나 공격적 · 실리적 방향으로 전환함으로써 명분(비핵화), 시간(군사공격 예방 및 협상), 실리(제재 해제), 항구적인 체제안전보장(평화협정 체결), 애민 지도자상(경제난 해소에 대한 기대감) 등 최소한 5마리 토끼를 한꺼번에 잡을 수 있는 묘책이다. "비핵화 의지는 분명히 천명한다. 그러나 그 추진 속도와 방법은 북한식대로 간다"가 동 전략의 핵심이다. 특히 시간이 흘러 한국 · 미국 내 정권교체 등으로 인해 대북정책에 변화가 발생할 경우에는 상대방에 책임을 전가하면서, 그리고 보다 나아진 경제 · 외교적 여건을 확보한 상태에서 〈파키스탄식 핵보유〉로 회귀할 수 있는 여지도 두는 복합적인 전략전술이라고 평가한다.

북한은 미북협상 결렬과 대북제재의 지속으로 어려움을 겪고 있지만, 그들만의 속도와 방식으로 체제를 운영해 나갈 것이다. 미국과의 협상과정에서 부지불식간에 〈사실상의 핵보유국〉으로 인정받았고, 정상국가 지도자로서의 이미지 확보도 성공했기 때문이다. 그는 지금 여론과 선거를 통해 유권자의 심판을 받아야 하는 문재인-바이든의 시간표가 궁극적으로는 조금 더 급하다는 것을 잘 알고 있다. 미국이 체제안전 보장을 해준다고 김정은 정권의 안정이 영원히 담보되는 것이 아니라는 것도 역사적 경험으로 잘 인식하고 있다. 북한이 가장 무서워하는 국면은 미국의 군사공격이 아니라 이라크·리비아처럼 국민들이 지도자를 부정하는 상황이다.

향후 북한은 내부 사상교육과 자력갱생, 중-러와의 관계를 강화하여 지구전에 대비[6]하는 가운데 '先신뢰조성 後비핵화' 원칙을 강조[7]하면서 살라미 전술을 통해 제재해제와 체제안전 보장 등의 상응조치를 확보하는데 주력해 나갈 것으로 보인다. 이를 통해 김정은은 강인한 군사지도자 이미지에 이어 경제외교적 실리, 애민지도자, 통일지도자라는 이미지를 창출해 나갈 수 있기 때문이다. 이와 함께 1994년 미북기본합의서나 2005년 9.19미북공동성명 파기와 같은 플랜B, 3번째 회군(return) 카드도 검토해 나갈 것이다.

요약하면, "비핵화 한다. 그러나 그 방식과 속도는 북한식으로 한다. 조건이 충족되지 않으면 핵보유국으로 회귀한다"는 북한의 『변수형 비핵화 전략』은 핵개발·비핵화 협상기는 물론, 핵보유국 목표를 달성한 이후 핵군축 협상기에도 유용한 전략이다. 왜냐하면 주한미군이 철수하는 최종단계까지 고려한 조건부 전략이기 때문이다. 따라서, 비핵화 협상이 금명간 재개되든, 북한이 핵·미사일 실전배치라는 강경책을 구사한 후 핵군축 협상에 임하든지 여부에 관계없이 북한의 유효한 카

---

6) "대외적 환경이 개선되고 있다고 우리에게 필요한 자금과 자재가 어디에서 뚝 떨어지는 것이 아니다"(『로동신문』, 2018.11.30), "자력갱생의 기치높이 사회주의건설의 새로운 진격로를 열어 나가자 이것이 우리가 들고 나가야할 구호입니다"(김정은의 2019년 신년사), "어떤 어려운 조건에서도 물과 공기만 있으면 혁명도 하고, 창조도 한다"(『로동신문』, 2019.7.15).

7) 11월 9일 정의용 국가안보실장은 국회 운영위 국정감사장에서 "지난 9월 평양정상회담 때 김정은 위원장이 문 대통령에게 북미 간 신뢰가 구축되지 않은 상황에서 핵물질, 무기, 운반수단의 리스트를 신고하라는 것은 우리 입장에서 보면 공격목표 리스트를 제출하라는 것과 마찬가지라고 말했다"고 밝혔다(『중앙일보』, 2018.11.7).

드가 될 것이다. 따라서, 우리는 북한이 "비핵화 한다, 안한다(쇼다)"는 이분법적 관점을 가지고 북한을 상대하면 필패이다. 왜냐하면 상대는 명분, 실리, 유연성 등 다양한 모습을 가진 입체적 전략을 구사하는데, 우리는 단선적으로 접근하면 안된다. 그래서 그에 상응하는 복합적 전략전술을 갖고 북한과 상대해야 한다. 그래서 장기적 안목이 중요하고, 비핵화의 전 과정을 개괄하는 로드맵 합의가 필수적인 것이다.

일곱째, 이 같은 김정은의 통치활동을 기초로 그의 성격과 리더십을 고찰해 본 결과는 다음과 같다. 먼저 성장과정을 보면, 유년기에는 최고권력자의 자식으로서 유복한 생활을 하였지만 "할아버지를 할아버지로 부르지 못하는" 서러움을 겪었으며, 청년기에는 어머니의 이른 죽음(2004년/51세)으로 인해 한창 후계암투가 벌어질 시기에 홀로 남겨졌으며, 후계수업기에는 자신을 버리고 김일성의 아바타로 행동해야 했고, 최고권력자가 된 이후에는 친인척·측근들의 피 냄새까지 감내해야 했다. 이에 따라 김정은의 내면세계에는 서자·오이디푸스 콤플렉스, 분노조절 장애 등의 기질이 잠재해 있을 가능성이 있으며 또 한편에서는 과감성, 변화와 파격, 최고주의, 서구문물 동경, 낭만적 성격 등의 긍정적 기질도 강하게 나타나고 있다.

심리학자들은 콤플렉스는 누구나 보유하고 있는 심리구조의 하나로서 편견과 부정적 관점만을 가지고 대해서는 안되며, 오히려 일상과 업무에 있어 큰 활력소가 된다고 주장한다. 김정은은 집권초기에는 부정적 기질이 많이 표출되었으며, 최근에는 정상국가 지도자로서의 이미지 즉 긍정적 측면이 많이 부각되고 있다. 한마디로 김정은의 성격은 복합적이라고 할 수 있다. 그리고 김정은이 집권 이후 취하고 있는 인사 및 대내외 주요 정책, 즉 고모부 장성택 숙청과 조기 홀로서기, 박근혜 정부 출범 직전의 3차 핵실험 및 이후 총 4차례의 핵실험과 100여 차례의 미사일 발사시험, 그리고 미국과의 오랫동안의 판갈이 싸움, 핵 개발 완료 조기 선언(2017.11), 2018년의 평화대공세, 2019년 2월 미북 정상회담 이후 대결노선으로의 재전환 등은 결단이나 변화를 빼놓고 이야기할 수 없다.

따라서 김정은의 이러한 통치성향을 고려해 볼 때, 김정은은 신중하거나 수구적이기보다는 『결단 · 변화 추구형』의 승부사적 기질을 지닌 독재자라고 판단된다. 이 같은 리더십은 어린 시절부터 형성된 외향적 · 공격적 성격에다, 젊은 나이에 최고지도자로 등극한 이후 노회한 권력층 인사들을 장악하고 미국 등 국제사회와의 대결구도하에서 정책을 추진해 나가야하는 환경에서 더욱 강화된 것으로 보인다. 이러한 김정은의 통치스타일은 스탈린 · 히틀러와 같은 전체주의 국가 독재자들의 잔인하고 대결적인 행태와 유사하며, 목적을 위해서는 수단을 가리지 않는 마키아벨리형의 리더십이라고 할 수 있다.

구조적 안정 속에 변화 모색

2016년 4월 탈북민 김하경은 "경제난이 심화되고 간부들이 김정은에 대한 기대감을 접어 김정은은 10년을 버티기 어려울 것이다. 지지도를 김일성을 100이라고 할 때, 김정일은 50, 김정은은 10에 불과하다"고 김정은체제의 불안정성을 압축적으로 표현하였다(곽길섭, 2016: 42).

그렇지만 당시에도 상당수의 탈북민들은 "북한사회는 수령에 대한 무조건적 충성에 익숙해져 있고, 당정군 간부들은 기득권 유지에 혈안이 되어 있고, 주민들은 하루하루의 생활에 급급하고, 보위부 등 사찰기관의 거미줄같은 철통감시로 인해 김정은 암살 등은 꿈도 꿀 수 없다. 경제적으로 어렵기는 하지만 장마당 등을 통해 필요한 것을 구입할 수 있어 김정은정권에 이상이 발생할 가능성은 거의 제로에 가깝다. 일반적으로 북한주민들은 자기들이 겪고 있는 생활난에 대해 수령의 잘못이 아니라, 그 밑에서 보좌하는 간부들이 무능하고 부정부패한데서 기인한다고 생각하고 있다"면서 간부와 주민들의 속마음과 행동은 분명히 다르다는 점을 강조하였다.[8]

그러나 최근 북한내부는 강력한 대북제재 속에서도 자력갱생과 비공식경제 활성화로 그럭저럭 버티어 나가고 있다. 그리고 한국사회의 북한을 보는 시각도 많이 변하였으며, 미국도 주류사회의 부정적인 시각이 여전하지만 백악관과 국무부는 다양한 계기를 통해 대북협상을 계속해 나갈 의사를 표명하고 있다. 그리고 중국은 북한의 후원자를 자처하고 있다.

이러한 현실을 고려하면서, 김정은이 통치하는 북한을 〈SWOT〉[9] 분석기법에 의해 강점(S), 약점(W), 기회(O), 위협(T) 요인으로 분석해 보면 다음과 같다. 북한은 수령론·유일사상(령도)체계에 의해 김씨일가

---

8) 김정은체제의 안정도와 관련해서는 탈북민뿐만 아니라, 북한 내 동향을 비교적 잘 아는 전·현직 주한미군사령관들 사이에도 견해가 엇갈리는 사안이다. 관련사항은 '2017년 남북관계 전망 및 대응방안'(곽길섭, 2016: 42) 참조.

9) SWOT 분석은 Strength강점, Weakness약점, Opportunities기회, Threats위협의 4가지 상황별, 요인별로 분석하여 마케팅 전략을 세우는 방법론을 말한다. 이러한 4가지 요인의 분석을 통해 전략수립 과정에서 기업 내부와 외부의 환경적 요소를 파악하기 위해 활용되는 분석방법론이다(네이버지식백과, 검색일: 2018.10.1).

10) 필자가 2016년 11월 국가안보전략연구원 주최 세미나에서 발표한 『2017년 남북관계 전망 및 대응방안』에 포함(44쪽)된 표를 2021년 4월의 상황에 맞게 보완한 것이다. 밑줄은 2016년 당시와 비교해서 크게 변화된 분야(x:해소/新:추가)이다.

강점(Strength)	약점(Weakness)

- 수령론/김씨일가 신격화
- 전통적 노동당 1당 지배구조
- 군부 및 공안조직 완전 장악
  * 이중삼중의 감시체계/공포통치
- 김정은 비자금(?)
- 저항세력 부재
  * 신민적, 운명공동체 의식
- 지배엘리트들의 공생구도
  * 북한판 음서제
- 경제난에 익숙한 사회
  * 장마당 활성화
- 핵, 미사일 등 비대칭무기 보유
	- 김정은의 출생비밀/건강
	- 김정은의 국정운영 경험 미숙(x)
	  * 외교활동 기피(x)
	- 권력층내 상호불신, 보신주의
	- 계획경제의 붕괴
	- 김정은의 과시적 경제운영
	- 공장기업소 기계설비 노후화
	- 군사력 유지 부담 증대
	- 부정부패, 양극화 심화
	- 정치범수용소 존재
	- 급격한 정책변화에의 적응력(新)

기회(Opportunity)	위협(Threat)

- 북한의 지정학적 요인
  * 해양-대륙 진출의 연결로
- 희토류 등 다양한 광물자원
- 남한의 진보적인 정부
- 중국과의 전통적인 혈맹관계
- 러시아의 신동방정책
- 대일청구권 자금
- 한국의 민족동질감, 평화통일노선
- 미국의 대북정책 전환
- 시장경제 입각 경제활성화 모색
- 비핵화 협상(新)
	- 국제사회의 대북제재
	- 남북한의 흡수통일 기도(x)
	- 김정은을 타깃으로 한 압박(x)
	  * 유엔의 김정은 ICC기소(x)
	  * 한·미군의 김정은 참수작전(x)
	- 대북심리전(x)
	- 외부자유사조 유입
	- 외부의 북한개방 압력(新)
	- 엘리트계층 탈북
	- 화폐신뢰도 하락(외화결재)
	- 미국의 비핵화 정책 실망(新)

〈그림 6〉 김정은정권 안정도 SWOT 분석10)

의 통치가 당연시되는데다가 2중 3중의 감시체계로 당정군은 물론 주민들의 저항이 근본적으로 불가능한 체제라는 점이 가장 큰 강점이다. 이와 달리 김정은의 출생비밀, 경제난, 부정부패·양극화 심화 등이 최대의 아킬레스건이라고 할 수 있다. 일부에서 김정은의 과도한 체중·가족병력·급한 성격 등을 근거로 가까운 시일 내 사망할 수 있다는 전망을 하고 있지만, 젊은 나이·왕성한 활동·체계적인 의학적 대비 조치 등을 고려해 볼 때 아직은 신빙성이 높지 않다고 판단된다. 또한 북한은 지정학적으로 해양과 대륙의 연결지점에 있어 한국 및 중·러·일 등과의 교류협력의 교두보로 역할 할 수 있는 천혜의 입지조건을 가지고 있으며, 반면에 국제사회와의 교류가 확대될수록 외부사조 유입의 증대로 유동성이 증대하는 반작용이 있을 수 있다.

김정은이 2018년 국제무대로 나온 이후 변화된 큰 특징점은 그동안 위협요인(T)이었던 남북관계 경색, 김정은을 타깃으로 한 전방위적 인권압박, 한·미군의 김정은 참수작전, 대북심리전, 엘리트계층 탈북 증가 등의 현상이 거의 미미해졌다는 점이다. 이런 가운데 김정은은 집권 이후 당우위체계 복원·핵무기 보유 등으로 체제의 강점(S)을 보다 강하게 구축하였으며, 국정운영 경험 미숙·경제난 등 약점(W)을 상당부분 해소하였거나 개선이 진행 중이다. 게다가 남북 교류협력 및 중국과의 관계 복원, 미국과의 협상 등으로 기회요인(O)은 날개를 달 가능성이 크다.

따라서 현재 김정은정권은 장기간의 대북제재와 코로나19로 인한 국경통제로 경제적 어려움을 겪고 있지만, 구조적 측면에서는 여건이 나쁜 것만은 아니다. 경제난 심화 속에서 하노이·스톡홀름 미북회담(2019. 2/10)이 연속적으로 결렬됨에 따라 일부에서는 최악의 상황을 가정하여 "북한의 외화보유고가 1-2년 내 모두 소진될 수 있다"는 전망도 내놓고 있지만, SWOT분석에 기초한 전반적인 관점에서 볼 때, 구조적 안정 속에서 변화를 모색하고 있는 단계라고 할 수 있으며, 얼마동안의 기싸움(버티기)이 지나고 나면 어떠한 형태로든 경제·외교적 여건을 개선해 나갈 것 예상된다.[11] 그러나 김정은은 기싸움-협상-합의-파기를 반복하며 비핵화의 시계를 최대한 지연시키면서 핵보유국과 실리추구라는 두 마리 토끼를 잡으려할 것이다.

비핵화 협상 진척도에 따라 김정은식 개혁개방 추진

결론적으로, 김정은은 2009년 1월 김정일의 후계자로 내정된 이후 지난 10여 년간 급변하는 환경하에서 수령론·후계자론·유일사상체계 확립 10대원칙으로 대표되는 북한 특유의 권력이론 체계를 기반으로 하여 ① 법·조직·인사의 〈제도적 기반〉 ② 선대후광 활용 및 차별화된 〈지도자 상징조작〉 ③ 핵보유국의 지위 확보·시장경제 요소 도입 확대·비핵화의 〈정책노선〉 등을 통해 권력을 장악·공고화하는데 성공하였다고 평가된다.

즉, 김정은은 초기의 혈통승계 정권이라는 한계를 넘어 막스 베버가 주장한 이른바 '전통적, 합법적, 카리스마적 지배'가 삼위일체로 구현된 유일지배체제를 구축하였으며, 지금은 정권안정과 영구집권을 위한 중요한 기반인 경제문제 해결을 위한 글로벌 인프라 구축으로 시선을 돌리고 있다.

이 같은 북한 정권의 안정화는 단기적으로는 김정은의 국정운영에 대한 자신감을 제고시켜 김정일과의 차별화에 보다 속도를 내게 할 것으로 보인다(첨부의 〈표 15: 김정일·김정은 주요 차이점〉 참조).

한편, 장기적으로는 북한 체제의 근본목표인 이른바 '김씨일가가 영구통치하는 나라' 건설의 중요한 모멘텀이 될 것으로 예상된다. 물론

---

11) 2020년 8월 20일 국정원은 국회보고에서 "김정은이 권력장악에 대한 자신감을 바탕으로 김여정 등 고위층에게 자신의 권한을 일부 위임하여 통치하고 있다"고 보고한 바 있다.

이러한 과정에서 핵협상에서의 이탈, 제2의 고난의 행군과 같은 경제난, 김정은 신변이상 등 돌발사태가 일어날 가능성도 배제할 수는 없다.

혹여나 김정은 유고, 쿠데타 등 돌발사태가 발생하더라도 북한의 권력층들은 70여 년간 김씨일가 유일령도체계하에서 생존해온 인물들이기 때문에 김정은 일가를 전면적으로 배격, 청산하는 과감한 조치는 취하지 못할 것으로 예상된다. 김씨일가에 대한 부정은 곧 자기부정을 의미하는 것이기 때문이다.

또한 '만사여통'으로 불리는 김여정이 권력을 승계할 가능성은 남존여비 문화가 여전히 존재하고 있는 북한사회의 특성상 어렵다고 판단된다. 단, 섭정이나 유력인물과의 공동통치 등은 상정해 볼 수 있을 것이다. 김정은의 정서적 · 정치적 동반자로서 실세 역할을 하고 있는 김여정은 후계자가 아니라 2인자 · 백두혈통의 관리자 역할을 할 것이다.

향후 김정은은 내부적으로는 자력갱생 및 경제 활성화, 이를 뒷받침하기 위한 사상무장과 혁신을 강조하면서, 비핵화의 진척도[12](비핵화냐, 핵보유국이냐)와 김정은식 개혁 · 개방의 시기와 폭을 저울질[13]해 나갈 것으로 전망된다.

지금 우리사회에는 "김정은의 건강상태로 볼 때, 조만간 사망할 것이다" "식량난으로 인해 급변사태가 발생할 가능성이 크다" "김정은은 젊

---

12) 볼턴 전 미국 국가안보보좌관의 회고록 '그것이 일어난 방'(2020.6)을 보면, 김정은이 회담에서 '북한 비핵화'가 아니라 '한반도 비핵화'를 일관되게 주장했음을 확인할 수 있다. 한반도 비핵화는 미국의 핵우산 철거와 주한미군 철수를 의미한다. 북한 비핵화로 해석한 한국(미국)과 북한은 처음부터 동상이몽이었다. 따라서, 언젠가 재개될 미북협상은 길고긴 가시밭길 이 될 것이다. 그러나 북한의 '변수형 비핵화 전략' 특성과 협상결렬 후과 등을 고려해 볼 때, 새로운 협상이 시작되면 어떤 형태로든 타협점을 모색할 것으로 예상된다.

13) 북한은 2020년 8월 19일 당 제7기 6차 전원회의를 소집, 경제정책 실패를 자인한 후 2021년 1월 17일 최고인민회의에서 신경제발전5개년 계획을 수립, 발표하였다.

은 지도자이고 해외유학도 했으므로 개혁개방에 친화적이다" "우리와 국제사회가 조금만 양보하면 비핵화를 적극 실천해 나갈 것이다"와 같은 상반된 주장들이 있다.

그러나 필자는 이 같은 논리들은 김정은의 다중적 퍼스낼러티와 국내외의 급변하는 다양한 변수들을 고려치 않은 단선적·일방적 주장이며 소망성 사고(wishful thinking)라고 단언한다.

즉 김정은은 초고도 비만에 스트레스를 많이 받고 있지만, 아직 30대 젊은 지도자이며 나름대로의 건강관리를 하며 왕성한 활동을 수행하고 있다. △김씨일가만 3대세습을 한 게 아니라 북한의 특권계급들도 모두 3대세습을 하고 있다. 북한은 무계급 사회가 아니라 지구상 최악의 계급사회이며 조지 오웰의 소설 『1984』의 빅브라더(big brother)와 같은 거미줄 감시망이 작동하는 사회이다. 싫든 좋든 운명공동체이다. 누가 자기 목숨을 걸며 고양이 목에 방울을 달까? 혹시 벼랑끝으로 몰리거나 천재일우의 기회로 방울을 달았다고 하더라도 자신의 미래가 보장된다는 믿음을 가지긴 어렵다.

조선시대의 경신 대기근(1670~1671년)에 당시 인구 약 1,100만 명 가운데 100만 명 이상의 주민이 굶어 죽었지만, 조선왕조는 그 이후에도 200여 년 이상 지속되었다. 특히 최근 북한사회는 장마당·가족농, 개인텃밭 등이 활성화되어 있고 국제사회의 식량지원도 계속 시행되고 있어, 1990년대 중반처럼 대량 아사자가 발생하는 식량난이 발생할 가능성은 크지 않다.

그리고 무엇보다도 북한을 전략적 완충지대(buffer zone)로 판단하고 있는 중국과 러시아가 북한의 뒷배를 봐주고 있다. 북한체제 붕괴설은 지난 30여 년 동안 누구도 책임을 지지 않는 '안되면 말고식'의 주장만

되풀이 되고 있을 뿐이다.

　김정은이 비핵화를 말하고 있지만, 그것은 '북한 비핵화'가 아닌 평화협정 체결·주한미군 철수를 통한 '한반도 전역의 비핵화'라는 사실을 유념해야 한다. 정부의 대북정책 결정자들에게 권고한다. 허상을 쫓지 말고 현실을 직시할 것을. "북한이 핵을 절대 포기하지 않을 것이다. 위장쇼이다. 레짐체인지만이 정답이다"라고 주장하는 분들도 고려해야 할 게 있다. 필자가 이미 전술한 바와 같이, 북한은 쉽사리 비핵화하지 않을 것이 확실하다. 그런데 문제는 김정은의 입에서 '비핵화'(개념 정의가 서로 다르고, 다양한 변수들이 있는 게 문제이지만)라는 단어가 계속 나오고 있다는데 있다. 북한이 비핵화를 절대 안하겠다고 하면 한반도 긴장은 고조되겠지만 우리의 대응은 그만큼 단순해진다. 그리고 국제사회와의 공조도 쉽다. 그러나 김정은이 교묘하게 '비핵화'라는 단어를 쓰고 있다. '공부를 안하겠다는 아이'와 '환경을 마련해 주면 마음 고쳐먹고 공부하겠다는 아이(실제로는 공부안할 가능성이 크지만)'를 상대하는 부모의 방법은 확연히 다를 수밖에 없다는 점을 생각해봐야 할 것이다.

　김정은이 2020년 들어 '제2의 고난의 행군' 결의를 다지며 초강경책으로 위협한 것도 영원한 고립, 미국과의 전면적인 대결을 선언한 것이 아니라, 정권안정 보장을 위한 최후 안전판을 확보하면서 언젠가 마주 앉게 될 협상 테이블에서 보다 높은 값을 부르려는 전술이다.

　우리는 이러한 사실(fact)들을 유념해서 종합적·전략적으로 김정은과 북한체제를 분석하고 철두철미하게 대응해 나가야 한다. 특히 공식적인 남북 대화와 교류협력과는 별도로 민간의 북한주민 기본권 보장을 위한 활동에 대한 막후지원 등을 통해 북한사회를 꾸준히 변화시켜 나가야 한다. 어느 한 가지 시나리오를 유일한 정답으로만 간주해서는 정확한 상황진단과 처방에 실패할 수 있다. 안보는 '상대가 있는 게임'이므로 최상이나 선의를 기초로 판단해서는 안되며 △북한 및 국제사회의 현재·미래와 관련한 대전략에 기초하여 △북한의 핵불포기 시 대응책 등 플랜B까지도 포함한 다양한 시나리오를 상정한 후 수비를 기본으로 공격을 가미(主defense, 補offense)해 나가야 한다. 중간점검은 필수이다.

이렇게 우리 정부가 전방위적인 대북정책을 시행해 나간다면 북한 비핵화는 물론 사회 전반의 변화를 이끌어 냄으로써 자유민주통일의 기반을 조성할 수 있을 것이다. 이와 달리 북한과 주변국의 대전략과 숨은 의도에 대한 정확한 분석에 실패한다면, 구한말의 국운과 같은 상황이 재연되거나 김정은의 선의에 의존해서 살아가야 하는 최악의 시나리오가 현실화될 수도 있음을 잊지 말아야 한다.

정책적 고려사항

김정은이 권력을 완전 장악하고 장기 로드맵에 기초하여 과감한 전략전술을 구사하고 있는 상황하에서, 우리 정부가 한반도 평화체제를 주도적으로 창출해 나가기 위해서는 다음과 같은 원칙을 보다 확고히 한 가운데 장단기 협상과 교류협력을 추진해 나가야 할 것이다.

① 튼튼한 안보태세 구축이 기본이다.

지피지기 백전불태(知彼知己 百戰不殆)라고 했다. 지금까지 살펴본 바와 같이 김정은은 만만치 않은 상대이다. 특히 북한이슈는 늘 이중적이고 가변적이다. 따라서 비판 또는 소망의 색안경을 쓴 눈으로 보아서는 안된다. 외눈박이가 아닌 양눈으로, 한 사람이 아닌 여러 사람의 눈으로, 망원경과 현미경을 동시에 가지고 철저하게 분석해야 한다.

이런 차원에서 세계최강국 미국과의 굳건한 동맹관계는 안보는 물론, 더욱 가열될 것으로 보이는 주변열강들과 경쟁에서 국익을 지켜낼 수 있게 해주는 소중한 자산, 주춧돌(cornerstone)임을 명심해야 한다.

이와 함께 자주 국방력 강화도 한시도 늦춰서는 안 될 당위적 과제라는 점을 잊어서는 안된다. 안보는 늘 최악의 상황을 가정하여 대비책을 수립해야 하기 때문이다. 북한과 대화하고 협상도 해야 하지만, 그들이 우리를 속이거나 변심하는 상황을 언제나 상정해야 한다. 실제적으로 북한은 비핵화 협상을 진행하고 우리 정부와 군사적 긴장완화 조치에 합의한 이후에도 핵·미사일 능력을 계속 강화해오고 있다. 특히 우리가 보유하고 있는 PAC2/3 등 요격시스템으로는 대응이 불가능한 신형 이스칸데르형 단거리탄도미사일(KN-23)과 잠수함 탄도미사일(SLBM) 등 새로운 게임 체인저(game changer)를 개발하고 우리를 노골적으로 협박하고 있다.

이러한 북한의 증가하는 위협에 일일이 대응할 수는 없다. 그때마다 군사전략전술을 새롭게 짜고 천문학적인 돈을 투입하는 것은 '밑 빠진 독에 물 붓기'와 같기 때문이다. 가장 확실한 방법은 우리 스스로가 적의 공격에 수배, 수십 배로 보복할 수 있는 역량을 미리미리 갖추는 것이다.

물밑에서는 한미 간 나토식 핵공유 등 자체 핵무장과 유사시 김정은 제거작전 등도 대안의 하나로 검토해 나가야 한다. 상대를 선의로만 보거나, 지금 눈앞에 보이는 평화무드와 협상의 진척만을 생각하여 교각살우(矯角殺牛) 하는 우를 범해서는 안된다. 안보는 국민의 생명·후손들의 미래와 직결되기 때문이다.

② 북한 비핵화는 정공법이 해답이다

한반도 비핵화의 개념과 북핵 폐기 로드맵을 명확히 해야 한다. 1992년 1월 20일 남과 북 사이에 채택된 〈한반도 비핵화에 관한 공동선언〉[14]에 기초하여 남한 비핵화는 이미 이루어졌다. 90년대 초 주한미군의 전술핵 무기가 완전히 철수되었으며, 핵재처리 시설과 우라늄 농축시설은 대한민국 내에 더 이상 없다. 지금 남은 것은 북한이 동 합의를 위반하며 진척시킨 핵개발을 원래 상태로 회복시키는 일뿐이다. 북한의 용어혼란 및 협상 전술에 휘둘려 한미동맹에 기초한 군사억지력(抑止力)을 협상의 소재로 끌어들여서는 안된다.

북한 비핵화를 위해서는 김정은의 '변수형 비핵화전략'에 기초한 속도조절식 협상(살라미 전술)을 경계해야 한다. 1년이든, 2년이든, 5년이 걸리든 최종 비핵화 시점과 방법을 명확하게 규정한 우리의 로드맵을 가지고 미국과 조율 후 북한과 담판을 해야 한다. 비핵화의 최종 시한과 핵시설 리스트 제출·검증 방법, 핵무기 폐기절차 등이 사전에 정해지지 않은 채 선의 또는 행동 對 행동에 기초한 단계적·동시적 조치는 언제든지 물거품으로 변할 수 있다. 북한이 제2차 미북정상회담에서 대북제재 해제와 경제개발이 시급함에도 불구하고 미국의 '영변+α' 요구에 응하지 않은 이유를 냉철하게 곱씹어 보아야 한다. 비핵화의 개념과 우선순위 등 기본 로드맵에 대해 정확히 리셋(reset) 해두지 않으면, 제2·제3의 하노이 사태가 일어날 수 있다.

---

14) 남과 북은 핵무기의 시험, 제조, 생산, 접수, 보유, 저장, 배비, 사용을 하지 아니한다. 남과 북은 핵에너지를 오직 평화적 목적에만 이용한다. 남과 북은 핵재처리시설과 우라늄 농축시설을 보유하지 아니한다.

북한의 비핵화 노선은 不비핵화를 위한 속도조절용, 기만, 함정일 수 있다는 점을 유의하고 정공법으로 재촉해 나가야 한다. 북한의 시간끌기나 합의파기를 방지하기 위해서는 로드맵에 따라 패스트 트랙(fast track: 신속처리 안건)과 스냅백(snapback: 합의 미이행 시 제재 확인) 원칙을 적용하여야 한다. 물론 그 적용은 상호적이다. 북한의 선의나 순조로운 상응조치에 기댈 경우, "오지랖 떨지말라"는 치욕적인 말을 듣는 수준을 넘어 상상하기도 싫은 최악의 상황에 맞부딪힐 수도 있기 때문이다. 즉 북한의 경제외교적 상황이 개선된 어느 시점에 핵을 가진 김정은이 얼굴을 붉히며 우리를 겁박할 수도 있다는 점을 간과해서는 안된다.[15) 김정은이 계속 핵불포기 입장을 고수하면서 긴장을 고조시킬 경우[16)에는 유관국들과의 공조하에 김정은의 신상변동을 유도하는 이른바 레짐체인지도 우리의 중요한 옵션의 하나가 되어야 한다.[17)

③ 남북대화는 어떤 상황에서든 진척시켜 나가야 한다

우리 정부는 북핵문제를 비롯 한반도 문제에 관한한 중재자, 촉진자

---

15) 실제로, 2020년 6월 16일 개성남북연락소 폭파라는 만행을 저질렀다. 그러나 이것은 시작, 맛뵈기일 뿐이다.

16) "우리는 적대 세력들에 의해 지속적으로 가중되는 핵 위협을 포괄하는 모든 위험한 시도들과 위협적 행동들을 억제하고 통제 관리하기 위하여 자위적 정당방위 수단으로서의 전쟁억제력을 계속 강화해 나갈 것입니다. 국가의 자주권과 생존권을 지키고 지역의 평화를 수호하는데 이바지할 우리의 전쟁억제력이 결코 람용되거나 절대로 선제적으로 쓰이지는 않겠지만 만약, 만약 그 어떤 세력이든 우리 국가의 안전을 다쳐놓는다면, 우리를 겨냥해 군사력을 사용하려 한다면 나는 우리의 가장 강력한 공격적인 힘을 선제적으로 총동원하여 응징할 것입니다"(김정은의 당창건 75주년 기념열병식 축하연설/『조선중앙통신』, 2020.10.10).

17) 미국의 바이든 대통령은 후보자 TV토론(10.22)에서 김정은을 '폭력배(thug)'라고 혹평했으며, "핵능력을 축소한다는 전제조건이 충족되어야만 김정은을 만나겠다"고 말했다. 김정은이 핵·미사일 추가도발로 정세를 악화시킬 경우 특단의 조치를 검토할 가능성을 배제할 수 없다.

를 넘어 당사자이다. 남북한 간 대화는 주변 4강들이 가질 수 없는 우리만의 중요한 레버리지(leverage)이다. 전쟁 중에도 밀사들은 서로 오간다. 어떤 상황에서든 대화채널을 가동해야 한다. 우리 사회 일각에서는 북한과 대화를 단절하고 최대한 압박을 가하면 김정은체제가 붕괴될 것이라는 논리가 있다. 그러나 이러한 주장은 북한체제의 특수성, 평화통일을 지향하는 헌법정신, 전략적 후원국인 중·러의 존재, 국제정치 역학 관계, 한반도 전쟁 가능성 등을 간과한 주장이다.

따라서 압박(원칙)이냐 대화냐의 이분법 논리가 우리의 대안이 될 수는 없다. 원칙과 대화를 탄력적으로 병행해 나가는 것이 합리적인 선택이다. 단, 대화는 조급해 하거나 이벤트로 진행해서는 안된다. 긴 호흡을 가지고 당당하게 할 말을 하면서 해야 한다. 북한이 대화를 보이콧하는 그 순간에도, 내적으로는 우리처럼 대화의 필요성을 인식하고 있기 때문이다.

④ 인류 보편적 가치와 대의명분을 양보해서는 안된다

독일 통일의 가장 큰 교훈은 서독정부가 〈민족 동질화〉와 〈인류 보편적 가치 실현〉 활동을 지속 전개하였다는 점이다. 서독은 동독정부의 인권탄압·정보차단 등 인류보편적 가치에 반하는 조치에 대해서는 침묵하거나 야합하지 않았다. 오히려 국제사회의 동독 인권실태 고발과 개선 활동에 적극적으로 참가하였다. 심지어 돈을 주고 인권을 사는 행동도 마다하지 않았다. 이러한 지속적인 노력이 있었기 때문에 독일통일은 피를 흘리지 않고 이루어진 것이다. 우리 정부도 이를 반면교사로 삼아야 한다.

북핵과 교류협력만이 대북정책의 전부는 아니다. 북한 내 인권 사각지대 해소, 나아가 북핵 너머(over the nuclear issue)를 생각해야 한다.

사정상 정부가 나서는 것이 어렵다면, 최소한 민간에서 벌이고 있는 북한 내 자유증진, 진실알리기 활동을 통제해서는 안된다. 지구촌 어디를 막론하고, 인권개선은 일분일초가 다급한 이슈이기 때문이다. 북한 당국을 자극할 수 있다는 우려 때문에 보편적 가치와 민주주의의 원리를 방기해서는 안된다. 민주주의는 결과(result)보다 과정(process)이 더 중요하기 때문이다.

한편, 우리 사회에 와있는 3만 5천여 명에 달하는 탈북민에 대해서도 보다 진정어린 관심을 기울여야 한다. 자유를 찾아 사선을 넘어온 이들이 행복을 느끼지 못하거나, 불안해한다면 우리는 평화와 통일을 이야기할 수 없다. 탈북민은 북한 자유화와 민족공동체 형성, 평화통일로 가는 매우 중요한 이웃이며 대북전도사라는 점을 잊지 말아야 한다.

⑤ 북한 변화를 전략적으로 추진해 나가야 한다

북한이 비핵화 로드맵을 구체적으로 천명하고 개혁개방의 길로 나온다면, 대북제재가 해제되고 남북 간 경제협력 및 문화교류 사업은 백화제방(百花齊放) 할 것이다. 그야말로 신한반도체제가 우리 눈앞에 펼쳐질 것이다. 단, 북한은 물론 미일중러와 IMF 등 국제경제기구가 이런 호기를 각자의 시나리오와 국익창출의 관점에서 접근할 것이기 때문에 치밀한 전략전술의 사전 준비가 필요하다. 북한과 주변국의 이해득실, 그리고 우리의 경제현실 등을 고려치 않으면 책상머리 생각, 소망성 구상이 될 수도 있다는 점을 경계해야 한다.

또 한편으로는 우리의 바람과 달리 김정은이 모호한 비핵화 전술하에서 통제 가능한 개혁개방을 추진할 가능성에 대해서도 대비책을 가지고 있어야 한다. 이를 경우, 대북 인도적 지원과 경제사회 교류협력을 방송·인터넷의 점진적인 상호 개방, 이산가족 상봉사업 확대, 어린이 등 새세대의 상호 방문 등과 연계하여 북한사회를 점진적으로 변화시켜나가야 한다. 물론 군과 국정원은 이 같은 변화촉진 전략은 물론 북한 내 이상사태 발생, 레짐 체인지(regime change) 등을 포함한 다양한 급변 시나리오와 대책을 계속 발전시켜 나가야 한다.

⑥ 이 모든 것을 위해서는 국론이 통합되어야 한다

대북정책 추진에 있어 가장 중요한 것은 국민적 동의이다. 국민여론의 분열은 정부의 대북정책 수행을 어렵게 하고, 북한에 잘못된 시그널을 줄 수 있다. 속도가 조금 더디더라도 다양한 목소리에 귀를 기울여 목소리를 하나로 모으는 과정(논의: different voices ⇨ 시행: one voice)이 중요하다.

너무나 당연한 말이지만, 한반도 평화체제 구축을 위해서는 먼저 우리사회가 하나가 되어야 한다. 굳이 우선순위를 매긴다면, 국내의 평화가 남북 간 평화보다 앞서야 한다. 보수의 노태우 정부가 '7.7 선언'(민족자존과 통일번영을 위한 특별선언)을 통해 남북화해 무드를 조성하고, 여야가 정파를 초월하여 〈한민족공동체 통일방안〉에 합의한 역사를 되새겨 보아야 한다. 또한 진보의 노무현 대통령이 각계각층의 다양한 목소리를 경청한 후 국익을 위해 이라크 파병·한미FTA 체결 등 이념과 진영을 넘어 고독한 결단을 했던 이유를 곱씹어 보아야 한다.

안보문제 만큼은 여야·좌우를 떠나 공진(公進)해야 한다. 이념을 넘어, 그리고 정부를 넘어 정책이 계승 발전될 때만이 〈시간은 북한편〉이라는 잘못된 남북관계의 틀(frame)이 깨지고, 대한민국은 휴전선을 넘어 유라시아로, 세계로 나아갈 수 있을 것이다.

첨부

〈표 1~15〉
/참고문헌

〈표 1〉 북한의 핵정책 선택지(시나리오)

구 분		부정 효과(北 입장)	긍정 효과(北 입장)	주장자	확률
① 핵대결		○ 미국의 대북군사공격 ○ 국제사회 제재 강화 ○ 경제난 악화 ○ 외교적 고립 심화 ※ 김정은정권 안정 　위협	○ 김정은의 반제대결 　군사지도력 선전 ○ 자폭·보복 위협수단 　확보(최소한의 체제 　안전판 확보)	2018년 이전 다수설	매우 낮음 (xx)
비 핵 화 협 상	② 신 속	○ 체제유지 이데올로기 　(반제·반미) 혼란 ○ 법·제도·마인드 등 　정책전환 준비 미흡 ○ 사회전반의 개혁개방 　물결 부담	○ 대북제재 조기해제 ○ 외교적 고립 탈피 ○ 남북 간 교류협력의 　르네상스 ○ 평화협정, 미북수교	희망론/ 당위론	낮음 (x)
	③ 속 도 조 절	○ 한국과 미국의 부정적 　심리 자극 ○ 대북제재압박 지속 ○ 대북 경협 지연 ○ 주민들의 실망감 확산 ※ 중국의 부분적인 협력	○ 속도조절 가능, 　안정적 개혁개방 ○ 김정은 지도력 부각 　기회로 활용 ○ 점진적인 간부 물갈이 ○ 불가피 상황 발생시, 　핵보유로 회귀 가능 ※ 北, 선택지 많음(사실 　상의 핵 不포기 전술)	현실론/ 경험론	높음 (o)
	④ 위 장	○ 국제사회 신뢰 저하 ○ 대북제재 강화 ○ 미국, 군사공격 재검토 　가능성	○ 경제위기 타개 + 　핵보유국(파키스탄식) 　지위 확보 ○ 유사시 대남·대미 　보복 공격 가능 ※ 南, 대안 별무	北체제 특성론	배제 못함 (△)

〈표 2〉 융의 성격 유형

구 분	외 향 적	내 향 적
사고형	객관적 사실을 중시 타인에게 불친절, 형식주의적	객관적 사실보다 자기주장을 중시 완고하고 타인 일에 무관심
감정형	감정이 활발 자신의 생각이 없고 산만	외부현상에 대해 날카로움 냉철하며 내성적
감각형	향락적 패션, 식도락 등에 흥미	바깥 자극을 내적세계에 주입 독특한 기법으로 표현
직관형	감각이 날카로움 예지, 예측 능력 우수	내적인 망상 일반인들에게 이해가 잘되지 않음

* 출처: 오오무라 마사오, 2003, 『3일만에 읽는 심리학』, 96~98쪽 내용 참조·정리.

〈표 3〉 후계자론의 주요 구성체계

구 분	이론명	주요 내용
1 필요성	혁명 계승론	○ 후계자는 수령의 혁명위업을 대를 이어 수행
2. 자격	혈통 계승론	○ 후계자는 수령의 피를 이어받은 자를 선출 * 혈통은 혁명이론, 사업방업 등 수령의 혁명재부 모든 것이라고 주장하나, 사실은 물리적 핏줄을 의미
3. 연령조건	세대 교체론	○ 후계자는 수령의 다음세대에서 나와야 함
4. 선출시기	준비 단계론	○ 후계자는 수령 생존 시에 선정, 육성되어야 함
5. 자질	김일성 화신론	○ 후계자는 수령의 모든 것을 그대로 체현

* 출처: 김재천, 1989, 『후계자 문제의 이론과 실천』(출판사 未표기: 대남선전책자로
추정) 등 북한문헌을 기초로 참조·정리.

<표 4> 군의 3대 요직 변동 현황 및 주요인물 강등·복권 사례

☆ 군의 3대 요직 변동 현황

구 분	변동 내용	평균 재임
총정치국장 (5명)	조명록(2010.11 사망 후 공석; 김정각 제1부국장이 직대)/ 2012.4 최룡해 임명 → 황병서 → 김정각 → 김수길 → 2021.1 권영진	22개월
총참모장 (7명)	리영호(2009.2-)/2012.4 리영호 유임 → 현영철→ 김격식 → 리영길 → 리명수 → 리영길 → 2019.9 박정천	15개월
인민무력상 (8명)	김영춘(2009.2-)/2012.4 김정각 임명 → 김격식→ 장정남 → 현영철 → 박영식 → 노광철 → 2019.12 김정관	14개월

* 재임 기간은 김정은이 권력을 공식 승계한 2012년 4월부터 2021년 4월까지의 9년을 기준으로 하였다.

☆ 주요 인물 강등·복권 사례

대상자	내 용
최룡해	대장(2010.9) → 차수(2012.4 총정치국장) → 대장 → 차수 → 당비서 → 혁명화교육→ 당부위원장(조직담당) → 국무위 제1부위원장
김영철	대장(2012.2 정찰총국장) → 중장 → 대장 → 상장 → 대장 → 당비서·통일전선부장 → 혁명화교육 → 당부위원장(대남담당) → 당부장(통일선전부)
황병서	대장(2014.4 군총정치국장) → 차수 → 대장 → 차수 → 혁명화교육(상좌) → 당 조직지도부 제1부부장(군사담당) → 혁명화
김수길	중장 → 소장 → 중장 → 평양시당 위원장 → 대장(총정치국장) → 해임
리영길	상장(작전국장) → 대장(총참모장) → 상장(부참모장) → 대장(총참모장) → 해임 → 당 제1부부장 → 사회안전상
김원홍	대장(국가안전보위부장) → 혁명화교육 → 군총정치국 부국장(상장) → 실각, 숙청

<표 5> 김정은 권력공고화를 위한 제도적 조치(종합)

연도	주요 내용	비 고
2009	○ 김정은 후계자 내정(1.8說)	○ 김정은 생일
	○ 국가안전보위부 막후 지도 - 대남사업일군 사상재검토 사업 지휘	○ 공포통치 서막
2010	○ 이제강, 당조직지도부 제1부부장 사망(6.2) ○ 장성택, 국방위원회 부위원장 선출(6.7)	○ 의문사: 80세 운전 교통사고
	○ 김정은에「대장칭호」수여(9.27): 김경희, 최룡해, 김경옥, 최부일, 현영철 등 총 6명	○ 새벽1시반에 「중통」발표
	○ 3차 당대표자회(9.28) * 44년 만에 개최 - 당규약 개정/김정은 당중앙군사위원회 부위원장 선출(리영호와 함께)/당지도기관 선거	○ 첫 공식직함 ○ 당 우위체계 복원 신호탄
2011	○ 김정일 사망(12.17) ○ 김정은 군최고사령관 취임(12.30/정치국회의)	○ 12.19 발표 ○ 첫 권력승계
2012	○ 4차 당표자회(4.11) - 당규약 개정/김정은 당 제1비서 추대	○ 당권 장악 * 김원홍 발탁
	○ 최고인민의 제12기 5차회의(4.13) - 헌법개정/김정은 국방위 제1위원장 추대	○ 정부 장악 * 당정군 장악완료
	○ 리영호 군총참모장 숙청(7.15)	○ 조기 홀로서기
	○ 김정은에게「공화국원수」칭호 수여(7.18)	○ 군장악 마침표
2013	○ 2013년 3월 당전원회의(3.31) - 경제·핵 건설 병진노선 채택	○ 핵개발 총력
	○ 유일령도체계 10대원칙 수정(6.19)	○ 선대후광 활용
	○ 2013년 당정치국 회의(12.8) - 장성택 비판(정변획책 등 8개 죄목) 및 체포	○ 12.12 처형
2016	○ 7차 당대회(5.6-9) * 36년 만에 개최 - 당규약개정/김정은 당위원장 선출/지도기관선거	○ 김정은 권력구조 본격출범
	○ 최고인민회의 제13기 4차회의(6.29) - 헌법개정/김정은 국무위원장선출/국가기관조직	○ 국방위원회폐지 선군정치 종언
2017	○ 국가안전보위부장 김원홍 토사구팽(2월경) ○ 군총정치국 검열(11월경): 황병서 등 처벌	○ 당조직지도부 권한 강화
2018	○ 당 7기3차 전원회의(4.20) * 4.27남북정상회담 - 병진노선 승리, 경제건설 총력집중전략 선포	○ 비핵화, 정상국가 노선으로 전환
2019	○ 최고인민회의 제14기 1·2차 회의(4.11/8.29) - 국무위원장 권한 강화 * 국가대표	○ 집권2기 출범
2021	○ 제8차 당대회 - 당총비서 취임 * 선대와 같은 반열	○ 친정체제 공고화

<표 6> 북한의 주요 사회단체 대회 개최 현황

구 분	주요 내용	비 고
김일성사회주의 청년동맹9차대회 (2016.8.27-28)	○ 김일성김정일주의 청년동맹으로 개칭 ○ 규약개정, 지도기관선거, 사업총화보고 ○ 충성의 맹세문 채택 등	1993년 이후 23년 경과
조선직업총동맹 7차대회 (2016.10.25-26)	○ 규약개정, 지도기관선거, 사업총화보고 ○ 충성의 맹세문 채택 등	1981년 이후 35년 경과
조선민주려성 동맹 6차대회 (2015.11.17-18)	○ 조선사회주의 녀성동맹으로 개칭 ○ 규약개정, 지도기관선거, 사업총화보고 ○ 충성의 맹세문 채택 등	1983년 이후 33년 경과
조선농업근로자 동맹 8차대회 (2016.12.6-18)	○ 규약개정, 지도기관선거, 사업총화보고 ○ 충성의 맹세문 채택 등	1982년 이후 34년 경과

<표 7> 김정은의 긍·부정적 심리구조

상정 가능한 부정적 심리	긍정적 심리

○ 서자 콤플렉스
 - 할아버지(김일성)를 할아버지로 부르지 못한 서러움
   * 북한판 홍길동
○ 오이디푸스 콤플렉스
 - 어머니(고용희)를 은둔에서 살게 한 父에 대한 잠재적 증오감
   * 일반적인 남성 콤플렉스
○ 경계선 성격장애
 - 강한 지도자 이미지 강박감
 - 충동적·잔인한 공개처형
	○ 과감성
	 - 핵심실세 숙청, 핵개발 총력경주
	○ 변화·파격 지향
	 - 부인 공식행사 대동, 비핵화정책 전환, 한미중 정상회담 등
	 - 려명거리건설 등 최고, 일류 강조
	○ 서구문화 동경
	 - 유학 시 문화충격, 비교의식 보유
	○ 낭만적 기질
	 - 천진난만, 솔직한 대화

<표 8> 김정은의 합리적·인간적 면모 사례

구 분	주요 내용
겸손 화법	○ 문 대통령이 오시면 솔직히 걱정스러운 게 우리 교통이 불비해 불편을 드릴 것 같다... 남측의 좋은 환경에 있다가 북에 오면 참 민망스러울 수 있겠다(2018년 5월 통일각 남북정상회담) ○ 대통령께서 돌아본 많은 나라보다 우리가 좀 초라하다. 비록 수준은 낮을 수 있어도 최대한 성의를 다한 숙소와 일정이니 마음으로 받아주시면 좋겠다(2018년 9월 평양 남북정상회담)
자책	○ 언제나 늘 마음뿐이었고, 능력이 따라 나서지 못하는 안타까움과 자책 속에 지난 한해를 보냈다(2017년 신년사) ○ 북한은 "(개혁이 안되어 답답한)김정은의 눈물" 장면을 담은 영상을 제작, 당간부 교육자료로 활용중(2017년 5월 일본 아시히신문)
소망 언급	○ 우리 인민이 다시는 허리띠를 졸라매지 않고 사회주의 부귀영화를 마음껏 누리게 하겠다(2012년 4월 김일성생일100돌 기념연설) ○ 나는 지금처럼 살수도 있지만... 중국과 베트남보다 더 고도성장하는 북한을 만들고 싶다(2018년 6월 미북정상회담)
오픈 마인드	○ 장거리미사일(인공위성) 발사 실패 공식 인정(2012년 4월) ○ 남북정상회담 시 TV생중계 허용(2018년 4월/9월) ○ 싱가폴 미북정상회담 이동 시 중국 민항기 임차 사용(2018년 6월) * 노동신문에 오성홍기 옆에서 손 흔드는 탑승사진 그대로 게재(6.11)
공개 질책	○ 〈잡초를 직접 뽑으며〉유희장이 이렇게 한심한줄 몰랐다(2012년 5월 만경대유희장) ○ 장군님의 업적을 말아먹고 있다. 공장안에서 맥빠진 한숨소리만 들린다. 주저 않을 지경이다(2015년 5월 대동강자라공장) * 귀로에 지배인 총살지시 ○ 농기계창고 같다·정확히 말해 마구간 같다(2018년 8월 묘향산의료기구 공장) * 검열권이 있는 당조직지도부도 함께 질책 ○ 간부들의 업무태도를 질책하면서 주먹을 불끈쥐고 얼굴을 붉힘(2019년 4월 당정치국회의) * 대대적인 물갈이 인사

* 북한과 국내의 언론보도 등을 기초로 요약하였으며, 공식회의에서의 정책결정, 경제정책 전환 등 정책적인 측면은 포함하지 않고 통치스타일 위주로 작성하였다.

<표 9> 한비자가 강조한 군자의 주요 통치술

통 치 술	비고(김정은)
1. 총애하는 신하를 지나치게 가까이 하지 말라	권력층 수시 교체
2. 군주는 속내를 드러내지 않아야 권력을 장악할 수 있다	전격적 인사
3. 군주는 공과 사가 분명해야 한다	김경희/장성택 숙청
4. 법도에 근거해 상벌을 내려야 권위가 바로 선다	유일령도체계 10대원칙 개정
5. 직분에 넘는 신하의 행동은 군주에 대한 침해이다	본보기식 숙청
6. 신하가 저지르는 간사한 행동을 막아야 한다	도청·미행 등 감시
7. 통치술에 정통한 인재가 나라를 다스리게 하라	당조직지도부 역할 강화
8. 일은 은밀하게 이루어져야지 말이 새나가면 실패한다	중대방송
9. 군주를 제멋대로 조종하려는 신하를 경계하라	장성택 숙청
10. 엄한 형벌로 다스려야 패왕이 될 수 있다	공포통치
11. 군주의 권세가 가볍고 신하의 권세가 무거우면 망한다	간부 혁명화교육
12. 신하에 정사를 처리케 하면 권력을 그에게 주는 것이다	조기 홀로서기
13. 군주의 재난은 사람을 믿는데서 시작된다	사찰활동 강화
14. 군주는 신하의 발언과 침묵에 책임을 지어야한다	간부혁명화 교육, 군부 견장정치
15. 시대에 맞게 옛 법도를 바꾸고 오래된 풍속을 고쳐라	헌법 수정 등
16. 군주와 신하는 계산에 따라 결합한다	토사구팽
17. 최상의 덕은 인위로 얻는 것이 아니다	공포와 애민
18. 싹을 잘라야 후환이 없다	김정남 제거
19. 군주는 재상과 함께 의논해야 한다	김영남, 박봉주
20. 백성들에게는 상을 두텁게 해야 한다	친인민적 이미지
21. 엄한 형벌로 나라를 지켜라	비사회주의 단속
22. 충신은 독려하고 간신은 경계하라	신진측근 발탁
23. 권세와 지위를 지켜야 천하를 지배할 수 있다	국무위원장 신설
24. 여러 사람과 의논하면 미혹되지 않는다	공식회의체 운영
25. 상벌을 확실히 실행하여 위엄을 세워라	롤러코스트식 군부인사 등
26. 군주는 신하의 세력이 아닌 자신의 세력에 의지하라	여동생 김여정 등 신진인물 중용
27. 군주의 권세로 신하를 변화시킬 수 없으면 제거하라	장성택 숙청
28. 군주는 벼슬아치를 다스리지 백성을 다스리지 않는다	애민정치
29. 사정이 다르면 방비하는 것도 바뀌어야 한다	정책 변화

* 출처: 한비, 김원중 옮김, 『한비자』, 2007: 27~445에 기초, 김정은 사례 적용.

〈표 10〉 김정은 등장 이후 북한의 핵·미사일 개발 일지

연 도	내 용	비 고
2009년	○ 4.6 광명성2호 발사 ○ 5.25 제2차 핵실험 ○ 11.3 사용후 핵연료봉 8천개 재처리 완료 선언	○ 6.12 안보리결의 1874호
2012년	○ 2.29 2.29합의 ○ 4.13 광명성3호 발사(실패)	○ 2013.1.22 안보리결의 2087호
2013년	○ 2.12 제3차 핵실험 　- 소형화, 경량화 성공 주장 ○ 4.2 영변원자로 재가동 발표	○ 3.7 안보리결의 2094호
2015년	○ 5.9 잠수함탄도미사일(SLBM) 시험 발사 * 4회의 사출시험	○ 한국 내 사드배치 여론 확산
2016년	○ 1.6 제4차 핵실험 　- 첫 수소탄 시험성공 주장 ○ 2.7 광명성4호 발사 ○ 9.9 제5차 핵실험 　- 핵탄두의 위력 판정	○ 1.13 박근혜대통령 사드배치 제기 2.10 한국, 개성공단 가동 전면중단 발표 　3.2 안보리결의 2270호 ○ 11.30 안보리결의 2321호
2017년	○ 5.14 화성14호 미사일 발사 ○ 9.3 제6차 핵실험 　- ICBM장착용 수소탄두 시험 ○ 11.29 화성15호 미사일 발사 및 핵·미사일 개발 완료 선언	○ 6.2 안보리결의 2356호 　8.5 안보리결의 2371호 ○ 9.11 안보리결의 2375호 　11.20 테러지원국 재지정 ○ 12.22 안보리결의 2397호
2018년 이후	○ 5.24 풍계리 핵실험장 폭파공개 ○ 9.19 동창리 엔진시험장 폐기 약속 ○ 2019.1.1 핵 생산, 실험, 사용, 전파 등 4不 원칙 언급 ○ 2019.5.4. 단거리 탄도미사일 시험발사 재개 ○ 2020.1.1 핵·미사일 모라토리움 파기 선언 ○ 2020.10.10 신형 전략미사일 공개	○ 6.12 싱가폴미북정상회담 ○ 9.20 폼페이오 美국무장관, 2021년 1월내 비핵화 시한 제안 ○ 2019.2.27-28 베트남하노이 2차 미북정상회담 ○ 2019.6.30 김정은-트럼프 판문점 회동 ○ 2019.10.5 스톡홀름 미북 실무 접촉

〈표 11〉 핵 · 미사일 개발 관련 대북제재결의 현황

	결의안	채택일	원인/배경	주요 내용
1	1695호	2006. 7.15	미사일발사 (2006.7.5)	○ 북한 미사일 활동 증가(7기발사) ○ 회원국 감시/재정지원금지 권고
2	1718호	2006. 10.14	1차 핵실험 (2006.10.9)	○ 핵/무기/사치품 거래 중지 ○ 추가 핵실험 등 도발 금지 촉구
3	1874호	2009. 6.12	2차 핵실험 (2009.5.25)	○ 추가 핵실험 및 탄도미사일 기술사용 사용금지 ○ NPT/사찰/회담복귀 촉구
4	2087호	2013. 1.22	은하3호 발사 (2012.12.12)	○ 핵 · 미사일 활동금지 ○ 기관 · 개인 제재/회원국 Catch-all
5	2094호	2013. 3.7	3차 핵실험 (2013.2.12)	○ 차단, 금지, 제재 확대 ○ 대회원국 금지/촉구를 의무로 전환
6	2270호	2016. 3.2	4차 핵실험 (2016.1.6)	○ 캐치올 강화 ○ 벌크캐쉬 금지 ○ 석탄/철광 수출 금지(민생제외) ○ 항공유 금수(일부 예외)
7	2321호	2016. 11.30	5차 핵실험 (2016.9.9)	○ 석탄 수출 상한선 (4억90만 달러 또는 750만 톤) ○ 금지광물 확대
8	2356호	2017. 6.2	미사일 발사 반복	○ 미사일 관련 단체/개인 추가 제재
9	2371호	2017. 8.5	IRBM 발사, 화성14호발사 (17.7.4/28)	○ 해산물 수출(연 3억 달러) 금지 ○ 합작 금지 ○ 해외인력 추가 송출 금지
10	2375호	2017. 9.11	6차 핵실험 (2017.9.3) 북중교역지속	○ 섬유수출(연 2억 5천만 달러) 금지 ○ 원유수입 400만 배럴 동결 ○ 석유정제품 수입을 450만 배럴에서 200만 배럴로 축소
11	2397호	2017. 12.22	화성15호발사 (2017.11.29) 북중교역지속	○ 석유정제품 수입 50만 배럴로 축소 ○ 해외노동자 2년 내 전원 귀환 ○ 수출금지 확대 ○ 해상차단 강화

* 김태우의 『북핵을 바라보며 박정희를 회상한다』, 165쪽 〈표〉를 전재.

〈표 12〉 시기별 북한의 핵물질 보유량 및 핵무기 숫자

구 분	Pu량	U량	핵무기 숫자 (최소)	핵무기 숫자 (최대)
1992 -2016	45-55kg	410-1,000kg	20	60
2017 -2020	69-83kg	1,000-1,500kg	30	90-100
계	114-138kg	1,410-2,500kg	50	150-160

* 출처: 한용섭의 『북한핵의 운명』, 50쪽에 있는 표를 전재.

〈표 13〉 비핵화 관련 북한·미국의 기본입장

북 한	구 분	미 국
한반도 전역	1. 대상	북한
단기: 종전선언·대북제재 해제 장기: 평화협정 체결 등 영구적 안정보장 확보 ※ 북한의 비핵화 5대조건(2016.7.6 정부 대변인 성명): 1) 남한 내 미국 핵무기 공개, 2) 남한 내 모든 핵무기·기지 철폐 및 검증, 3) 미전략자산 한반도전개 금지, 4) 대북핵 무기 사용·위협 금지, 5) 주한미군 철수	2. 목표	최종적이고 완전히 검증된 비핵화(FFVD)
상황변화에 따라 속도조절 (정권안정 최우선시)	3. 시기	가능한 빠른 시일 내 속도에 주연연
단계적·동시적 조치 원칙 협상동력 유지 및 주도권 장착 위한 선제조치 병행	4. 방법	일괄타결 원칙 북한의 단계적·동시적 조치와 접점 모색
핵보유국 암중 모색	5. 변수	대북제재 기간 및 강도

※ 한국: 미측의 1·3·5 주장과 궤를 같이하며, 북측 주장 2·4도 안으로 고려
   중국: 북한 주장 지원, 단 핵보유국 인정은 다른 선택지가 없을 경우

<표 14> 북한의 『변수형 비핵화 전략』(VDS) 개관

구 분		주요 내용	비 고
목 적		○ (당면) 국제적 제재위기 타개 및 경제활성화 모색 ○ (협상과정) 사실상의 핵보유국 지위 인정 유도 ※ (필요시) 좀더 나아진 경제외교적 여건하에서 핵 보유	김씨일가 영구집권
방 법		○ (단기) 비핵화 의지 표현 및 단계적·동시적 이행 ○ (최종) 비핵화와 체제안전보장 등가교환 ※ (특이상황 발생시) 파키스탄식 핵보유국 선언	최종순간 비핵화 * 속도조절
비핵화 이점對 거부시 불리점	이 점	① 명분우위 확보 ② 미국의 제재강화·군사공격 예방 ③ 중·러 관계복원, 남북협력기반 조성 ④ 대북제재 완화 유도 ⑤ 내밀적인 핵능력 제고 가능 ⑥ 북한의 단계적·동시적 조치 프레임 구현 ⑦ 한미갈등 조장 ⑧ 종전선언·남북경협 진전 등 실리 확보 ⑨ 변수를 둘러싼 공방 시 가역적 조치 가능 ⑩ 비핵화 최종단계 에서 선택권 보유	이점 > 불리점
	불 리	① 대북제재 강화 및 경제사정 악화 ② 미국의 레짐 체인지 심리 자극	
주 요 변 수	단 기	미국의 전략자산 한반도 전개, 한미합동군사훈련, 제 재부분 해제, 남북교류협력, 2022년 3월 한국대선 등	속도조절 가능성
	중 기	종전선언 채택, 유엔사 등 정전체제 유지 여부, 제재 해제 시기와 폭, 핵관련 시설 검증 방법 등	
	최 종	평화협정 체결·미북 수교·주한미군 철수를 통한 완 전한 체제안전 보장	
기 타		※ 북한이 핵을 근원적으로 포기하기 어려운 이유 - 김정은 = 북한 = 핵무기 = 체제안전 등식(정체성 혼란) - 핵무기 자체제작 보유국 포기사례 별무(남아공1개국) - 미국의 변심 대비 불가능(이라크·리비아 사태 교훈) - 현재·미래핵 동결·폐기만 언급/과거핵 처리는 침묵 - 핵무기를 '후손만대에 물려줄 보검'으로 지속 선전 - 비핵화 협상중 핵·미사일 능력 강화 계속 - 재래식 무기를 대체, 대남군사력 우위 확보	

〈표 15〉 김정일 · 김정은 주요 차이점

김 정 일	구 분	김 정 은
해외: 러시아 하바로프스크 병영 * 백두밀영 출생 조작	출생	국내: 창성/원산 초대소 說 * 母 가계(조총련) 은폐
적자/장남 * 후처 김성애가계 숙청 후 생모 우상화	가족 내 위상	서자/3남 * 김일성이 인정하지 않은 손자
국내 정규코스/일반대학 * 만경대학원-남산고급중학교 * 김일성종합대학	학업	사교육, 해외유학/군사대학 * 가정교사-스위스베른중학교 * 김일성군사종합대학

약 30년(1964-1994)
* 1974년부터 20여 년간 조직비서
  로서 당정군 업무 총괄
	후계
	수업
		약 5년(2007-2011)
		* 2009년 후계자 내정 이전부터
		  군 · 보위계통 수업 및 막후지도

당사업 및 곁가지와 권력투쟁 → 원로들의 추대 건의 → 김일성이 수락, 결정(이후 20년간 공동통치)	후계자 결정	김정일, 와병으로 갑자기 지명
성혜림, 김영숙, 고용희, 김옥/ 은둔 보좌 * 홍일천 說, 기쁨조 파 티 선호	부인	리설주/공식행사 대동
심장병, 고혈압, 당뇨 * 가족력	건강	고혈압, 당뇨/고도비만(130kg)
신중 · 수구형 * 무오류의 半神	성격	결단 · 변화 추구형 * 자책의 눈물, 화난모습도 가끔 보임
열차 · 자동차 * 비행기 기피	교통편	비행기 · 열차 · 쪽배 등 다양
대중연설 안함	연설	수시로 공개 대중연설
존경	父觀	애증: 내적인 탈부(脫父) 심리

핵심측근 · 副책임자 정치 선호/
선물 · 혁명화교육
* 조직비서 · 보위부장 공석으로
  두고 직할
	용인술	공식회의 적극 활용/공개처형 ·
		롤러코스트식 인사
		* 조직비서 · 보위부장 핵심직위 공
		  식임명

교수형 또는 소총	공개처 형수단	대공 고사총+화염방사기
(당면)강성대국 * 비현실적 슬로건 (최종)온 사회의 주체사상화	체제 목표	(당면)강성국가 * 정상국가 지향 (최종)온 사회 김일성김정일주의화
선군정치	국정 체계	당우위국가 체계
국방위원장 * 위기관리 부각	통치 직함	국무위원장 * 정상국가 이미지
사전 기획형/본보기(model)化	현지 지도	각본 없는 현장형/질책·처형
핵개발/실리협상 활용	핵	핵보유/게임 체인저 * 핵보유국을 헌법, 당규약 등에 명문화
사회주의 계획경제 고수하 시장경 제요소 부분 접목	경제 노선	강력한 대북제제 속에서 계획경제 사실상 붕괴/시장경제요소 대폭 확대 * 김정은식 개혁개방 모색
발전소, 공장 등 기간산업 주력/개 성공단 등 남북한 협력사업	주요 사업	려명거리, 마식령스키장 등 전시성 건설/삼지연·원산 등 관광특구건설 등 독자사업

통일(낮은 단계 연방제) 강조
* 한반도적화통일 목표 당규약에
  규정
	대남
	전술
		평화 강조
		* 한반도적화통일 규정한 당규약
		  不수정

친중정책 사회주의 국가중심 정상외교	대외 정책	중국 지도부와 관계단절(2012-2018)/ 대중관계복원, 대미정상외교(2018-)

참 고 문 헌

1. 단행본

강성종. 2004. 『북한의 강성대국 건설전략』. 서울: 한울아카데미.

구해우. 2012. 『김정은 체제와 북한의 개혁개방』. 서울: 나남.

권헌익, 정병호. 2013. 『극장국가 북한』. 서울: 창비.

김계동, 홍용표 외. 2015. 『북한의 체제와 정책』. 서울: 명인문화사.

김계동, 김근식, 남근우, 박영자, 서주석, 신효숙, 이석, 이우영, 이춘근, 최진욱.
        2014. 『북한의 체제와 정책: 김정은시대의 변화와 지속』. 서울: 명인문화사.

김계동, 김명섭 외. 2016. 『현대외교정책론(제3판)』. 서울: 명인문화사.

김운태. 1998. 『정치학원론』. 서울: 박영사.

김응수. 2012. 『김정은 시대 북한의 이해』. 서울: 아이.

김재영, 김창희, 손병선, 신기현. 2003. 『새로운 정치학의 이해』. 서울: 삼우사.

김태우. 2018. 『북핵을 바라보며 박정희를 회상한다』. 서울: 기파랑.

김흥광, 송현욱, 안찬일, 이영훈, 채경희, 최강혁, 현인애. 2012. 『김정은의 북한
        어디로? : 탈북 지식인들의 실증진단』. 서울: 늘품플러스.

니콜로 마키아벨리, 신복룡 옮김. 2009. 『군주론』. 서울: 을유문화사.

데이비드 스탯, 정태연 옮김. 2001. 『심리학용어사전』. 서울: 이끌리오.

라종일. 2016. 『장성택의 길 ‐신정의 불온한 경계인』. 서울: 알마.

류종훈. 2018. 『누가 북한을 움직이는가: KBS 특별기획』. 서울: 가나출판사.

류지성. 2012. 『정책학』. 서울: 대영문화사.

막스 베버, 박성환 옮김. 2013. 『경제와 사회 1』. 서울: (주)문학과 지성사

박봉권. 2012. 『김정은 시대: 북한 권력의 지각변동, 한반도의 미래를 이야기하다』.
        서울: 매경출판.

박상섭. 2002. 『국가와 폭력』. 서울: 서울대학교 출판부.

박재규 외. 2018. 『새로운 북한이야기』. 서울: 한울아카데미.

배환달. 1988. 『북한 권력투쟁론』. 서울: 학문사.

베레나카스트, 이수영 옮김. 2010. 『콤플렉스의 탄생- 어머니 콤플렉스, 아버지 콤플렉스』. 서울: 도서출판 푸르메.

빌헬름 베르거, 김옥현 옮김. 2015. 『권력/Macht』. 서울: 이론과 실천.

소현철. 2018. 『2025 한반도 신경제지도』. 서울: 한스미디어.

송봉선. 2017. 『김정은체제 장기화는 지속될 것인가』. 서울: 선인.

신일철. 2002. 『북한 정치의 시네마폴리티카』. 서울: 이지북.

알랭 바니에, 김연권 옮김. 1999. 『정신분석의 기본원리』. 서울: 솔.

애나 파이필드, 이기동 옮김. 2019. 『마지막 계승자』. 서울: 프리뷰.

양문수. 2014. 『김정은시대의 경제와 사회: 국가와 시장의 새로운 관계』. 서울: 한울아카데미.

오오무라 마사오, 박선무·고선윤 옮김. 2003. 『3일만에 읽는 심리학』. 서울: 서울 문화사.

우 중. 2016. 『정치란 무엇인가?』. 서울: 사군자.

우철구, 박건영. 2016. 『현대 국제관계이론과 한국』. 서울: 사회평론.

유영옥. 2005. 『북한학』. 서울: 학문사.

유재봉, 최승희. 1990. 『심리학 개론』. 서울: 박영사.

윤대일. 2002. 『악의축 집행부, 국가안전보위부의 내막』. 서울: 월간조선사.

이리타니 도시오, 임홍빈 옮김. 1996. 『권력은 어떻게 만들어지는가』. 서울: 문학 사상사.

이부영. 2014. 『분석심리학 이야기』. 서울: 집문당.

이상우. 2017. 『북한정치 변천-신정체제의 진화과정』. 서울: 도서출판 오름.

이상휘. 2014. 『북한체제 들여다보기』. 서울: 형설출판사.

이영종. 2010. 『후계자 김정은』. 서울: 늘품플러스.

이윤걸. 2013. 『김정일의 유서와 김정은의 미래』. 서울: 비전원.

이종석. 1995. 『현대 북한의 이해』. 서울: 역사비평사.

이종은 외. 2012. 『상징과 정치』. 서울: 도서출판 인간사랑.

임 은. 1982. 『김일성왕조 비사』. 서울: 한국양서.

임을출. 2016. 『김정은시대의 북한경제: 사금융과 돈주』. 서울: 한울아카데미.

장경준. 2017. 『김정은의 정신세계: 정신의학자가 분석한 북한 통치자 김정은의 가계와 성장, 정신병리』. 서울: 한솔미디어.

장성민. 2009. 『전쟁과 평화』. 서울: 김영사.

장진성. 2017. 『수령 연기자 김정은: 북한의 권력실체 당조직지도부를 해체한다』. 서울: 비봉출판사.

정영철. 2005. 『김정일 리더십 연구』. 서울: 선인.

정정길, 최종원, 이시원, 정준금. 2003. 『정책학원론』. 서울: 대명출판사.

정창현. 2011. 『인물로 본 북한현대사: 김일성에서 김정은까지』. 서울: 선인.

조성렬. 2016. 『전략공간의 국제정치 - 핵, 우주, 사이버 군비경쟁과 국가안보』. 서울: 서강대학교출판부.

조정남. 1995. 『사회주의 체제론』. 서울: 교양사.

주성하. 2012. 『김정은의 북한, 어디로 가나』. 서울: 기파랑.

찰스 메리엄, 신복룡 옮김. 2006. 『정치권력론』. 서울: 선인.

최 성. 2002. 『김정일과 현대 북한체제』. 서울: 한국방송출판.

최승희, 김우욱. 1996. 『심리학 개론』. 서울: 박영사.

최정운, 이훈구 외. 1995. 『인간행동의 이해』. 서울: 법문사.

최창현. 2018. 『조사방법론』. 서울: 윤성사.

태영호. 2018. 『태영호 증언: 3층 서기실의 암호』. 서울: 기파랑.

하태경 글. 최병선 그림. 2011. 『만화 김정은』. 서울: 시대정신.

한비, 김원중 옮김. 2007. 『한비자』. 서울: 현암사.

한병철, 김남시 옮김. 2016. 『권력이란 무엇인가』. 서울: 문학과 지성사.

한석태. 2013. 『정책학 개론』. 서울: 도서출판 대영문화사.

한용섭. 2018. 『북한 핵의 운명』. 서울: 박영사.

황장엽. 1999. 『나는 역사의 진리를 보았다』. 서울: 한울.

황장엽. 2008. 『인간중심철학원론』. 서울: 시대정신.

현성용 외. 2008. 『현대심리학의 이해』. 서울: 학지사.

현성용 외. 2016. 『현대심리학 입문 2판』. 서울: 학지사.

현성일. 2008. 『북한의 국가전략과 파워엘리트 - 간부정책을 중심으로』. 서울: 선인.

후지모토 겐지, 신현호 옮김. 2003. 『김정일의 요리사』. 서울: 월간조선사.

후지모토 겐지, 한유희 옮김. 2010.『북한의 후계자 왜 김정은인가?』. 서울: 맥스
　　미디어.
북한문제연구소. 1998.『북한용어 400선집』. 서울: 내외통신사.
통일부 통일교육원.『2018 북한이해』. 2017. 서울: 통일교육원.

2. 학술지 · 연구자료집

김갑식. 2013.「김정은정권 출범의 특징과 향후 전망」.『국회 입법조사처』.
김갑식, 오경섭, 이기동, 김동엽. 2015.「김정은 정권의 정치체제: 수령제, 당 ·
　　정 · 군 관계, 권력엘리트의 지속성과 변화」.『통일연구원』.
김병로. 2000.「북한사회의 종교성-주체사상과 기독교의 종교양식 비교」.『통일
　　연구원』.
남광규. 2013.「북한의 대외관계에서 나타난 김정은 정권의 특징과 향후 전망」.
　　『국회 외무통일위원회』.
박명규, 전현준, 정성장, 진희관, 김병로, 정근식. 2011.「북한 김정은 후계체제 구
　　축과정 · 엘리트 · 정책 · 안정성」.『서울대학교 통일평화연구원』.
박영자. 2014.「김정은정권의 대남 긴장조성: 2013년과 향후 전망」.『통일연구원』.
송정호, 이상호. 2015.「빅데이타 기법을 활용한 북한의 권력구조 분석: 김정일 ·
　　김정은시대 비교」.『통일연구원 2015 세계북한학 학술대회 자료집』.
오경섭. 2013.「정치엘리트 응집력과 김정은정권 안정성」.『세종연구소』.
오경섭, 이경화. 2016.「김정은 정권의 대남정책 및 통일담론」.『통일연구원』.
전현준. 1999.「북한의 강성대국 건설실태 평가: 사상 · 정치 · 군사 분야를 중심으
　　로」.『통일연구원』.
전현준. 2000.「북한체제의 정치적 특성과 변화 전망」.『통일연구원』.
최진욱, 한기범, 장용석. 2012.「김정은 정권의 정책전망: 정권 초기의 권력구조
　　와 리더십에 대한 분석을 중심으로」.『통일연구원』.
홍　민. 2015.「북한 시장화와 사회적 모빌리티: 공간구도, 도시정치, 계층변화」.
　　『통일연구원』.
국가안보전략연구소. 2010.「3대세습체제 전망」.『국가안보전략연구소』.
국가안보전략연구원. 2015.「2015년도 정세평가와 2016년도 전망」.『국가안보전
　　략연구원』.

국가안보전략연구원. 2016. 「김정은 집권 5년 실정백서」. 『국가안보전략연구원』.

국방대학교. 2011. 「북한의 정치변동 전망과 우리의 대응방향: 김정은 후계체제를 중심으로」. 『국방대학교 안보문제연구소』.

국방대학교. 2016. 「김정은시대의 신4강 대외정책」. 『국방대학교 국가안전보장문제연구소』.

국회정보위. 2013. 「김정은체제 유지 전략 연구」. 『국회 정보위원회』.

세종연구소. 2012. 「김정일과 김정은 권력승계 비교연구」. 『세종연구소』.

통일연구원. 2012. 「김정은 체제의 권력엘리트 연구」. 『통일연구원』.

통일연구원. 2012. 「김정은 정권의 정책전망: 정권 초기의 권력구조와 리더십에 대한 분석을 중심으로」. 『통일연구원』.

통일연구원. 2014. 「김정은시대 북한 핵보유 및 대남정책」. 『통일연구원』.

3. 학위 논문

고창준. 2017. 『북한 권력엘리트 변화양상과 경향 분석』. 경기대학교 정치전문대학원 박사학위논문.

곽길섭. 1992. 『북한의 3대혁명운동 연구』. 고려대학교 석사학위논문.

곽인수. 2013. 『북한의 대남혁명전략 전개와 변화에 관한 연구』. 북한대학원대학교 박사학위논문.

김규현. 2015. 『북한체제의 유교적 특성에 관한 연구』. 한국학중앙연구원 박사학위논문.

김영수. 1991. 『북한의 정치문화: 주체문화와 전통정치문화』. 서강대학교 박사학위논문.

김태구. 2015. 『북한정권의 군부통제방식 연구』. 동국대학교 박사학위논문.

김현경. 2016. 『김정은 권력승계의 담론 연구』. 북한대학원대학교 박사학위논문.

박형식. 2016. 『기독교 조직신학의 유추를 통한 북한 김일성주체사상의 비판적 분석』. 경기대학교 정치전문대학원 박사학위논문.

백근현. 2015. 『북한 권력구조 변화에 대한 비교체제론적 연구』. 경기대학교 정치전문대학원 박사학위논문.

변상정. 2009. 『김정일시대의 과학기술정책과 체제안보』. 연세대학교 박사학위논문.

서장원. 2016. 『김정은의 유일령도체계 구축과 북한의 당·군 관계 변화에 관한 연구』. 경상대학교 박사학위논문.

서장원. 2017. 『김정은시대의 권력구조와 당·군·정 관계에 관한 연구: 수령제를 중심으로』. 인제대학교 박사학위논문.

서 훈. 2008. 『북한의 선군외교 연구-약소국의 대미 강압외교 관점에서』. 동국대학교 박사학위논문.

석재왕. 2004. 『안보문화와 정보정책 - 이스라엘의 정보실패를 중심으로』. 성균관대학교 박사학위논문.

성준혁. 2015. 『북한 인민보안부에 관한 연구: 북한 경찰의 통제유형을 중심으로』. 경남대학교 대학원 박사학위논문.

송경석. 2018. 『정보기관의 방첩정책과 방첩실패에 관한 연구 - 미국 FBI의 방첩활동을 중심으로』. 건국대학교 박사학위논문.

신대진. 2015. 『김정일시기 지배권력 재생산 전략으로서의 선군정치』. 성균관대학교.

원세일. 2017. 『1970년대 북한 수령제의 정치동학』. 북한대학원대학교 박사학위논문.

이상근. 2011. 『북한체제의 지속과 발전: 김정일시대 '조정체제'형성에 관한 연구』. 연세대학교 박사학위논문.

이승렬. 2009. 『북한 수령체제의 변화와 수령 승계방식에 관한 연구』. 북한대학원대학교 박사학위논문.

이영권. 2015. 『김정은정권의 안정성 연구』. 동국대학교 박사학위논문.

장성욱. 2009. 『북한의 '공격우위 신화'와 선군정치: 탈냉전기 군비태세와 군사전략에 관한 이론적 연구』. 고려대학교 박사학위논문.

정교진. 2017. 『북한정권의 '지도자 상징정치'에 관한 연구』. 고려대학교 박사학위논문.

정규창. 2011. 『북한권력세습 과정과 체제유지전략에서의 상징성』. 서경대학교 박사학위논문.

정남순. 2015. 『북한 선군정치의 변화과정에 관한 연구』. 북한대학원대학교 박사학위논문.

정창윤. 2015. 『북한의 권력승계 과정에 관한 비교분석: 김정일과 김정은의 권력승계 사례』. 국방대학교 박사학위논문.

정한얼. 2016. 『김정은 리더십 구축에 관한 연구』. 동국대학교 박사학위논문.

조정진. 2017. 『북한 통일담론 연구』. 북한대학원대학교 박사학위논문.

최진업. 2015. 『김정일시대 북한체제의 '제도적 퇴락'에 관한 연구』. 경남대학교 박사학위논문.

한기범. 2009. 『북한 정책결정과정의 조직행태와 관료정치: 경제개혁 확대 및 후퇴를 중심으로(2000-09)』. 경남대학교 박사학위논문.

4. 세미나 · 인터뷰 자료

고영환. 2013. 「김정은 집권2년 평가와 전망」. 『국가안보전략연구소 학술회의 (2013.12.5)』.

곽길섭. 2016. 「2017년 남북관계 전망 및 대응방안」. 『국가안보전략연구원 학술회의(2016.11.22)』.

곽길섭. 2017. 「저승사자 김원홍의 토사구팽 의미와 전망」. 『국가안보전략연구원 이슈브리핑 17-04』.

문순보. 2013. 「김정은 집권후 대남도발 형태와 우리의 대응」. 『국가안보전략연구소 학술회의(2013.12.5)』.

임재천. 2011. 「조선노동당 제3차 대표자회 당규약 개정과 3대 권력세습: 규약 개정 배경과 의도 및 특징을 중심으로」. 『국가안보전략연구소 학술회의 (2011.2.7)』.

현성일. 2011. 「북한의 노동당 규약 개정과 3대세습」. 『국가안보전략연구소 학술회의(2011.2.7)』.

5. 북한 문헌

〈김일성, 김정일, 김정은 연설 · 담화〉

김일성. 1959. 『김일성선집 6권』. 평양: 조선로동당출판사.

김일성. 1984. 『김일성저작집 26』. 평양: 조선로동당출판사.

김일성. 1994. 『김일성저작집 40』. 평양: 조선로동당출판사.

김일성. 1998. 『세기와 더불어』. 평양: 조선로동당출판사.

김정일. 1987. 『주체혁명위업의 완성을 위하여 3』. 평양: 조선로동당출판사.

김정일. 1992. 『건축예술론』. 평양: 조선로동당출판사.

김정일. 1994. 『김정일선집 4』. 평양: 조선로동당출판사

김정일. 1996. 『김정일선집 7』. 평양: 조선로동당출판사.

김정일. 2000. 『김정일 선집 14』. 평양: 조선로동당출판사.

김정일. 2011. 『김정일선집 11(증보판)』. 평양: 조선로동당출판사.

김정일. 2015. 『김정일선집 25권(증보판)』. 평양: 조선로동당출판사.

김정은. 2013. 『혁명발전의 요구에 맞게 당의 유일적 령도체계를 더욱 철저히 세울데 대하여』. 평양: 조선로동당출판사.

〈단행본〉

김유민. 1984. 『후계자론』. 서울: 신문화사.

김재천. 1989. 『후계자 문제의 이론과 실천』. 출판지·출판사 불명.

철학연구소 역사적유물연구실. 1973. 『혁명의 위대한 수령 김일성동지께서 창시하신 당의 유일사상 체계를 세울데 대한 사상과 그 빛나는 구현』. 평양: 사회과학출판사.

철학연구소 역사적유물연구실. 2002. 『인민군 학습제강: 존경하는 어머님은 경애하는 최고사령관 동지께 끝없이 충직한 충신중의 충신이다』. 평양: 조선인민군출판사.

〈사전류〉

『조선말대사전1』. 1992. 평양: 과학백과사전출판사.

『조선말대사전』. 2010. 평양: 과학백과사전출판사.

『조선백과대사전』. 1996. 평양: 백과사전출판사.

『조선중앙년감』. 2009, 2013, 2017. 평양: 조선중앙통신사.

『정치사전』. 1973. 평양: 사회과학출판사.

『정치용어사전』. 1970, 1972. 평양: 사회과학출판사.

『철학사전』. 1985. 평양: 사회과학출판사.

〈당규약, 헌법〉

『당규약』 (1980.10월 6차 당대회 / 2010.9월 3차 당대표자회 / 2012.4월 4차 당대
　　　표자회 / 2016.5월 7차 당대회 수정 당규약)

『헌법』 (1998.9월 / 2009.4월 / 2012.4월 / 2016.6월 / 2019.4월 수정 헌법)

〈신문·방송·잡지〉

『근로자』. 『로동신문』. 『조선신보』. 『조선의 오늘』. 『조선중앙통신』. 『조선중앙
TV』. 『중앙방송』. 『철학연구 4』.

6. 외국 문헌

Charles. E. Merriam. 1964. 『Political Power』. New York: Collier-Macmillan Ltd.

Clifford Geertz. 1980. 『Negara: The Theatre State in Nineteenth-Century Bali』.
　　　Princeton: Princeton University Press.

E. H. Carr. 1981. 『What is history?』. London: Penguin Books.

Irving L. Janis. 1972. 『Victim of Groupthink』. Boston: Houghton Mifflin Company.

Jack Levy. 1992. 『Prospect Theory and International Relations: Theoretical Applications
　　　and Analytical Problems』. Political Psychology. Vol.13, No.2.

Jae-Cheon Lim. 2015. 『Leader Symbols and Personality Cult in North Korea: The
　　　Leader State』. Abington. Routledge.

Scott Snyder. 1999. 『Negotiating on the edge; North Korean Negotiating Behavior』.
　　　Washington D.C.: United States Institute of Peace Process.

Seymour M. Lipset. 1963. 『Political Man - The Social foundations of Politics』. New
　　　York: Doubleday & Company Inc.

7. 기타

『경향신문』, 『중앙일보』, 『YTN』 등 신문방송 보도자료(온라인판)

『네이버 지식백과』, 『통일부 북한정보포탈』 등 웹자료

에필로그

트럼프 퇴장-바이든 시대의 개막

조 바이든(1942년생)이 미국의 제46대 대통령에 취임하였다. 그는 30세에 미 상원의원에 당선되어 거의 대부분을 외교안보 분과에서 활동을 해왔으며 특히 오바마 정부시절에는 8년 동안 부통령직까지 수행한 그야말로 국제문제에 대한 지식과 경험이 타의 추종을 불허하는 외교안보통 정치인이다. 자유민주주의와 동맹을 중시하며, 탑다운(top-down)이 아닌 바텀업(bottom-up) 방식의 협상을 선호한다. 미국 우선주의(America first)를 외치며 일방적이고 돌발적인 통치행태를 보인 전임자 트럼프와는 완전히 다른 지도자이다. 글로벌 협력(globalism)을 지향하는 합리적이고 예측 가능한 리더이다. 따라서 한반도 문제도 ABT(Anything But Trump:脫트럼프)와 對중국포위전략 기조하에 對남·북한 정책 전반에 대한 재검토(review)를 진행하고 있다. 그러나 새로운 외교안보 진용을 갖추고 정책을 완전히 세팅(setting)하기까지는 상당한 시일이 소요될 것이다. 그간의 관례로 볼 때, 빨라야 2021년 상반기 늦으면 연말까지 갈지도 모른다. 특히 선거과정에서 갈라진 민심을 봉합하는 게 급선무이기 때문에 북한과의 대화는 자연스럽게 우선순위에서 밀려날 것이다.

김정은은 참으로 답답할 것이다. 정말 어려운 상대를 만났고, '시간은 북한편'이라는 말이 더 이상 유효하지 않게 되었기 때문이다. "자칫 잘못하다간 핵을 안고 죽을 수 있다"는 공포가 엄습할 수도 있을 것이다. 말로는 자력갱생을 외치고 있지만, 경제사정이 악화일로로 치닫고 있기 때문이다. 국면변화를 통한 수혈(輸血)이 절실할 때이다. 그렇다고 미국 신행정부의 관심을 끌기 위해 과거처럼 ICBM이나 SLBM 시험발사를 한다면 자칫 역효과를 불러올 가능성이 크다.

바이든 정부의 출범으로 이제 북핵문제는 진실의 순간에 점차 다가서고 있다. 리얼리티쇼 방식의 정상간 만남이나 분식(window dressing) 합의가 아닌 원칙있는 실질적인 협상을 통한 '완전한 비핵화'(CVID/FFVD)의 길로 갈 것이다.

그러나 핵은 김정은의 대전략을 뒷받침하는 제1수단이다. 쉽사리 내려놓을 수 없다. 저자가 개념화한 〈북한의 변수형 비핵화 전략〉은 핵 · 미사일을 개발할 때는 물론이고 완료 · 실전배치 상태에서도 계속 유효한 전략전술이다. 따라서 북한은 자력갱생을 지속 표방해 나가되, 경제난 탈출구 확보를 위해 '미국과의 핵군축협상-제재 해제'를 조심스럽게 타진해 나갈 것으로 보인다. 그러나 앞서 얘기한대로 미국 신행정부와의 직거래(通美封南)는 당장은 쉽지 않다. 그래서 북한은 또다시 한국정부를 원포인트로 활용하는 유혹을 강하게 받을 것으로 보인다.

2021년은 남북교류협력 재개에 목을 매고 있는 문재인 정부가 임기 5년차를 맞이하는데다가 제20대 대통령선거를 앞둔 해이다. 남북관계에 있어 가시적 성과 즉 'Again 2018'(신기루 같은 한반도평화)과 같은 분위기를 창출하려고 총력을 경주할 것이다. 북한의 입장에서는 더없이 좋은 호기이다. 그간 문재인 정부를 조롱과 막말, 도발로 완전히 길들여 놓았으니 손만 내밀면 된다, 공무원 총격피살 소각사건에 대한 김정은의 발빠른 '전언식 사과', 그리고 당창건 75주년 열병식 축하연설에서의 '남녘동포에 대한 인사'와 8차 당대회에서의 '한국정부의 태도 변화 압박' 등은 이런 경우에 대비한 복선(伏線)일 가능성이 있다.

북한은 사실상의 핵보유국이다. 한반도 적화통일이라는 체제목표도 포기하지 않았다. 따라서 우리 정부는 한편으로는 북한의 핵·미사일 도발에 대비하면서, 또 한편으로는 평화 공세에 대한 대비태세도 갖추어야 한다. 북한의 전략전술적 수사(rhetoric)와 위장평화 공세에 취해 김정은의 잔인성과 핵문제의 위험성을 잊거나 김정은이 쳐놓은 덫 속으로 순진하게 들어가는 우(愚)를 또다시 범해서는 안 된다. 북한과의 대화·교류협력, 당연히 필요하다. 그러나 모든 것은 다 때가 있는 법이다. 북한의 핵보유 의지를 강화시켜주고 한미동맹에 균열을 일으키는 교류협력이 되어서는 안 된다. 우리 정부가 긴 안목과 긴밀한 한미동맹을 기초로 짚을 건 짚으며, 요구할 것을 요구하는 당당한 자세로 김정은을 상대해 나갈 때만이 북핵문제의 바람직한 해결은 물론 상생공영, 국격을 진정으로 제고시켜 나갈 수 있다.

천천히 서둘러라(Festina Lente)

김정은과 북한체제를 분석하고 정책을 추진해 나갈 때 가장 중요한 것은 무엇일까? 외형적으로 나타난 면과 함께 이면(hidden fact)과 특수성을 종합적으로 고려하는 마인드이다. 그리고 냉혹한 국제정치 현실에 대한 인식이다. 과거에만 매몰되면 미래가 없으며, 이상과 소망이 앞서면 판단에 오류를 범할 수 있다는 점도 잊지 말아야 한다.

필자는 평소 북한체제의 진정한 변화(위기)는 △ 북한 내부로 외부의 소식과 질 좋은 제품들이 자유롭게 드나들고 △ 주민들이 하루하루의 생계문제를 넘어, 사는 의미를 생각하며 △ 자신과 타인, 북한과 외부를 비교하는 의식이 싹트는 순간부터 시작될 것이라고 주장해 왔다.

· · · · ·

젊은 지도자 김정은이 핵개발 올인에 이어 비핵화 협상과 경제로 방점을 옮긴 것은 기회(opportunity)를 잡기 위해 위기(risk)를 감내하는 고도의 결단, 도전이다. 이러한 입장은 우리 정부와 미국도 북한에 못지않다. 이처럼 남과 북, 아니 세계는 미증유의 불가측 시대를 헤쳐 나가고 있다.

지금 우리는 북한의 완전한 비핵화와 한반도의 평화번영과 새로운 미래를 위해 총력을 기울여야 한다. 그런데 최근 북한의 움직임이 예사롭지 않다. 남북 화해협력의 상징인 남북연락사무소를 폭파하고 핵·미사일 개발의 실질적인 마침표를 찍으려는 강경도발 움직임이 확연히 나타나고 있다. 한편 앞으로 김정은이 핵개발 성공에 대한 자신감을 바탕으로 한계상황으로 치닫고 있는 경제난의 해소 등 국면전환을 위해 남북대화와 비핵화 협상을 재개하는 위장평화 공세를 취할 가능성도 배제할 수 없다. 이럴 때일수록 안보태세를 더욱 튼튼히 하고 합리적 의심(different voices)을 거친 창의적·능동적이고 당당한 대북정책(one voice)이 매우 중요하다. 과거에 얽매여서도 안되지만, 잊어서도 안된다. 선의와 인내, 교류협력과 대화를 통한 평화체제 건설이 물론 중요하다. 그렇지만 그것보다 더 직접적이고 중요한 게 국민의 생명, 국가의 안전, 국격이다. 안보는 현실이다. 북한의 핵미사일 위협과 대남혁명노선을 절대 과소평가해서는 안된다. "김정은체제는 과거와 다르다. 북핵문제는 잘 해결될 것이다"와 같은 막연한 소망성 사고는 대한민국의 미래를 나락으로 떨어지게 할 수 있다. 튼튼한 안보태세 구축과 국제사회와의 유기적인 협조를 통해 자유와 풍요가 넘치는 자랑스러운 글로벌 대한민국을 건설하는 〈우리의 길〉로 나아가야 한다. 코로나 19 팬데믹(pandemic)의 장기화, 미중 간 패권경쟁, 4차 산업혁명 등 세기적 대변혁기의 한복판에서 국제질서와 패러다임의 변화를 똑똑히 직시하고 선도해 나가는 지혜를 발휘해야 한다. 북한과는 협력을 추구하되 매달리지 말아야 한다. 긴 안목을 가지고 당당해야 한다.

사안의 본질을 직시하고 역사를 교훈삼아, 힘을 결집해서 새로운 길을 개척한 인물과 국가만이 위대한 평화번영의 시대를 열 수 있다. 로마의 최전성기를 이끈 아우구스투스 황제의 좌우명 '천천히 서둘러라(Festina Lente)'의 의미를 한 번 더 곱씹어 보자.

감사의 마음을 담아

필자는 지난 30여 년을 북한을 바라보며 살아왔다. 여러 어려움도 있었지만, 젊은 시절에 품었던 꿈이 지금도 가슴 깊은 곳에서 꿈틀대고 있는 걸 느끼는 것만으로도 행복하다.

공직생활을 마치며, 북한이 〈영원한 주석, 영원한 국방위원장〉 표현을 쓰는 것을 보고, 나도 〈영원한 북한맨〉이 되자고 다짐하였다. 그래서 2017년 봄에 비영리단체 원코리아센터를 만들어 작지만 의미 있는 새 출발을 하였다. 그때 적어본 버킷리스트 중 하나가 북한관련 책을 쓰는 것이었다. 지난시절 도서관과 서점의 서가에 꽂혀있는 수많은 책들을 보며 "언젠가 나도 저 서가에 책 한권은 꽂아야지"라는 생각을 했었는데, 이제는 더 미루지 말자고 다짐했고, 마침내 작은 결실을 맺었다.

어렵게 얻은 기회이므로, 이 자리를 빌려 고마운 사람들에게 감사를 전하고 싶다. 가장 먼저, 열정만 넘치던 풋내기를 한없는 믿음으로 지도해 주셨던 〈영원한 분석관〉 정진동·오복현 님의 영전(靈前)에 이 졸저를 올린다. 아마 30여 년 전에 한 약속을 지켜 나가고 있는 모습을 보고 환하게 웃으실 것 같다.

그리고 곽정탁(故)·정화영(故)·권일선·김순자(故) 부모님, 권미애, 곽기광·기욱·기열과 반려견 누리 등 가족들의 사랑과 관심은 늘 든든한 힘이다. 감사할 따름이다. 또한 미흡한 저를 최고의 북한전문가라고 늘 격려해 주는 곽광섭·곽효섭·권기창·이지사 님과도 이 작은 영광을 같이 나누고 싶다. 특히 어린마음에 희망의 새싹을 자라게 해준 이춘렬 초등 3학년 담임선생님, 시골에서 올라와 우물안 개구리(井底之蛙)와 같은 저에게 인생과 사회를 보는 눈을 열어준 故 김상협·김준엽 고려대 총장님과 정봉영 교수님께 고마움을 전한다. 그리고 국가안보와 평화체제 구축을 위해 1년 365일 24시간 맡은 바 소임을 다하고 있는 이름없는 동지들과 국가안보전략연구원 가족 여러분, 새로운 꿈을 만들어 가고 있는 고려대·건국대 대학원 원우님들에게도 감사와 격려를 보낸다. 끝으로 여러모로 미흡한 글의 출판을 허락해주신 윤관백 대표님을 비롯한 도서출판 선인의 편집 관계자들에게도 깊은 감사를 드린다.

아무쪼록 앞으로도 지난 30여 년의 생활이 그러했던 것처럼 즐겁게 꾸준하게 북한이슈와 동행하며 안보와 국익, 자유민주통일의 밀알이 되도록 정진해나가겠습니다. 감사합니다!

정론 · 화합 · 전진의 원코리아센터에서

곽 길 섭